国家社科基金一般项目"非洲疾病演进与防控史研究"（17BSSO12）阶段性成果

U0743899

从*历史*走进*现实*：

中国对毛里塔尼亚的援助研究

胡 美 著

浙江工商大学出版社 杭州
ZHEJIANG GONGSHANG UNIVERSITY PRESS

图书在版编目(CIP)数据

从历史走进现实：中国对毛里塔尼亚的援助研究 /
胡美著. — 杭州：浙江工商大学出版社，2020.12
　ISBN 978-7-5178-3812-8

　Ⅰ. ①从… Ⅱ. ①胡… Ⅲ. ①中外关系－对外援助－
研究－毛里塔尼亚 Ⅳ. ①D822.243.1

　中国版本图书馆 CIP 数据核字(2020)第 067232 号

从历史走进现实：中国对毛里塔尼亚的援助研究
CONG LISHI ZOUJIN XIANSHI：ZHONGGUO DUI MAOLITANIYA DE YUANZHU YANJIU
胡　美 著

责任编辑	姚　媛	
封面设计	王妤驰	
责任印制	包建辉	
出版发行	浙江工商大学出版社	
	（杭州市教工路 198 号　邮政编码 310012）	
	（E-mail：zjgsupress@163.com）	
	（网址：http：// www. zjgsupress.com）	
	电话：0571-88904980，88831806(传真)	
排　　版	杭州朝曦图文设计有限公司	
印　　刷	浙江全能工艺美术印刷有限公司	
开　　本	710mm×1000mm　1/16	
印　　张	18	
字　　数	267 千	
版 印 次	2020 年 12 月第 1 版　2020 年 12 月第 1 次印刷	
书　　号	ISBN 978-7-5178-3812-8	
定　　价	66.00 元	

献给 50 多年来为中国援毛里塔尼亚事业

奋斗、奉献的勇士们!

目录

绪　　论

　　毛里塔尼亚伊斯兰共和国（The Islamic Republic of Mauritania）（本书简称"毛塔"）是一个位于西非的小国，地处北非和撒哈拉以南非洲的交界处，位于阿拉伯非洲和撒哈拉以南非洲的重要桥梁位置，是中国"一带一路"倡议规划上的重要国家。毛塔国土面积的 90％以上为沙漠所覆盖，属热带沙漠性气候，终年高温少雨，自然环境极为恶劣。毛塔西滨大西洋，北部是西撒哈拉和阿尔及利亚，南部与塞内加尔隔河相望，东南部与马里毗邻，是西非地区的重要战略要塞。毛塔也是中国在西非地区的传统友好国家和重要援助对象，与中国建立援助关系已有半个多世纪。

第一节　毛塔概况

一、撒哈拉沙漠上的毛塔

　　毛塔全称毛里塔尼亚伊斯兰共和国，位于非洲西北部，地处西经 5～17度，北纬 15～27 度，国土总面积 103 万平方千米。150 千米宽的萨赫勒长条地带由东向西，横贯毛塔国土南部。北部和中部的阿德拉尔（Adrar）和塔岗（Tagant）为高地地带，最高海拔达 800 米。[①] 毛塔处于重要的地缘与文化交

---

　　① 《毛里塔尼亚国家概况》，中华人民共和国外交部，https://www.fmprc.gov.cn/web/gjhdq_676201/gj_676203/fz_677316/1206_678188/1206x0_678190/，2019 年 12 月20 日访问。

界线，地处北非马格里布（Maghrib）国家和阿拉伯国家的交界处，文化上处于北非柏柏尔人（Berber）文化向北回归线以南的非洲文化的过渡带上。因此，毛塔不仅在地理位置上沟通了北非和撒哈拉以南非洲，而且是北非和撒哈拉以南非洲的重要桥梁，学者们认为它"既有阿拉伯国家的特征，又有黑非洲国家的特征"，它被誉为"阿拉伯—非洲之桥"。①

毛塔在 20 世纪上半叶作为法国殖民地为法国所统治，1960 年 11 月 28 日获得政治独立。阿拉伯语是官方语言，民族语言（national language）有苏丹福拉语（Fula）、索宁克语（Soninke）和沃洛夫语（Wolof）。毛塔地广人稀，人口总数约为 450 万（2018 年），每平方千米 4.4 人的密度，是非洲人口密度第四低的国家。摩尔人占全国人口的近 3/4。全国约有 30% 的人口为白摩尔人（Bidan，White Moors），是阿拉伯人和阿马齐格（柏柏尔人）的后裔；剩余部分的摩尔人拥有苏丹血统，被称为黑摩尔人（Harātīn，Black Moors），占全国人口的 40%。此外，非洲黑人约占全国人口的 30%，包括沃洛夫人、图库勒人（Tukulor）、索宁克人和苏丹福拉人。黑摩尔人和白摩尔人虽然肤色有深浅，但他们使用同一种语言，在游牧经济时代，他们同为游牧难民营的帮工和劳工，然而，在 20 世纪 20 年代游牧经济崩溃时，他们成为最早离开牧区来到城市定居的人。② 出于利益方面的考虑，法国人试图将政治权力完全交到阿拉伯—柏柏尔贵族手中，这加深了毛塔内部民族之间的心理沟壑，因此，直到今天，毛塔人民并未形成一个根深蒂固的民族认同感。

宗教在毛塔人民的生活中占据着极为重要的地位。毛塔是一个伊斯兰国家，宗教是其国家的立国之本。根据毛塔宪法，伊斯兰教是其官方宗教，但保障人民宗教自由的权利。伊斯兰教是毛塔的国教，境内约 96% 的国民信仰伊斯兰教，几乎全部为逊尼派穆斯林，另有 0.5% 的国民信奉本土宗教，0.4% 的国民信仰基督教。因此，在当今的毛塔，几乎所有人的生活都是围绕着宗教，特别是伊斯兰教而展开的。毛塔的首都努瓦克肖特一共有 3 座大

---

① 李广一：《毛里塔尼亚 西撒哈拉》，社会科学文献出版社 2008 年版，第 3 页。

② "Mauritania"，Britannica，https://www.britannica.com/place/Mauritania#ref283192[2019-12-20].

型清真寺,其中位于努瓦克肖特市中心的清真寺是毛塔最大的清真寺,由阿拉伯国家宗教组织出资建设,是努瓦克肖特市内最为时尚和体面的建筑之一。国土范围内大小不一的清真寺星罗棋布,总统府、政府办公楼附近,均建有专门的清真寺,医院、学校、酒店、政府部委办公室、餐厅和娱乐场所内均设有专门的祷告室,供人们每天5次祷告使用,由此可见,伊斯兰教在该国具有举足轻重的地位。深厚的伊斯兰教基础和纯正的宗教传统也让毛塔保持了与阿拉伯"富油"国家之间的密切联系,获得这些国家的支持和帮助。

2014年毛塔全国划为15个省(Wilaya)①、53个县(Moughataa)及216个市镇(Commune)。毛塔首都为努瓦克肖特,位于毛塔西部的大西洋之滨,是全国第一大的城市。毛塔刚独立时,这里还是一个只有200人左右的渔牧海滨村庄。而现在,努瓦克肖特是全国的政治、文化、商业、金融中心,也是全国的交通枢纽,以及毛塔国内和国际的重要交通中心,其海上交通为毛塔和西非内陆国家提供对外交往的通道,其陆路交通让撒哈拉沙漠上的西非和北非各国交通畅通无阻。

毛塔地处撒哈拉沙漠的最西部,国土面积的90%以上为沙漠,被称为"沙漠共和国"。② 在沿大西洋漫长的海岸线上,沙滩连着沙漠,形成毛塔独特的自然景观。全境内地势平坦,大部分地区是海拔300米左右的低高原。北部祖埃拉特(Zouerat)的伊吉勒山是全国的最高峰,海拔915米。塞内加尔河是毛塔唯一的一条河流,流经塞内加尔和毛塔的边境线,经塞内加尔的路易港汇入大西洋,塞内加尔河流域为热带草原气候。毛塔西北部地区属热带沙漠性气候,高温少雨,年平均气温30～35摄氏度,年降雨量100毫米以下,多有"哈马丹"风和龙卷风。全国范围内高温少雨,一年有旱季和雨季两季,绝大部分的降雨发生在10月,10月也是气温最高的季节。1月是最干旱的季节,也是气温最低的季节。

---

① 15个省分别为西努瓦克肖特、北努瓦克肖特、南努瓦克肖特、阿德拉尔、阿萨巴、布拉克纳、达赫莱特-努瓦迪布、戈尔戈尔、吉迪马卡、东霍德、西霍德、因奇利、特拉扎、塔岗、提里斯-宰穆尔。

② 李广一:《毛里塔尼亚　西撒哈拉》,社会科学文献出版社2008年版,第3页。

毛塔处于快速的城市化进程中，越来越多的人口涌向城市。年轻人为了寻求更好的工作和发展机会，大批迁往就业机会较多的城市生活、工作。作为畜牧业大国，毛塔的城市化与撒哈拉沙漠地区的气候变化息息相关。持续的干旱加快了毛塔城市化的自然进程，让工业化尚未来得及启动的毛塔在无准备中迅速城市化。20 世纪 70—80 年代，毛塔的沙漠地带遭遇了持续的干旱，牧区的粮食供应紧张，大量动物饿死，为了寻找水源和粮食，大批牧民迁往城市谋生，使城市人口大幅增长。毛塔的城市化进程加快除了上述原因外，还有一个重要因素，即政府倡导。毛塔地处沙漠，牧区交通不便，饮水困难，各类基础设施严重匮乏，生活极为不便，因此，政府鼓励民众从偏远的沙漠地带搬至附近城镇，这带来了毛塔城市化的膨胀式发展。在城市化进程中，毛塔人口快速向国内最重要的几个核心城市集中，创造了沙漠上的超级都市传奇。首都努瓦克肖特是全国规模最大的城市，城市规模一扩再扩，约 66.14 万人生活在这里，占全国人口的 15％左右。经济中心努瓦迪布（Nouadhibou）是全国规模第二大城市，约有 7.2 万人。①

二、毛塔的政治和经济发展

毛塔有着悠久的历史，考古学家发现其早在旧石器时代就有了人类生活的痕迹。然而，在 1960 年之前，毛塔并不是作为一个独立政治单位存在的。该国最初由殖民者法国创建，创建的动机是在法国黑人西非殖民地和阿尔及利亚之间建立一座桥梁，并借以阻止摩洛哥支持者的扩张主义企图。长期以来，毛塔境内的非洲黑人在南部地区占据主导地位，而肤色较浅的游牧摩尔人则居住在撒哈拉沙漠的北部。然而，持续多年的旱灾和气候变化导致的环境快速退化，推动着毛塔北方的游牧民族逐渐向南方迁移。围绕着资源和土地的争夺，南北冲突时有发生。随着国家政权的建立，毛塔境内出现了主要的政治团体和政党沿着文化和民族界线进行划分的情况，政治权力的竞争和公共资金、就业、特权的获得等方面加剧了双方的冲突。邻国

---

① "Mauritania Population（LIVE）", worldmeters. info, https://www. worldmeters. info/world-popu/ation/mauritania-population[2020-05-07].

马里黑人和摩尔部落间的争夺也影响了毛塔境内的民族关系，导致"黑白"间的矛盾尖锐化。长此以往，毛塔境内的族群均从外部寻求支持力量，这在客观上加剧了其斗争的复杂性。阿拉伯人获得来自伊拉克、利比亚和沙特阿拉伯等阿拉伯国家的巨额资金支持，黑人政党则依托南部非洲的力量，将其总部设在塞内加尔境内。因此，尽管毛塔将其黑人公民驱逐到马里和塞内加尔，但它目前依然接纳来自马里的难民。

　　游牧文化是毛塔最为典型的文化。因为绝大部分的国土为沙漠所覆盖，所以毛塔虽然建立了现代政府，但民间社会依然保持着较为完整的古老生活方式。由于缺乏一以贯之的国家建设规划，现代城镇建设处于无序状态。因此，努瓦克肖特的建筑出现了传统的法国混凝土建筑风格与西班牙、亚洲风格的"混搭"。然而，有一点是一致的，即由于流沙不稳和风沙较大，建筑物的高度均很低，且建筑物受风沙侵蚀严重。受到快速城市化的影响，毛塔的经济、教育、文化等方面的资源快速向城市聚集，资源的流向带领着大批居民向城市涌入。然而，城市化后的毛塔社会依然保留了诸多部落时代的传统和印记。在毛塔的大都市里，两极分化极为明显，现代精英生活在优雅的西式建筑里，而大量的贫民则依然居住在茅草屋，甚至帐篷里。由于房屋依然是这个社会的稀缺物资，大家庭多集中居住在现代房屋内，屋内较少有家具和装饰品等，但是屋内的传统枕头、垫子、茶壶、托盘和地毯颜色艳丽多彩。部落社会和游牧社会的生活习俗依然影响毛塔人民的生活方式，有住房的城市居民大多依然保留着部落和游牧习俗，城市的房屋不仅给自己居住，而且通常是无条件向亲戚和朋友开放的，随时准备接纳来自远方的亲友。

　　1960 年毛塔摆脱法国的殖民统治获得独立，穆克塔尔·乌尔德·达达赫（Moktar Ould Daddah，1924 年 12 月 25 日—2003 年 10 月 14 日）担任首任总统。1978 年 7 月，一场不流血的军事政变推翻了达达赫政府，此后毛塔的政治逐渐趋于稳定。2008 年 8 月 6 日，毛塔发生政变，总统卫队长穆罕默德·乌尔德·阿卜杜勒·阿齐兹（Mohamed Ould Abdel Aziz）率总统卫队控制了位于首都努瓦克肖特市区的总理府和总统府，并扣押了总统阿卜杜拉希和总理瓦格夫，宣布成立"最高国务委员会"，阿齐兹自任该委员会主席。次年,阿齐兹在总统选举中胜出。

　　毛塔是世界上工业化程度最低的国家之一,该国所拥有的工业屈指可数。在毛塔的经济中,铁矿石开采和渔业是经济发展的两大支柱产业。但是,绝大部分的国民依然依靠传统的自给自足的农业和畜牧业维持生活,外部援助在该国政治、经济和社会生活中也依然占据举足轻重的地位。作为一个典型的沙漠国家,毛塔全境范围内几乎一片荒凉,但是沙漠内部的自然资源极为丰富,这也是促进毛塔经济发展的重要力量。毛塔的经济支柱主要有以下几个方面。

　　首先,毛塔有世界上最大的天然牧场。毛塔是一个有着悠久畜牧业传统的国家,畜牧业是该国极为重要的生产部门,1975—1980 年,畜牧业从业人员占据该国人口的 70%,从事农业的人口只占 20%。[1] 从经济门类上来看,畜牧业汇聚了毛塔最多数量和最大比例的人口。从数量上看,山羊和绵羊是最重要的牲畜,其次是牛和骆驼。牛的饲养主要在南部地区,山羊和绵羊分布于撒哈拉沙漠的北方地区。骆驼的饲养主要散布在北部和中部,尤其以阿德拉尔地区最为集中。

　　第二,毛塔拥有储量丰富的优质铁矿。祖埃拉特是毛塔北部最大的城镇,以铁矿采矿业著称,毛塔闻名的非德里克铁矿就在这里。为了运输这里出产的铁矿石,毛塔开辟了一条从祖埃拉特到港口努瓦迪布的铁路,铁路总长 652 千米,穿越撒哈拉沙漠中心。为了单程运输更多的矿石,这辆火车共有 2.5 千米长,是世界上最长的火车之一,如同深入沙漠腹地缓慢蠕动的长蛇,满载时走完全程需要 20 小时左右,空车时全程只需 16 小时。[2] 在交通不便的沙漠地区,这条铁路也默默地承担着内陆人口的日常交通之责。

　　第三,毛塔大西洋沿岸的渔场是世界上鱼类资源最丰富的渔场之一。毛塔的渔业非常发达。667 英里的海岸线因为洋流汇聚使得毛塔渔业资源

---

　　[1]　"Agriculture in Mauritania", PediaView, https://pediaview.com/openpedia/Agriculture_in_Mauritania[2019-12-20].

　　[2]　"The Iron Trains of Mauritania", https://www.aljazeera.com/indepth/inpictures/2016/03/iron-trains-mauritania-160308070717874.html[2019-12-20].

非常丰富,沿海水域和位于毛里塔尼亚塞内加尔河湾(Sénégal River Valley)
的渔场鱼类资源均很富足。因此,渔业成为该国继采矿业后的第二大经济
收入来源。《2017 年毛塔经济》的研究发现,"捕捞占预算收入的 25% 左
右"①。但毛塔大西洋沿岸的过度捕捞现象非常严重,引发了人们对渔业资
源枯竭的担忧。对此,毛塔历届政府不断通过各种手段保护这个国家的宝
贵资源,确保毛塔渔业资源的可持续开发和利用。毛塔政府早在 1979 年就
停止发放捕鱼许可证,一年后,为高效开发渔业资源,毛塔与葡萄牙、伊拉
克、韩国、罗马尼亚和苏联组成了联合公司,共同科学开发沿海海域的渔业
资源。20 世纪 90 年代和 21 世纪初,毛塔与欧盟等组织签署了一系列合作
协定,协定规定了其在毛塔水域内的捕鱼权和配额,以合理开发和利用这里
的渔业资源。②

　　第四,农业是毛塔的另一大经济门类,吸引了毛塔相当一部分的劳动
力。受到沙漠性气候的影响,水在毛塔农业发展中的地位举足轻重。毛塔
的沙漠性气候决定了其全国范围内高温少雨,仅有的降雨量在全国各地分
布严重不均,总体上呈北少南多的特征。降雨量的差异带来了不同的农业
布局,在年均降雨量超过 430 毫米的南部地区,种植业发展的基础较好,主要
作物是小米、高粱、豆类、山药、玉米和棉花。由于降雨的季节分布不均,这
些地区的农业季节性分布特征突出,在容易发生洪水的河岸、萨赫勒地区的
河床及水坝的上游,毛塔人民在丰水季节种植小米、高粱、豆类、大米和西瓜
等作物。为了更有效地利用有限的水资源,毛塔的农业灌溉在 20 世纪 80 年
代逐步发展起来,在拥有水利灌溉工程的沙漠地区和绿洲上,灌溉农业充分
利用那里丰沛的降雨来发展农业,种植玉米、大麦、小米及蔬菜等。经济作
物阿拉伯树胶曾经是该地区 19 世纪的主要出口物资,但由于毛塔境内沙漠
化日益严重,现在树胶的产量越来越少。塞内加尔河是毛塔境内唯一的一

---

　　①　"Mauritania Economy 2017", ITA, http://www. theodora. com/wfbcurrent/
mauritania /mauritania_economy. html[2019-12-20].

　　②　"Mauritania", Britannica, https://www. britannica. com/place/Mauritania/Economy
[2019-12-20].

条河流，其对毛塔的重要性毋庸置疑，历届毛塔政府均高度关注塞内加尔河谷的农业发展，通过建设灌溉工程开发塞内加尔河南岸的农业。如种植水稻增加水稻产量，以减少稻米的大量进口；种植优质的棕榈树，提高椰枣产量和质量；鼓励种植蔬菜；等等。在政府的努力倡导下，到 20 世纪 90 年代，毛塔种植谷物的面积明显增加，高粱、玉米、小米和大米的产量也有了显著提高。[①]

毛塔薄弱的经济限制了国家的财政收入，让这个国家长期处于世界最不发达国家的行列，与此同时，单一的经济结构也增强了经济增长的脆弱性，降低了经济的抗风险能力，国际市场的一点风吹草动都能给毛塔经济带来暴风骤雨。20 世纪 80 年代初，由于世界市场原料价格的大幅下降，铁矿石价格持续走低，严重冲击了毛塔的经济。2015 年，受国际市场上大宗商品价格走低的影响，铁矿石价格再次暴跌，以铁矿石产业为重要经济支柱的毛塔经济再次受到重创，GDP 连续多年保持 5％以上增长的毛塔其 2015 年 GDP 的增长率下降到 3％，采矿和石油开发分别下降了 15.7％和 11％。与此同时，与采掘业相关的产业链，包括运输、电信和建筑业等国内的非贸易部门也受到严重冲击，出现了明显的业绩下滑。[②] 为了帮助毛塔走出经济过于单一所带来的脆弱性危机，自 20 世纪 90 年代中期开始，毛塔政府鼓励发展旅游业，以此带动毛塔经济走向多元化。

第二节　国际援助在毛塔

毛塔持续多年的经济低迷和低速发展，让这个国家成为众多援助者注意力集中的焦点所在，来自国际社会的援助在毛塔国家建设与发展中扮演

---

① "Mauritania", Britannica, https://www.britannica.com/place/Mauritania/Economy [2019-12-20].

② "Mauritania", Britannica, https://www.britannica.com/place/Mauritania/Economy [2019-12-20].

极为重要的角色,外援是其发展的重要支柱。"由于毛里塔尼亚自然条件恶劣,沙漠化、干旱严重,资源贫乏,大多数人至今仍生活在国际贫困线以下,对外援依赖严重。"[①]

毛塔的伊斯兰属性让它得到了众多阿拉伯国家的重点关注,阿拉伯国家是毛塔外援的主力军。宗主国法国在毛塔众多的发展领域中留下了身影。毛塔也是中国的传统合作伙伴和重点援助对象,来自中国的援助也成为毛塔众多国际援助项目中的"经典之作"。在中国的援助对象中,毛塔是一个特殊的国家,地处自然和社会条件均极为艰苦的撒哈拉沙漠,在艰苦的自然环境中,中国人为毛塔修路筑港、打井发电、治病疗伤、种谷养羊、播种科技……在长期的紧密互动中,中毛人民在沙漠戈壁中结下了深厚的友情,在恶劣的自然环境中谱写出一段关乎情谊与发展的壮丽诗篇。开国总统穆克塔尔·乌尔德·达达赫曾明确表示:"中国是唯一令我铭记的援助国。"[②]截至2019年底,中国已经向毛塔提供了40多个项目的援助,包括大量公共工程和民生设施,为毛塔国家发展和人民生活改善做出了不可磨灭的贡献,可以说今天毛塔人的生活已经与中国援助密不可分。

一、毛塔接受官方发展援助情况

毛塔是世界上最不发达的国家之一,也是国际援助最为集中的非洲国家之一,是世界上最大的外援受援国之一。对毛塔而言,最主要的援助国家有沙特阿拉伯、科威特和法国,还包括日本、伊拉克、意大利、德国、美国和其他波斯湾国家。此外,中国也是毛塔非常重要的援助者和发展伙伴。官方发展援助(Official Development Aid,ODA)占国民总收入(Gross National Income,GNI)的6%左右。毛塔每年接受3亿美元左右的援助。

在众多的国际援助中,ODA是最主要的援助形式,也是毛塔接受外援的重要来源(见表0-1)。

---

① 李广一:《毛里塔尼亚　西撒哈拉》,社会科学文献出版社2008年版,第95页。
② 转引自赵忆宁:《本世纪的中国与非洲　走进毛里塔尼亚(上)》,《21世纪经济报道》,2017年8月31日。

表 0-1　毛塔接受官方发展援助（ODA）的总体情况（2014—2016 年）

ODA	年份		
	2014 年	2015 年	2016 年
净 ODA（百万美元）	260.7	318	290
ODA/GNI（%）	5.0	6.8	6.4
毛 ODA（百万美元）	324.1	388.0	367.1
毛 ODA 中的双边份额（%）	38.7	45.2	38.8

　　资料来源："Aid at a Glance Charts", 2018, http://www.oecd.org/dac/financing-sustainable-development/development-finance-data/aid-at-a-glance.htm.

　　毛塔的主要援助者一直处于调整和变化之中。从总体上来看，毛塔的援助者逐渐地从单一向多元转变。在毛塔独立前后，"援助与合作基金"是毛塔接受援助的重要来源，但其重要性逐渐降低。据研究者透露，1960—1964 年，在公共发展的外援资金中，该基金占到全部资金的 80%；1965—1969 年，该基金占全部外援资金的 49%。同期，毛塔公共发展的外援资金的另一大来源为"欧洲开发基金"。1960—1964 年，"欧洲开发基金"的援助额度占外援资金的 20% 左右，但到 20 世纪 60 年代后半期，援助额度降至毛塔公共发展外援资金的 10% 左右。[①] 在"欧洲开发基金"援助额度减少的同时，另一个组织——世界银行的援助额度在悄然提升，"1969 年它提供了全部发展援助资金的 18%"[②]。

　　随着毛塔经济社会的发展及国际形势的风云变幻，法国和阿拉伯世界各国逐渐成为毛塔最重要的官方援助来源方。如表 0-2 所示，毛塔 2015—2016 年的官方发展援助最重要的两大来源为阿拉伯经济与社会发展基金、阿联酋。法国在国际开发协会和欧盟机构之后，位居第 5 位。

[①] 李广一：《毛里塔尼亚　西撒哈拉》，社会科学文献出版社 2008 年版，第 96 页。
[②] 李广一：《毛里塔尼亚　西撒哈拉》，社会科学文献出版社 2008 年版，第 96 页。

表 0-2　毛塔十大最主要的官方发展援助(ODA)情况(2015—2016 年)

机构(或国家)	金额(百万美元)
阿拉伯经济与社会发展基金(AFESD①)	93.46
阿联酋	45.28
国际开发协会(IDA②)	41.63
欧盟	36.26
法国	25.20
美国	18.28
日本	17.75
德国	16.77
科威特	13.49
西班牙	10.67

资料来源:"Aid at a Glance Charts", 2018, http://www.oecd.org/dac/financing-sustainable-development/development-finance-data/aid-at-a-glance.htm.

如果从援助的类型来看,人道主义援助是毛塔接受官方发展援助最主要的方式,占 2015—2016 年度 ODA 的 26%;其次为其他的社会基础设施;第三为教育,占该年度 ODA 的 13%。③ 作为一个重要的国际援助受援方,毛塔年均接受援助额度为 3 亿美元左右,这在拥有 410 万人口的毛塔是非常高的受援额度。值得注意的是,人道主义援助方式是毛塔接受外援的最主要形式,这表明毛塔虽然接受援助的额度可观,但在国际发展援助框架中并没有形成非常集中的领域,而经常作为一个特殊的对象被特殊处理。因此,毛塔所接受的国际发展援助多与应对危机情况有关。与此同时,毛塔虽然有众多的援助者,但绝大多数的援助者并没有对毛塔的发展进行实质性思考和长远性规划,因此,援助者与毛塔并没有在特定领域形成稳定的援受关

① AFESD,全称为"Arab Fund for Economic and Social Development"。

② IDA,全称为"International Development Association"。

③ "Aid at a Glance Charts", OECD, 2018, http://www.oecd.org/dac/financing-sustainable-development/development-finance-data/aid-at-a-glance.htm[2019-12-20].

系。由此可知，虽然外援在毛塔经济发展中占据重要地位，但想依靠外援博得自身经济发展的难度极大。

二、毛塔重要的援助者及其援助情况

(一)阿拉伯世界对毛塔的援助

毛塔的阿拉伯国家身份和伊斯兰教信仰让毛塔赢得了更多来自阿拉伯世界各国的援助与支持。中东地区的很多阿拉伯富油国家资金实力雄厚，成立了各类基金会和发展机构，可以为阿拉伯世界的国家提供发展支持。阿拉伯世界是目前毛塔获得国际援助的重要来源。如表 0-2 所示，2015—2016 年，阿拉伯经济与社会发展基金是毛塔最大的 ODA 援助者，阿联酋则是毛塔最大的双边援助国家，也是毛塔 ODA 的第二大来源地。

1974 年阿联酋与毛塔建立外交关系，参与毛塔发展援助事业超过 40 年，在毛塔建设了大量项目，主要集中在基础设施、农业、矿产和健康等领域。阿联酋主要通过慈善机构向毛塔提供援助，特别是阿联酋阿布扎比发展基金和扎耶德基金，提供优惠贷款和赠款，以及针对水灾、旱灾等紧急情况的人道主义援助等，涉及教育行业、清洁水源供给，以及能源、水电、医疗卫生等方面的服务。1980 年，阿联酋阿布扎比发展基金贷款 24 亿阿联酋迪拉姆帮助毛塔建设水坝，助力毛塔发展农业生产。同时，阿联酋在"塞内加尔河计划"中贷款阿布扎比政府 43 亿迪拉姆用于建设水利项目。在卫生领域，阿联酋已故国王谢赫·扎耶德(Sheikh Zayed)耗资数百万美元援建的"谢赫·扎耶德医院"(Sheikh Zayed Hospital)，是毛塔首都努瓦克肖特最为重要的医疗机构之一。自医院成立以来，扎耶德基金会一直为医院提供设备，并随时为需要帮助的弱势群体提供人道主义援助。此外，阿联酋阿布扎比发展基金、扎耶德慈善基金等机构在孤儿等弱势群体中开展反贫困的人道主义慈善活动，让毛塔的大批老弱、穷困者受益于此。

在基础设施方面，阿联酋通过提供贷款等方式助力毛塔基础设施的改善。在充分利用毛塔的丰富太阳能资源进行发电的领域，阿联酋给予了力度可观的援助。2013 年 2 月，阿联酋在毛塔首都努瓦克肖特建设的扎耶德太阳能发电站完工,一共耗时 4 个月,创下了项目完成耗时最短的纪录。该项目发电能力为 15 兆瓦,这是非洲最大的光伏电站,能够为努瓦克肖特提供 7%～10% 的供电量,可以为 5000～10000 个家庭提供日常的电力供应,如做饭、照明、取暖、运输和电信服务用电等,有助于缓解毛塔国内能源供应紧张的局面。清洁能源的使用,有助于毛塔公民获得优质的电力服务,该项目将特别有助于努瓦克肖特市电力需求的满足。可再生能源占毛塔全国供电量的 10%,可再生能源作为化石能源的有益补充,实现了毛塔能源结构的多样化。能源供给的日益增加,有助于为发展提供基础,特别是为工业的发展提供基础设施。光伏电站的重要意义还在于为毛塔引入了可再生能源技术,即充分利用撒哈拉沙漠里取之不尽用之不竭的太阳能资源,为毛塔配备清洁能源解决方案,协助毛塔提高发展能力,从而实现高质量的发展。

除了阿联酋,来自阿拉伯世界其他国家的基础设施援助也让毛塔的基础设施有了明显的改善。2011 年 11 月,沙特阿拉伯发展基金向毛塔提供约合 1.4 亿美元的经济援助,其中约 1 亿美元采用信贷方式用于建设一条连接首都努瓦克肖特和努瓦迪布的电力线,余款采用借款方式用于建设新努瓦克肖特大学的司法和经济学系。[①] 2012 年 2 月 25 日,沙特阿拉伯发展基金和毛塔政府签署正式贷款协议,提供 7500 万美元用于发展毛塔电力输送系统,在努瓦克肖特和努瓦迪布间建设高压输电线路,本次贷款合作包括对项目的前期研究和勘测等阶段的内容,开创了新的经济合作机制。国际沙特发展基金在毛塔共资助了 21 个项目,其中 6 个通过补助方式,其余为优惠贷款项目。[②] 2017 年 7 月 10 日,毛塔政府和沙特阿拉伯经济与社会发展基金会签署 Aioun[③]、Djiguenni 地区供水项目贷款协议,贷款总金额约 4916 万美

---

①　《沙特阿拉伯将向毛里塔尼亚提供约合 1.4 亿美元的经济援助》,中华人民共和国商务部,2011 年 11 月 24 日,http://www.mofcom.gov.cn/aarticle/i/jyjl/k/201111/20111107847158.html,2019 年 12 月 20 日访问。

②　《沙特阿拉伯向毛里塔尼亚提供 7500 万美元贷款发展电力输送系统》,中华人民共和国商务部,2012 年 2 月 27 日,http://www.mofcom.gov.cn/aarticle/i/jyjl/k/201202/20120207983848.html,2019 年 12 月 20 日访问。

③　为避免误译,针对无常用或官方译名的单词,将直接使用外文表述,下同。

元，还款期30年，宽限期7年，贷款利率2％。此外，阿拉伯经济与社会发展基金还为该项目提供21万美元的无偿援助，使该笔贷款优惠度达到国际货币基金组织规定的标准。[①]

除了国别援助外，阿拉伯国家的国际组织也是毛塔接受援助的重要来源。2012年12月19日，毛塔和伊斯兰发展银行、阿拉伯经济与社会发展基金签订了两项合作协议，阿拉伯经济与社会发展基金将提供总额为1700万科威特第纳尔的资金帮助毛塔发展能源项目，其中一个项目是在内陆地区建设发电站，所需资金300万科威特第纳尔，另一个项目是建设30兆瓦的风电项目。[②]2017年7月10日，毛塔政府和阿拉伯经济与社会发展基金签署贷款协议，贷款总金额约合1.36亿美元，还款期30年，宽限期7年，贷款利率2％，该项贷款用于建设"努瓦克肖特—祖埃拉特电网"项目。与此同时，阿拉伯经济与社会发展基金还为该项目提供56万美元的无偿援助。[③]

此外，为了更好地促进毛塔经济社会的改善，对于一些耗资较大的大项目，各个阿拉伯国家之间相互合作，共同开展对毛塔的援助，努瓦克肖特至努瓦迪布的战略性公路就是这样的大项目。此公路全长470千米，总投资190亿乌吉亚，约合7000万美元。其中381千米由阿拉伯经济与社会发展基金出资，其余89千米由伊斯兰发展银行投资。2002年开工建设，2005年建成通车。这条公路的建成对毛塔具有重大意义，它不仅连接了毛塔的政治中心与经济中心，而且为毛塔带来极大的经济、社会效益。从整个非洲的

---

① 《毛里塔尼亚国会批准两贷款项目》，驻毛里塔尼亚使馆经商处，2017年11月24日，http://mr.mofcom.gov.cn/article/jmxw/201711/20171102675798.shtml，2019年12月20日访问。

② 《伊斯兰开发银行和阿拉伯社会与经济发展基金资助毛里塔尼亚能源项目》，中华人民共和国商务部，2012年12月20日，http://www.mofcom.gov.cn/aarticle/i/jyjl/k/201212/20121208492375.html，2019年12月20日访问。

③ 《毛里塔尼亚国会批准两贷款项目》，驻毛里塔尼亚使馆经商处，2017年11月24日，http://mr.mofcom.gov.cn/article/jmxw/201711/20171102675798.shtml，2019年12月20日访问。

视角来看,这条公路的开通,还将贯通北非至西非乃至南非的战略公路。①
由于伊斯兰发展银行和阿拉伯经济与社会发展基金的共同出资,毛塔政府
和两个组织中的任何一个都无法单独完成的项目变为现实,拉通了毛塔南
北间的经济纽带,带动了毛塔南北交通的发展。

　　阿拉伯世界还为毛塔的减债、电力、教育、农业和粮食等领域提供援助,
协助毛塔经济社会的进一步发展。2003 年 4 月 23 日,毛塔央行行长在阿布
扎比与阿拉伯货币基金主席签署了阿拉伯货币基金减免毛塔债务 1200 万美
元(约合 30 亿乌吉亚)的协定。此协定列入对重债贫穷国主动减债的具体行
动中。②

（二）美国对毛塔的援助

　　毛塔独立后,毛塔和美国保持着较为紧密的联系,美国开始向毛塔提供
少部分的经济援助。虽然双方在阿以问题上存在较为明显的分歧,但直到
20 世纪 80 年代,美国和毛塔基本维持着较正面的关系,美国对毛塔的经济
和粮食援助一直存在。

　　此后,援助几乎是反映毛美两国政治关系的晴雨表。20 世纪 80 年代末
90 年代初,毛塔与美国的关系出现了较为明显的转折,直接导致了美国援助
(以下简称"美援")的锐减。1989 年,毛塔在处理与邻国塞内加尔的紧张关
系时,驱逐了数万名本国公民(即"1989 年事件"),此后,美国与毛塔的关系
开始紧张。在 1991 年的海湾战争中,毛塔表示对伊拉克予以支持,这让毛美
双边关系进一步紧张。1991 年春,毛塔军方的人权细节浮出水面后,美国以
此为借口进一步冷却两国关系,随后美国方面正式停止美国国际开发署
(U. S. Agency for International Development,USAID)的行动和向毛塔提
供的一切军事援助。不仅如此,美国还试图站在道德高地以各种借口向毛

---

　　① 《毛塔最具战略性的公路正式开工》,驻毛里塔尼亚使馆经商处,2002 年 9 月 12
日,http://mr. mofcom. gov. cn/article/jmjg/zwqtjmjg/200209/20020900040160. shtml,
2019 年 12 月 20 日访问。
　　② 《阿拉伯货币基金为毛塔减债 30 亿乌吉亚》,中华人民共和国商务部,2003 年 5
月 22 日,http://www. mofcom. gov. cn/article/i/jyjl/k/200305/20030500092849. shtml,
2019 年 12 月 20 日访问。

塔施加国际压力，如美国以毛塔某些地区存在奴隶制为由向毛塔施压等。
到20世纪90年代末，毛塔通过了促进"1989年事件"中被驱逐者或逃离者
返还家乡的政策，外交上离开伊拉克转向西方，并在国内启动减贫战略，与
美国的关系全面改善，于是美援再次回到毛塔，美援支持下的军事合作和培
训计划也再次启动，毛塔还获得重债穷国倡议下的债务减免。2005年以后，
美国在毛塔启动"民主援助"，为毛塔向民主过渡提供援助，支持毛塔2006年
的议会选举和2007年的总统选举，并为选民教育、政党培训和民主建设提供
了与选举有关的援助。[①] 当前美国依然是毛塔重要的援助者，其援助的目标
是与毛塔政府合作，扩大在粮食安全、卫生、教育、民主体制和反恐等领域的
双边协作。

美国国际开发署是美援在毛塔最重要的执行机构。美国关注和支持毛
塔"人的发展"，并以"人的发展"为中心展开对毛塔的经济援助，为解决饥
饿、疾病、入学和就业等方面问题提供经济支持。美国在应对毛塔粮食安全
的问题上持续努力。"2001—2005年毛里塔尼亚反贫困计划"项目计划建造
蓄水池和建立地方水管理委员会，旨在改善贫困家庭的供水情况，降低获取
清洁饮用水的成本。与此同时，通过对婴幼儿的母亲加强教育等方式，帮助
母亲补充健康知识并践行营养计划，改善其家庭的粮食安全和营养供给境
况。通过向贫困家庭提供标准配给套餐的方式，增加能量和营养的科学供
给。标准配给套餐（一个母亲加一个孩子）每月提供68370卡路里和2528克
蛋白质，以确保一个母亲和一个孩子一个月的能量和营养需求。如果家庭
成员有6～7人，套餐的补助标准大约相当于每人290卡路里和11克蛋白
质。此外，该计划还在推广增加新鲜水果和蔬菜的供给以丰富营养结构等
方式。[②]

除此之外，美国还试图在人道主义计划下提供粮食援助，以增强毛塔应

---

① "Mauritania-United States Relations"，Wikipedia，https://en. wikipedia. org/wiki/
Mauritania%E2%80%93United_States_relations[2019-12-20].

② "Results Review and Resource Request(R4)"，*USAID/MAURITANIA*，April
2001，p. 79.

对粮食危机的能力。截至 2016 年 8 月,毛塔共收容 5 万多名马里难民,其中大多数居住在粮食安全问题较为严峻的南部地区,以致更多的家庭受到了粮食问题的冲击。美国国际开发署通过外国灾难援助办公室(Office of U. S. Foreign Disaster Assistance,OFDA)和粮食促进和平办公室(Office of Food for Peace,FFP)提供人道主义援助,支持为弱势群体改善保健、营养和水、环境、卫生的倡议。美国国际开发署通过毛塔当地的地区伙伴开展工作,提供人道主义援助,以保障当地社区的复原能力。在美国国际开发署的支持下,毛塔建立了饥荒预警系统网络(Famine Early Warning System,FEWS)。饥荒预警系统网络致力为粮食不安全、粮食脆弱性和饥荒等方面问题的实际存在和潜在危险提供早期预警,旨在提供预警信息和提高预测的数量、质量、及时性,以便用于粮食安全反应决策。[①] 美国也在关注毛塔的卫生发展计划。美国国际开发署正在支持由西非区域机构、各国政府和民间社会组织所开展的妇幼保健计划,即改善营养不良的学龄前儿童的营养状况,该计划获得明显的效果。在努瓦克肖特妇幼保健中心接受营养康复计划的儿童,年龄标准体重(Weight for Age Scale ,WFA)的改善状况非常明显。接受该项目支持的 2541 名儿童平均体重增加了 22.5%。接受营养康复计划的儿童在 13 月龄进入该项目,项目开始时其年龄标准体重的中位数为 67%,58 月龄时从妇幼保健中心结束此项康复项目,年龄标准体重状态的中位数上升至 89.5%。实际上,在营养不良最严重的儿童(年龄标准体重中位数不到 60%)中显示出更明显的改善,年龄标准体重从中位数 55% 上升至离开时的平均 88%。[②] 儿童的健康和营养状况得到了明显的改善。

美国国际开发署支持在毛塔扩大其对生育的服务、信息和物资的获取与使用范围,协助毛塔政府落实国家政策,加强宣传和施政力度,促进计划生育、生殖健康、艾滋病(Acquired Immune Deficiency Syndrome, AIDS)和妇幼保健方面的可持续卫生规划。美国国际开发署的区域方案规划还包括

---

① "Our Work", USAID, https://www. usaid. gov/mauritania/our-work[2019-12-20].

② "Results Review and Resource Request(R4)", *USAID/MAURITANIA*, April 2001, p. 80.

加强国家对保健商品和物资的管理，并从中协调，以确保长期向毛塔提供医疗类保健物资等。[①]

此外，青年工作是美国援助的重点方向和领域。青年代表着未来，在恐怖分子异常活跃的西北非和阿拉伯地区，青年也代表着社会的不确定因素，美国国际开发署支持为毛塔脆弱青年提供工作和生活技能的培训活动，以帮助他们找到工作并确保他们在工作中获得成功，尽量避免青年因失业和失去生存能力而沦为恐怖分子招募对象的可能。美国国际开发署的重点是培训青年的技术和职业技能，并帮助他们融入当地的就业市场。美国国际开发署还努力通过对话和艺术促进交流，召集政府和私营部门的利益攸关者参与青年的培育、见证他们的成长等。[②] 此外，美国通过资助留学生，密切美国和毛塔知识精英阶层的联系；还通过积极为回国的留美学生提供各类工作机会，确保毛塔政府内的重要角色由亲美精英担任。

（三）法国的援助

法国是毛塔的殖民宗主国，在毛塔获得政治独立后的相当长时间内，法国都与毛塔维持着密切的联系。在 20 世纪 80 年代以前，毛塔大部分的发展援助是由法国提供的，该国也是私人直接投资的主要供应国，因此，与法国的合作关系是毛塔外交关系的基石。早在 1961 年，毛塔与法国签署的双边协定便规定了在经济、财政、技术、文化和军事领域的合作与援助。虽然毛塔在阿尔及利亚独立、撒哈拉的核试验和法国对南非的武器销售问题上反对法国，但在达达赫执政期间，两国关系仍然保持着持续友好的状态。达达赫在在位期间，频繁前往法国，争取大量的法国援助。法国派遣本国公民在毛塔担任技术助理、政府管理者、教师和法官等职位。西撒哈拉的敌对行动爆发之后，法国的参与程度明显上升。[③]

由于法国和毛塔之间密切的历史联系，法国在毛塔有着巨大的经济利

---

① "Our Work", USAID, https://www.usaid.gov/mauritania/our-work[2019-12-20].

② "Our Work", USAID, https://www.usaid.gov/mauritania/our-work[2019-12-20].

③ Robert E. Handloff, ed., "Relations with France", In *Mauritania: A Country Study*, *Library of Congress Federal Research Division*, 1988.

益。至今,法国依然控制着毛塔国内矿业和工业的发展命脉,因此,法国是
仅次于阿拉伯国家和组织的最重要的外援来源地。据法国发展署前驻毛塔
首代狄迪尔·格雷伯特(Didier Grebert)透露,自 1978 年法国发展署在毛塔
设立代表处以来,以贷款、补贴等形式总计向毛塔提供发展援助额度约 35 亿
欧元,约合 1260 亿乌吉亚。这些发展援助使毛塔整个国家受益,此外也建成
一些小型工业项目。①

　　随着恐怖主义在非洲安全形势中的凸显,为了确保法国在非洲的重大
利益,反恐逐渐成为法国提供对毛塔援助的重要目标。法国在萨赫勒地区
多国建立基地,展开了跨越数国的"薮猫"行动和"新月形沙丘"行动等,对抗
这一地区日益猖狂的恐怖主义。2018 年 7 月,法国总统马克龙参加在毛塔
举行的非盟第 31 届首脑会议,就地区安全问题和非洲萨赫勒五国(毛里塔尼
亚、尼日尔、布基纳法索、乍得、马里)领导人展开会晤,强化法国与这一地区
的安全合作。②

　　由于法国的特殊身份及其在毛塔的特殊利益,法国在毛塔反恐问题上
采取多样化的介入方式,以达到不同的目的。近年来,中国与毛塔经济合作
的兴盛,以及中毛间卓有成效的经济互动,在一定程度上威胁到法国在毛塔
的经济地位,法国正在以更为巧妙的方式介入毛塔的发展,以制约中国在毛
塔日益增强的经济存在感和政治影响。

(四)日本对毛塔的援助

　　日本对毛塔的援助主要涉及基础设施建设、教育和卫生等方面,渔业基
础设施建设方面受关注较多,日本在努瓦克肖特和努瓦迪布援建了鱼市、海
鲜冷库、捕鱼码头及海洋研究船等,援助额度达 6.6 亿美元,渔业方面的援助

---

① 《法国发展署驻毛塔首代作工作回顾》,凤凰网,2009 年 8 月 5 日,http://
finance. ifeng. com/roll/20090805/1045876. shtml,2019 年 12 月 20 日访问。
② 《第 31 届非盟峰会在毛里塔尼亚举行》,中华人民共和国驻肯尼亚共和国大使
馆,2018 年 7 月 2 日,https://www. mfa. gov. cn/ce/ceke/chn/zfgx/t1573526. htm,2019
年 12 月 20 日访问。

占日本对毛塔援助的 70％以上。[①] 鱼市的建成让原本在沙滩上的露天鱼市转移至室内，解决了因太阳直射而带来的臭气熏天和蚊虫飞舞等问题，为海鲜买卖提供了良好的市场环境。

日本对毛塔教育，特别是初级教育的援助极多，在毛塔全国各地建设了 62 所规模不大的学校，助力当地教育发展。[②] 但是，这类学校大多重建设而轻维护，部分学校在使用多年后缺少必要的更新与维护，出现了不同程度的校舍破旧，课桌、门窗被损毁，设备故障的情况，有些设施甚至无法继续使用。

日本在毛塔医疗卫生方面的援助也较引人注目。日本在毛塔建设了一些规模较小的卫生院。2016 年 5 月 9 日，日本与毛塔签署赠款援助协议，扩大毛塔国立公共卫生学院校舍并提供设备，改善护士和助产士的培训环境。这项协议达成了 11.82 亿日元的赠款援助。该项目主要是为了解决因该校教室数量不足而导致学生上课时间超出正常上课时间的问题。此外，由于缺乏实用培训设备，一些课程无法开展。通过扩大教室、训练室和提供相关设施，培训学生人数将上升至 1220，所有课程均能开展，受训人员的素质能够应对高质量的保健服务。[③]

此外，日本还关注毛塔接受的非洲难民，并为其提供必要的人道主义援助。2017 年，日本对毛塔提供一笔总计 600 万美元，约 21 亿乌吉亚的援助资金，主要用于救济在巴西努地区玛贝拉难民营中的马里难民，以及资助国际移民组织、联合国难民署和世界粮食计划署在该地区实施的人道主义项

①《日本对毛里塔尼亚援助概况及特点》，中华人民共和国商务部，2014 年 9 月 15日，http://www. mofcom. gov. cn/article/i/dxfw/gzzd/201409/20140900731274. shtml，2019 年 12 月 20 日访问。

②《日本对毛里塔尼亚援助概况及特点》，中华人民共和国商务部，2014 年 9 月 15日，http://www. mofcom. gov. cn/article/i/dxfw/gzzd/201409/20140900731274. shtml，2019 年 12 月 20 日访问。

③ "Signing of Grant Aid Agreement with Mauritania: Expanding the National School of Public Health and Providing Equipment to Improve the Training Environment for Nurses and Midwives", JICA, May 10, 2016, https://www. jica. go. jp/english/low/news/press/2016/160510_01. html[2019-12-20].

目。此外,还用于提高当局在边境地区的执法能力,打击非法运输、恐怖主义和极端主义,为弱势群体提供人道主义援助,保护难民,等等。①

三、国际援助的两大援助目标:反恐和粮食安全

从整个国际援助的版图来看,毛塔并不具备足够的资格成为最核心的援助国家。毛塔的国土以沙漠为主,人口总量不多,经济体量较小,经济的对外辐射力和影响力不强。加上毛塔人性格温和,伊斯兰宗教信仰纯正,政局较为稳定,国内对恐怖主义等的控制较为严格,因此,毛塔不能以引人注目的外在条件吸引国际援助者的关注,其国内经济总体状况并不是其获得援助的最重要理由。然而,随着国际恐怖主义局势的恶化,毛塔因其安全战略地位而成为国际援助重点关注的对象。在历史上,萨赫勒地区的许多关键武装分子都来自毛塔。与此同时,毛塔的人口不多,但年轻人的失业率奇高,年轻男性的失业率为48.9%,年轻女性的失业率为40.7%,贫困率为42%,大批青壮劳动力没有正式的工作,这些都成为社会不稳定的因素。毛塔的政治稳定和边界安全不仅仅是毛塔的国家政治问题,还是一个关系到北非地区恐怖主义的重要国际安全问题。为了在萨赫勒地区有效打击暴力极端主义,法国和美国等欧美大国对毛塔的援助计划均围绕反恐和安全问题展开。

其一,2011年努瓦克肖特自杀式爆炸未遂事件后,毛塔在西非地区的安全局势进一步恶化,逐渐成为西方国家在西非地区遏止恐怖主义进一步发展的重要节点,毛塔的战略反恐地位提升,也由此获取了更多国家的关注与援助。

对于美国而言,毛塔与其说是一个经济领域的合作伙伴,还不如说是一个安全领域的反恐伙伴,是其在北非和阿拉伯非洲地区的一颗安全战略棋子,在反恐战争中的重要战略伙伴。几十年来,美国向毛塔提供了某种形式

---

① 《日本向在毛塔的马里难民提供11亿乌吉亚援款》,驻毛里塔尼亚使馆经商处,2017年6月8日,http://mr.mofcom.gov.cn/article/jmxw/201706/20170602588621.shtml,2019年12月20日访问。

的安全援助。然而，如果没有"9·11"，没有美国的反恐，美国在毛塔的安全合作将仅局限于奴隶制、割礼和军事政变等，恐怖主义在非洲的扩张和蔓延为毛塔接受更多的美援带来机遇。近年来，由于基地组织在伊斯兰马格里布的势力迅速拓展，安全形势进一步恶化，两国之间的合作在进一步加深。而对于毛塔来说，美国也是一个其乐于交往的对象。为了换取美国的支援，毛塔在其持续的反恐战争中向美国展示了战略性资产。在毛塔，美国国际开发署协助政府制定了有效和可持续的方案，旨在改善安全状况、减少冲突和为该国的危险社区提供安全服务。这是美国国际开发署支持西非区域机构、各国政府和民间社会组织更有效地打击萨赫勒地区的暴力极端主义的一个组成部分。为加强区域、国家和地方决策者的能力，了解和应用地理空间数据，改善经济、社会和环境方面的弹性，美国国际开发署与国家航空航天局正在努力获取毛塔全国范围内的地理空间数据，为全面的反恐战略部署做准备。①

法国和毛塔间有着广泛的安全和防务合作，主要是鉴于萨赫勒—撒哈拉区域日益复杂而多元的安全挑战。为了提高毛塔及周边国家加强安全防范的能力，法国在"萨赫勒—撒哈拉区域的正义与安全"优先团结基金项目下向毛塔及其邻国马里和尼日尔提供资金支持，旨在增强这些国家在国内安全、司法系统和海关等领域打击恐怖主义和有组织犯罪的能力。②

在反恐和安全援助方面，欧美国家主要在军事装备、军事技术和能力提升方面提供援助。美国对毛塔的援助形式是提供军事装备、培训和分享情报。自2002年"泛萨赫勒倡议"（更广泛的跨撒哈拉反恐怖主义伙伴关系的前身）问世以来，它们就建立了反恐关系，旨在阻止恐怖分子在区域间的流窜。因为毛塔政府、社会和宗教对恐怖主义的低容忍度，毛塔成为美国和法国等国在非洲反恐的坚定支持者，是萨赫勒地区重要的反恐伙伴。美国提供安全援助的方式是集中力量为毛塔军方提供适当的工具，如飞机，以及训

---

① "Our Work", USAID, https://www.usaid.gov/mauritania/our-work[2019-12-20].

② "France and Mauritania, Presentation", France Diplomatie, https://www.diplomatie.gouv.fr/en/country-files/mauritania/france-and-mauritania/[2019-12-20].

练和先进的反恐怖主义技术,确保军方能够迅速而果断地对恐怖主义行动做出反应。[①] 法国通过设立军事机构和指导分遣队等方式,向毛塔军事部门提供援助。[②]

其二,组织地区性集体防控机制,应对地区恐怖主义。

毛塔在非洲集体反恐中扮演着日益重要的角色,在地区反恐中态度坚决且行动坚定,成为地区反恐的有效力量。近年来,基地组织的分支组织在萨赫勒地区活动频繁,催生了该地区联合反恐行动和组织的诞生。2014 年 2 月,在毛塔首都努瓦克肖特举办撒哈拉地区五国元首峰会期间,毛塔总统阿齐兹建议,撒哈拉地区五国(毛塔、马里、尼日尔、乍得、布基纳法索)成立撒哈拉地区五国组织(G5 SAHEL,简称 G5),旨在联合反对恐怖主义在五国的滋生和蔓延。撒哈拉地区五国的面积为 500 万平方千米,人口约 6200 万。边境地区恐怖活动和有组织犯罪时有发生。[③] G5 的建立是在西非地区恐怖分子发展的重要区域建立起一道内部防线,确保五国和平稳定的国内环境,有望为非洲地区反恐做出卓有成效的示范性贡献。

G5 除了在组织区域内对本地恐怖分子进行有效打击外,还通过经济发展和国家建设改善国内环境,减少区域内恐怖分子的滋生,成为非洲国家反恐的有效内生因子。此外,与发达国家的反恐组织协调行动也是其反恐的重要活跃方式。2014 年 8 月 1 日,法国武装部队与撒哈拉地区五国合作启动了 Barkhane 行动。法国通过与萨赫勒—撒哈拉地带 G5 建立伙伴关系,

---

① "Megan O'Toole, US Ramps up 'Terrorism' Fight in Mauritania", https://www. aljazeera. com/news/middleeast/2014/07/us-ramps-up-terrorism-fight-mauritania-20147148214271804. html[2019-12-20].

② "France and Maurita, Presentation", France Diplomatie, https://www. diplomatie. gouv. fr/en/country-files/mauritania/france-and-mauritania/[2019-12-20].

③ 《撒哈拉地区召开第一次安全会议》,驻毛里塔尼亚经商参处,2014 年 5 月 19 日,http://mr. mofcom. gov. cn/article/jmxw/201405/20140500592353. shtml,2019 年 12 月 20 日访问。

在毛塔汇集大约 4000 名士兵，打击武装恐怖团伙，相互助力应对恐怖威胁。[①]

其三，粮食安全是毛塔各类国际援助聚焦的核心问题，援助旨在断绝或缓解因饥饿和贫困而带来的暴动或恐慌。

毛塔地处撒哈拉沙漠，农业发展受到土壤禀赋和气候降水等方面的严重影响，粮食生产长期无法自给，吃饭问题成为影响毛塔及其周边区域安全的重大问题。因为毛塔 70% 的粮食依靠进口，所以世界粮食价格的快速上涨对毛塔国内的经济和食品安全产生巨大影响，对于 42% 依然生活在贫困线以下的贫困人口更是影响巨大。因而，粮食成为毛塔外来援助的集中主题。"粮食换和平行动"（Food for Peace Act，FPA）是美国重要的粮食援助计划。美国政府于 1954 年通过《和平食品法》，创建了"粮食换和平行动"。该法案旨在"促进美国的外交政策，通过使用农产品和当地货币来促进当地社会发展，增强粮食安全"。根据该法案，美国政府机构可以向发展中国家运送农产品，或将大宗商品货币化，或直接将其分配给计划受益人。[②]

2010 年 3 月，毛塔遭遇了严重的粮食结构性短缺危机，被世界粮食计划署（World Food Program，WFP）认定为粮食生产的手段受限、农业能力未能充分利用、荒漠化严重及农业产出低，只能严重依赖进口来满足民众营养需求。因此，为了应对这一挑战，美国国际开发署的和平食品办公室与毛塔方面签署了 5 年的合作协议，执行社区营养和生计行动。该协议旨在提高毛塔人民的保健和营养搭配能力，改善人民营养搭配和卫生习惯，满足家庭粮食需要和缓解粮食的不安全状况。自 2006 年 10 月协议签署后，美国国际开发署先后向毛塔提供货物并支付 2230 万美元的运输和行政费用。[③] 实际上，

---

① "France, Mali and Mauritania Conduct Anti-terror Operation", France in the United Kingdom, January 2, 2018, https://uk. ambafrance. org/France-Mali-and-Mauritania-conduct-anti-terror-operation[2019-12-20].

② "USAID Office of Inspector General", *Audit of USAID's Food for Peace Activities in Mauritania*, April 11, 2012, p. 1.

③ "USAID Office of Inspector General", *Audit of USAID's Food for Peace Activities in Mauritania*, April 11, 2012, p. 1.

很多粮食援助并非无偿,据研究,援助的粮食销售后,其成本回收率在70%
左右。截至2012年1月31日,美国国际开发署为该项目提供了3.948万吨
食品,总体成本回收率为67%。[①]　具体如表0-3。

表0-3　美国在毛塔的粮食援助情况及成本回收情况(2007—2011年)

交易年	粮食和运输费用(万美元)	销售价值(万美元)	成本回收率(%)
2007	303.6	214.4351	71
2008	412.38	318.3922	77
2009	276.98	118.3061	43
2010	263.52	177.9297	68
2011	304.86	217.0537	71
总计	1561.34	1046.1168	67

资料来源:"USAID Office of Inspector General", *Audit of USAID's Food for Peace Activities in Mauritania*, April 11, 2012, p.8.

　　为了帮助饥民度过粮食危机,各国际援助机构创新援助手段,开展形式
多样的援助活动。2012年的萨赫勒危机是过去10年来非洲最严重的粮食
危机之一,位于西非的毛塔、布基纳法索、乍得、尼日尔等国遭遇了严重的粮
食供给紧张状况,特别是非收获季节的季节性饥饿。联合国估计,粮食供应
减少、市场效率低下、粮食价格高昂和营养不良都加剧了持续的饥饿和贫
穷,西非这一地区约有13%的人口,约2000万人面临饥饿的危险,缺乏足够
的粮食来维持健康和生产性活动。对此,许多国际组织开展了特殊时期的
特别援助,如通过提供粮食援助、开展营养供给情况筛查和定位治疗等,尽
力缓解毛塔因粮食歉收带来的儿童健康威胁。截至2014年6月,美国国际
开发署共向包括毛塔在内的西非国家提供了2.05亿美元的此类援助,在不
收粮食的季节向民众提供人道主义的粮食援助,避免季节性饥饿的发生。
营养不良是发展中国家5岁以下儿童死亡的根本原因。在可以获得健康食

[①]　"USAID Office of Inspector General", *Audit of USAID's Food for Peace Activities in Mauritania*, April 11, 2012, p.1.

物的家庭，很多人因为不知道如何正确喂养孩子从而造成儿童营养不良，而粮食不安全状况正在加剧这一危险。为防止营养不良和改善缺粮地区的粮食安全，美国国际开发署与"反饥饿行动"（Action Against Hunger，ACF）组织在毛塔展开了高效的粮食合作。"反饥饿行动"组织、美国国际开发署与当地组织一起，通过为社区成员，包括母亲、父亲、宗教领袖开展烹饪示范和营养教育等途径，使婴儿和幼儿得到科学喂养。与此同时，社区志愿人员经常赴社区民众家进行筛查，以查明儿童的营养状况，筛查出有营养不良危险的儿童，并将需要治疗的人介绍给保健中心。[①] 2017 年 7 月，德国、日本、欧盟、法国、西班牙、摩纳哥和沙特阿拉伯等向世界粮食计划署提供了价值 500 万美元的粮食，帮助世界粮食计划署在该年缺粮季节向大约 7.7 万毛塔饥民提供粮食救济，改善饥饿和营养不良指数最高地区的人们的营养和生计状况。[②] 当然，这类援助只是临时性地应对饥饿问题，无法解决长期的粮食供给和婴幼儿的营养不良问题。

第三节　中国对毛塔的援助

毛塔位于北非与西非的交界处，是阿拉伯非洲与撒哈拉以南非洲的重要过渡国家。毛塔是中国"一带一路"倡议规划延长线上的重点国家，也是中国的传统合作伙伴和重点援助对象，来自中国的援助也成为毛塔众多国际援助中的"经典之作"。中国向毛塔提供了众多援助项目。

[①] "Hunger Season Has Arrived: So What are We Doing?", USAID, June 24, 2014, https://blog.usaid.gov/2014/06/hunger-season-has-arrived-so-what-are-we-doing/[2019-12-20].

[②] "Lean Season Aid Gives Hope to Thousands of Families in Mauritania", Humanitarian Logistics Association, July 11, 2017, https://www.humanitarianlogistics.org/reliefweb _ posts/lean-season-aid-gives-hope-to-thousands-of-families-in-mauritania/[2019-12-20].

一、中国对毛塔援助的阶段性推进

截至 2019 年,中国对毛塔的援助已经走过了漫长的 52 年,半个多世纪的援助不仅未曾中断过,并且每一个时期都高潮迭起,精彩不断,为毛塔提供了经济社会发展过程中的诸多关键项目,如友谊港、公共卫生研究院、基法医疗中心、三角洲公路、首都雨水排水项目等。中国对毛塔 52 年的援助历程,可以从以下三个阶段展开论述。

(一)第一阶段:中国和毛塔援助关系的建立

在毛塔获得政治独立后,毛塔首任总统达达赫发现与中国建立外交关系的可能性,便开始了谋求这方面的努力。毛塔获得政治独立前后,中国逐渐在非洲打开外交局面,先后与大批非洲国家建立了外交关系和援助关系,这也成为非洲国家获得国际支持的重要渠道。1959 年 10 月,中国和几内亚冲破了重重阻碍,建立了大使级外交关系。当时的中国国内经济严重困难,但还是向几内亚提供了无私的援助。同年 9 月,几内亚总统杜尔访华,几内亚方面表示,"此次出访给整个非洲带来了吉祥的光芒……给非洲国家指出了与伟大的中国人民合作有着巨大的好处","其他非洲国家政治人物也都表示很感动,说中国对几的援助是对整个非洲人民的鼓舞"。[1] 更为重要的是,中国政府承诺的援助说到做到,如已经在几内亚建设火柴卷烟厂、水稻农场和茶叶试验站等。[2] 毛塔的几个重要邻国都成为中国的援助对象,如马里、阿尔及利亚等国均获得了来自中国的慷慨援助。很快,中国援建的项目,如马里的水稻农场、甘蔗农场和茶叶基地都建立起来,吸引了周边国家的关注。

西非国家及毛塔的邻国接受中国援助的消息鼓舞着达达赫,也让达达赫产生了与中国寻求外交联系的愿望。1963 年 11 月,达达赫总统在对几内亚进行国事访问期间,首次会见了中国驻几内亚方面相关人员,并表示希望

---

[1] 《几内亚及有关各方对几总统杜尔访华的反应》,外交部开放档案,1960 年 9 月 14 日至 10 月 25 日。

[2] 石林:《当代中国的对外经济合作》,中国社会科学出版社 1989 年版,第 40 页。

能够跟中国建立外交关系。达达赫的这一想法最初并没有获得毛塔国内的认同。很多人表示不可理解，因为毛塔曾是法国的殖民地，独立后的毛塔依然与法国保持着极为密切的联系，因此，他寻求来自西方阵营之外的援助的设想招来巨大的国内质疑。然而，达达赫非常执着地寻求与中国建立外交关系。达达赫总统的遗孀玛丽亚姆·达达赫就是一个法国人，多年后她这样回忆这段历史："那时有些非洲人对达达赫说：'天哪！你要跟中国打交道吗？我们是属于西方国家的阵营……中国嘛，我们不了解。'但是总统了解中国的历史，中国几千年以来就是一个伟大的国家，他还知道中国革命对中国人民乃至全世界人民产生了怎样的重要影响，所以他认识到与中华人民共和国发展亲密关系的重要性和必要性。"[①]

毛塔与中国建立外交关系后，来自中国的援助让毛塔的发展面貌发生了巨大的改变。1965年7月19日，经过多番会晤、努力后，毛塔同中华人民共和国正式建立了外交关系。达达赫总统不仅突破了妖魔化中国的"魔咒"，与中国建立了外交关系，还成为努力推动对华关系的里程碑式的核心人物，并且他通过此后与中国的密切合作向外界证实，中国是一个真诚的、可靠的援助者和合作伙伴。在其任期内，他先后三次访问中国，中国对毛塔的援助和与毛塔的外交关系在相互支持中不断向前迈进。1967年2月16日，中国和毛塔签署了经济技术合作协定[②]，中国和毛塔的援助关系开始建立。1967年10月，达达赫总统第一次访问中国。在与周恩来总理的会谈中，达达赫提出了建设两项重大基础设施项目的援助请求。一个是努瓦克肖特—内马的公路（"希望之路"），另一个是努瓦克肖特深水港，即现在的友谊港。周恩来得知毛塔方面的援助需求后表示，工程极为重大，无法马上答复，但是会认真组织人员研究两个项目是否可行。而实际上，在此之前，毛塔已经与很多西方国家探讨了两个项目的援建，他们均以造价太高为由拒绝了达达赫的请求。阻碍这些国家给予援助的并非单单是高昂的造价，毛

---

① 赵忆宁：《对话毛里塔尼亚开国总统夫人玛丽亚姆·达达赫 毛里塔尼亚开国总统：中国是唯一令我铭记的援助国》，《21世纪经济报道》，2017年8月30日。

② 石林：《当代中国的对外经济合作》，中国社会科学出版社1989年版，第640页。

塔的欧洲伙伴,前殖民宗主国法国并不希望毛塔通过建设友谊港而获得真正的独立。"如果建了这个深水港一定会加速毛塔的独立,毛塔相当于向完全独立迈出了重要的一步,所以法国没有同意。"[①]在周恩来答应对两个项目进行可行性研究后,中国政府积极地开始了友谊港的勘探和筹建工作,1971年派出了专业的勘探队伍对努瓦克肖特一带大西洋海域展开了港口建设方面的专业考察,本次考察得出了与西方勘探队大致一样的考察结论——因为缺乏天然掩护,这里水深浪高、流沙不固等,不适宜建设大型港口。但1974年9月,达达赫总统再次访问中国时,毛泽东在和达达赫的会谈中基本同意在前期考察的基础上为毛塔援建友谊港。1975年8月,中国政府派出由18名专家组成的专家组赴毛塔开展勘探工作,对努瓦克肖特一带大西洋海域又一次展开了全方位的勘测。虽然1976年6月的勘测结论依然认为海底流沙不具备建港条件,但毛泽东认为,"中毛的友谊比流沙更坚固"[②]。

　　虽然达达赫的首访并没有在他最想要达成的项目——友谊港上签署协议,但是中国答应为毛塔援建青年中心和文化中心,这两个项目于1970年建成移交,至今仍然是毛塔人民举办各类文化活动的重要场所,是毛塔重要的文化活动中心。实际上,在这两个项目建设期间,中国其他类型的援助,如医疗援助、农业援助已经在毛塔轰轰烈烈地开展起来了。1968年,中国第一次向毛塔派出了医疗队,中国医生在努瓦克肖特、塞利巴比和基法三个城市为毛塔人民提供医疗服务,此后,医疗队的工作延伸至更深远的撒哈拉沙漠内部的城市。早在1967年,中国就开始筹划毛塔姆颇利(Mpoli)农场的援建工作。五年后,中国专家将一所现代化的机械农场——姆颇利农场移交给毛塔。姆颇利农场的建成带动了毛塔姆颇利平原的农业发展、塞内加尔河水的利用和姆颇利平原灌溉系统的建设,让姆颇利平原上的水稻种植面积一扩再扩,为毛塔的粮食走向自给铺平道路。1971年4月1日,中国和毛塔

---

　　①　赵忆宁:《友谊港港务局局长哈森纳·乌尔德·艾力、技术经理穆罕默德·费萨尔·乌尔德·贝鲁克:"友谊港"让毛塔一代人受益无穷》,《21世纪经济报道》,2017年8月30日。

　　②　笔者访问一位毛塔老人,此为他所讲述的故事。

在北京再度签订经济技术合作协定。[①] 1974 年达达赫访问中国时,中国和毛塔又一次签订了经济技术合作协定。[②] 除此之外,中国还在毛塔援建了首都供水工程,改变了首都人民供水严重不足的窘况。

(二)第二阶段:中国对毛塔援助项目的大规模推进

20 世纪 70 年代后半叶,中毛关系经受住了一次巨大的考验。1976 年,毛泽东和周恩来相继离世,1978 年,毛塔首任总统达达赫因国内政变下台,但是,这些并没有影响中国和毛塔的关系,没有影响到之前所签订的援助协议和合作方案,中国和毛塔的关系超越了领导人之间的个人情谊,顺利地在援助项目的直接推动者离任后得以延续和拓展。不仅如此,中毛援助关系在新的形势下更进一步。在领导人更替后,中国和毛塔相继成功签署了一批经济技术合作协定,中毛援助关系进一步深化。1980 年 5 月,总统海拉尔访问中国时,中国和毛塔签署经济技术合作协定。1984 年,中国和毛塔在努瓦克肖特再次签订经济技术合作协定。中国和毛塔的援助关系进入了一个全新的全面发展阶段。

这一时期,一大批此前谈好的项目相继上马,让毛塔快速地进入生产和发展的正常秩序之中,人民的基本生活条件逐步得到改善。毛塔人民期盼已久的友谊港于 1979 年 4 月正式开始动工。经过 7 年的并肩努力,1986 年 6 月,友谊港建成,年吞吐量 90 万吨。1987 年 11 月,友谊港正式开港营运,标志着独立后的毛塔真正拥有了自己管理的港口,实现了经济上的独立,以及国家的完全独立。在友谊港的建设过程中,中国政府和援建专家克服了难以想象的困难。"港口的自然地理条件差,沿海沙岸平直开敞,毫无隐蔽,大西洋终年都有长周期的涌浪,不利于海上作业,加之陆上风沙大,气温高,建港困难很多。"[③]中国的援助专家在西方人否决建港可能性的大西洋平直的海岸线上建设了固若金汤的港口,帮助毛塔人民实现了多年来的梦想。

---

① 石林:《当代中国的对外经济合作》,中国社会科学出版社 1989 年版,第 644 页。
② 石林:《当代中国的对外经济合作》,中国社会科学出版社 1989 年版,第 652 页。
③ 石林:《当代中国的对外经济合作》,中国社会科学出版社 1989 年版,第 199—200 页。

除了友谊港，这一时期建成的项目还包括首都火力发电厂、公共卫生研究院、塞利巴比医疗中心、奥林匹克体育中心、儿童乐园等，这一系列项目的相继建成，帮助毛塔国内基础建设更上一层楼，有效协助了毛塔的经济社会建设。

　　1963 年底至 1964 年初访问亚非十一国时，周恩来就曾经强调过，中国的援助项目不能半途而废，而要求"负责到底"。① 因此，这一方针是很长时间里中国对待老援助项目的态度，坚持维护老的项目，巩固已建成项目的成果，加强技术合作和管理合作，确保其正常发挥功能。毛塔的一部分援助项目投入使用后出现了一些问题，中国方面根据"负责到底"的精神一再投入资金和人力，确保援助项目更好地满足毛塔民众的需求。首都供水工程建成后不久，由于沙漠地下水中的特定细菌对供水管道的镀锌缠丝滤水管腐蚀极为严重，水井出现了涌沙，不仅出水量受到严重的影响，而且井水里掺杂进来大量泥沙，使水质水量双重受限。为了排除故障，确保供水工程的充足供水和高质量供水，中国政府再次派遣专家实地考察，重新打井，更新了潜水泵和输水管道，重新实现了供水工程的正常运转，确保了努瓦克肖特市民的正常生活用水。随着城市化的加快和大量人口在努瓦克肖特的聚集，首都用水量猛增，中国政府花费一年时间帮助毛塔铺设了从伊迪尼水源地到首都的供水管道复线，确保了供水管道检修时依然可以持续供水。②

　　在姆颇利农场移交毛方自主经营后，由于毛方管理、农业技术经验不足，没有能力自主处理农业经营中的突发情况，农场的经营陷入困境。为此，毛方强烈要求中国农业专家重返农场，帮助农场更新管理和技术，重新为农场注入生机和活力。应毛塔政府的强烈呼求，中国方面本着"负责到底"的精神，再次派出了农业专家队伍进驻姆颇利农场，通过参与管理的方式，结合必要的资金和农业物资，成功地帮助农场实现了农业改革，帮助农场扭亏为盈，产量再次提升至设计时的数值，获得毛塔官方和农民的高度

---

　　① 石林：《当代中国的对外经济合作》，中国社会科学出版社 1989 年版，第 44—45 页。
　　② 石林：《当代中国的对外经济合作》，中国社会科学出版社 1989 年版，第 575—576 页。

认可。①

(三)第三阶段：新时期中国对毛塔援助的新发展

进入 21 世纪,中国对毛塔的援助出现了一个新的高潮,无论是项目的数量还是项目的规模都出现了新的高峰,带动中国对毛塔的援助进入一个全新的发展阶段。从新建项目来看,已经建成并投入使用的援助项目包括三角洲公路,努瓦克肖特大学新校园医学院大楼项目,友谊港 4 号、5 号泊位工程,友谊港清淤和挡沙堤工程,政府办公大楼,农业技术示范中心,畜牧业技术示范中心,中毛友谊医院,基法医院,等等。

金融工具进入援助领域,撬动了更丰富的资金,启动了一大批对毛塔经济社会发展意义重大的基础项目,改变了毛塔经济社会发展的面貌。这一时期,中国的援助项目除了传统的无偿援助和低息贷款外,还推出了优惠贷款。由于优惠贷款带动了大规模资金的注入,一些确实对毛塔建设和发展有着特别重要意义但因资金问题中止的项目被提上了议事日程,这切实有效地拉动了毛塔经济的发展。这一时期上马的大批项目中,有很多均为资金需求量巨大的大型项目,这些项目推动了毛塔社会经济的全面发展。优惠贷款的推出,让中国政府用同样数量的援助资金可以撬动更多的资金,用于建设毛塔发展中极为关键而暂时又没有充足资金的项目,这些项目是毛塔经济社会获得阶段性发展成就的重要基础,有助于为毛塔创造经济发展的新空间,但限于毛塔的经济能力,仅凭毛塔一国之力无法突破这些重要的发展瓶颈。如三角洲公路是毛塔最贫穷的三角洲地区的第一条公路,将毛塔最重要的畜牧业区与外部世界联系起来,有助于将在这一区域饲养的牛羊运往人口集中的城市,在丰富市场牛羊肉供给的同时,将传统畜牧业养殖的牛羊转变为现代商品,为牧民创造可以用于改善生活、提高生活水平的经济财富,实现这一地区从传统畜牧业向商品畜牧业的转型。优惠贷款帮助三角洲地区的民众实现了祖祖辈辈的梦想,让这一地区实现了从"贫困三角洲"到"美丽三角洲"的嬗变。友谊港扩建工程及清淤和挡沙堤工程也是通

---

① 蔡玲明:《姆颇利农场改革记》,《国际经济合作》1991 年第 8 期。

过优惠贷款撬动了更多的资金,能够早日上马,满足毛塔快速扩展的对外交往需求。

与此同时,这一时期再次出现了传统项目的翻新高潮。进入 21 世纪,中国对毛塔的早期援助项目出现了明显的老化,中国政府再次承担起翻新老的援助项目的任务,让传统项目恢复生机。如国际会议中心和总统府办公楼,需要对外立面进行翻新,对室内重新粉刷、装饰,以及对室内电器、空调系统、同声传译系统、五金件等全部进行更新、升级,中国援助工程队在 16 个月的时间内就完成了这些技术复杂的维修项目。翻修后的国际会议中心和总统府办公楼焕然一新,成为毛塔标准最高的会议中心和办公楼,亮丽的外表也成为努瓦克肖特城市的风景线。国际会议中心被翻新后不久就承担了举办阿拉伯国家峰会的使命,帮助毛塔塑造了积极的国家形象。目前,中国仍有大量援毛项目正在建设之中,包括首都雨水排放工程、奥林匹克体育场维修项目等。

除此之外,目前还有一批项目已经完成谈判和签约,正处于准备建设的阶段。如援毛里塔尼亚传染病专科门诊楼项目、中毛友谊医院维修项目、海洋经济产业园项目、毛塔政府办公楼扩建项目等已经签署了双边协议,正在进行建设的筹备工作。这些项目均有助于改善毛塔经济社会发展的基础环境,改善毛塔人民的生活条件,提高毛塔人民的生活质量。此外,新的项目也在有条不紊地相继到位。2018 年 1 月 16 日,中国和毛塔签署经济技术合作协定,中国向毛塔提供一笔无偿援助,帮助毛塔建设首都立交桥、X 光监测仪器等项目。

二、中国对毛塔援助的主要特点

毛塔是中国对非援助的一个典型援助对象。中国对毛塔的援助在中国的对非援助中具有较强的代表性,几乎贯穿了中毛关系的发展历程。因而,考察中国对毛塔的援助,成为审视中毛关系的一个独特的视角,有助于找到中毛关系持续稳健发展的内在密码。

第一,中国的援助强调毛塔的主角地位,充分展示毛塔在援助中的主体性和主导性。

在中国对毛塔的援助中，毛塔是援助的绝对主体，在援助项目的选取和项目方案的确定上拥有绝对的主导权和充分的主导性。中国在援助中始终坚持毛塔的主体性，认为毛塔的发展是由毛塔人自己来规划、决策的，毛塔的发展援助项目应由毛塔自己提出来。从援助项目来看，中国在毛塔建设了一系列大型援助项目，这些项目基本上都是毛塔提出的关系到毛塔国计民生的重要项目，是毛塔在国家建构、经济发展和人民生活改善中必不可少的项目。在中国对毛塔的援助中，特别是早期的援助中，中国不惜代价，克服国内经济上的重重困难，为刚刚建立政权的毛塔提供了切实可靠的帮助。友谊港是中国当时继坦赞铁路之后的第二大援助非洲的项目。对于毛塔来说，友谊港的意义举足轻重。毛塔作为一个沿海国家却不独立拥有自己的出海口，这对其长远的发展极为不利，因此，毛塔想要获得经济上的真正独立，必须建立自己的海港，实现经济的自主发展。中国援助人员来到陌生的非洲热带沙漠，与毛塔人民在沙漠的烈日下并肩奋战，在毛塔首都努瓦克肖特的大西洋海滨，在流沙不具备建港条件的地带，克服了无数难以想象的困难，建立起了友谊港。友谊港虽然不是中国在毛塔的第一个项目，但是，它帮助毛塔完成了经济上的独立，毛塔在友谊港开港后，才真正成为一个完全独立的国家。中国人将港口建在了毛塔，也将友谊的种子种在了每一个毛塔人的心上。在友谊港的落成典礼上，毛塔装备部部长恩迪亚耶表示，友谊港是"一座反映人类创造智慧并有经济效能的建筑物"，也"将对我国公民和国家生活不断产生无法估量的影响"。[①]

与毛塔的前殖民宗主国不同，在中国和毛塔建立援助关系前，中国和毛塔并没有深远的历史联系，是双方对于未来的共同期许让两个国家相互选择了对方。中毛关系的建立不是中国主动外交的结果，而是毛塔首任总统在看到中国在西非地区的援助及其效果后开始寻求与中国建立外交关系和援助关系的。中国在中非双边关系中的平等关系为中毛关系提供了有效的样本和范例，也是吸引毛塔谋求与中国建立外交关系的重要原因所在。这种平等关系不仅仅是表面上的口号，而是践行于援助项目的建设和国家交

---

①　石林：《当代中国的对外经济合作》，中国社会科学出版社 1989 年版，第 200 页。

往之中。毛塔人民认可中国援建的友谊港并不仅仅因为友谊港对毛塔国计
民生意义重大,还源于友谊港建设过程中中国援助者与西方人截然不同的
平等态度。首任总统达达赫多年后在其回忆录中表示,中国对第三世界国
家没有表现出丝毫的炫耀或是傲慢的态度,并且比西方国家实施得更为迅
速。达达赫夫人在达达赫去世后多年接受访问时表示,之所以对中国产生
钦佩之情,是因为中国维护了"一个贫穷国家的尊严"。"在与我们合作50多
年的国家当中,有两个国家特别值得提起。20世纪初法国协同其他国家在
毛塔殖民,之后毛里塔尼亚独立并成立了毛里塔尼亚伊斯兰共和国,与法国
的关系是殖民历史和摆脱殖民历史的一部分。但毛塔与中国是完全不一样
的关系,是彼此需要与相互选择的关系,中国选择了毛塔,毛塔也选择了
中国。"①

　　中国对毛塔的援助不仅关注毛塔国家和政府,而且关注到毛塔基层民
众的生产和生活。中国努力让每一个毛塔人受益于中国的援助项目,努力
为毛塔人民的生活提供便利,并为毛塔的经济发展创造好基础性条件。对
于中国的援助,非洲国家都充满着向往与憧憬。"中非合作的成果是看得
见、摸得着的。中国援建的学校、医院、道路等项目正改变着非洲普通老百
姓的日常生活。"②中国围绕毛塔民生建设了大批项目,其中典型的项目包括
青年之家、文化之家、伊迪尼首都供水工程、姆颇利农场、农业技术示范中心
和畜牧业技术示范中心等,这些项目关注了毛塔民众的生产、生活和青年的
教育及文化素养的培养等,解决了民众的日常生活所需。以首都供水工程
为例,努瓦克肖特是从一个撒哈拉沙漠上的海滨渔村发展起来的国际大都
市,降水稀少,由于海水倒灌,地下水基本为咸水,首都民众只能依靠殖民时
代建造的三口机井和一个海水淡化厂提供的淡水生活。全市每天供水一小
时,民众每天花费大量时间排队取水。为了维持正常的生活,很多民众不得

---

① 赵忆宁:《对话毛里塔尼亚开国总统夫人玛丽亚姆·达达赫　毛里塔尼亚开国
总统:中国是唯一令我铭记的援助国》,《21世纪经济报道》,2017年8月30日。

② [中非]蒂埃里·班吉著,肖晗、周平、徐佳等译:《中国,非洲新的发展伙伴——
欧洲特权在黑色大陆上趋于终结?》,世界知识出版社2011年版,第29页。

不驾着驴车到几百千米开外的塞内加尔河取水，日常生活中的取水工作耗费了大量的时间、精力和金钱。应毛塔政府的强烈吁求，中国派遣专家在首都附近的沙漠中勘探水源，最终在伊迪尼找到了充足的淡水水源，打出十八口水井，并铺设输水管道输往首都。1973 年 12 月 3 日，通水仪式的当天，当地人民"载歌载舞，盛况空前。许多人争先恐后地来到水池旁，喝一口甘露般的水，称颂中国人民给毛里塔尼亚人民带来了希望"[1]。

第二，中国援助立足毛塔国情，尊重和强调毛塔国家发展的现实需要。

中国在非洲建设的援助项目并不是一成不变的，而是根据非洲国家的现实国情充分展现其韧性与灵活度，充分尊重毛塔的发展现状和文化习俗等的，这类项目更符合毛塔国家的发展程度和发展需要，在日常的使用中更加符合当地民众的习惯，增加了援助项目的亲和力和亲民性。

其一，中国在毛塔的援助项目是根据毛塔的现实情况而援建的。

中国向毛塔所提供的援助项目并不是为创造第一和唯一而援建的，而是根据毛塔国家发展的实际需要而提供的。如友谊港是为了让沙漠上的毛塔拥有对外交往的港口而建设的，首都供水工程是为了解决首都几十万居民的生活用水而援建的，公共卫生研究院是为了让这个公共卫生零基础的国家拥有自己的公共卫生机构而建设的。

作为一个发展中国家，中国依据发展经验能够为毛塔准确把脉，帮助毛塔找到应对其发展需求的恰当途径与方法，其所供给的援助项目可以更好地回应当地社会的渴求，有针对性地解决毛塔社会发展中的问题。毛塔地处沙漠，降雨较少且季节分布严重不均，因此，毛塔并不是农业等方面条件非常优越的国家，但发展农业是解决粮食危机的唯一可靠途径。中国的发展经验表明，发挥自身的优势和特长能够扬长避短，获得属于自己的发展机会。基于毛塔南部省份罗索（Rosso）较为丰沛的降水和塞内加尔河丰沛的水资源，中国在 20 世纪 80 年代在罗索的姆颇利平原建设了姆颇利农场，派遣农业专家在塞内加尔河北岸修筑了水利灌溉工程，将塞内加尔河的河水利用起来，让毛塔拥有了人工灌溉农业，使水稻种植面积一再扩大，粮食自

① 石林：《当代中国的对外经济合作》，中国社会科学出版社 1989 年版，第 575 页。

给率不断提高。基于毛塔拥有世界上最悠久的畜牧业发展传统和广阔的戈壁草甸自然牧场,中国充分开发、利用毛塔在畜牧业方面的这些独特优势,在毛塔的畜牧业区域罗索建设了畜牧业技术示范中心,为毛塔的畜牧业发展提供技术支持和示范基地,大力推动畜牧业的发展。因此,达达赫的遗孀这样评价中国的援助项目,"原本中国可以什么都不做,毛塔自己没能力做,有钱的西方国家不愿意做,但中国做了,因为中国自己本身就面临发展落后的局面,只有中国才能够理解什么是发展的落后"①。

其二,中国的援助项目充分尊重毛塔当地的宗教、文化和习俗。

中国对毛塔的援助项目在设计上尽量做到尊重当地的宗教文化和传统习俗,让援助项目与当地文化融合,确保整体风格的一致和使用上的便利。毛塔是一个伊斯兰教信仰极为虔诚的阿拉伯国家,阿拉伯风格是当地建筑的主流风格,伊斯兰教是毛塔人生活和工作的中心,因此,中国援建的建筑项目尽量借鉴阿拉伯的建筑元素,确保中国援建建筑符合当地风格,与此同时,增加毛塔人工作生活中必备的祷告室和洗手盆。如总统府、政府办公大楼、国际会议中心等采用圆拱的门窗设计,加上白色镂空花边的形式,确保这些公共建筑能够继承传统建筑形制,彰显地域建筑文化符号,让其与市内主体建筑融为一体。毛塔人民的生老病死均会通过宗教仪式来表达,宗教生活是毛塔人日常生活的重要内容和重要组织形式,按照教规,每天五次祷告几乎是所有毛塔人必须完成的日常活动。在援助的中毛友谊医院的设计上,中国设计者尽量结合当地的气候条件、就医习惯和宗教、国情现状。根据当地的伊斯兰教习俗,男女病人住院完全分开,每层病房设立祷告室,在太平间旁设立祈福室等。为了方便病人、家属及医生随时祷告,在病房和祈福室还设立了洗手盆,用于祷告前的洗手。② 这种入乡随俗的设计让毛塔人在中国人援建的建筑里享受到了中国人对其生活习惯和宗教习俗的尊重,

① 转引自赵忆宁:《本世纪的中国与非洲　走进毛里塔尼亚(上)》,《21世纪经济报道》,2017年8月31日。

② 王伦天、窦志:《工程地域性延续思考——援毛里塔尼亚友谊医院工程》,《建筑设计》2014年第8期。

对此,在医院里工作的医务人员和医院的患者及家属均有深切的体会。

第三,中国的援助项目重建设的同时重视后期维护,确保援助项目的历久弥新,常年焕发出蓬勃的生机。

援助项目和其他的任何项目一样,都有它的使用年限,但是,毛塔的很多援助项目能够长期确保其正常功能的发挥,这与毛塔方面的精心使用、中国方面在后续维护的持续投入息息相关。在毛塔,中国早期援建的项目绝大部分现在仍在运转,如首都供水工程、火力发电站、文化中心、青年中心、友谊港、姆颇利农场等。

中国在毛塔援建的项目之所以历久弥新,呈现出与其他国家众多援助项目不同的鲜明特性,显然不是因为这些项目设计时的预期使用寿命较长,而是因为在项目运营过程中的精心维护和持续投入,这确保了项目功能的正常发挥和项目规模的不断扩大,如前文所提到的首都供水工程。首都供水工程之所以能够使用40多年,发挥正常的功能,是因为在使用过程中,中国政府高度关注项目的运转情况,随时解决项目中出现的各类问题,让老项目生机持续不减。

这样的后期管理和维护也让其他的项目焕发蓬勃生机。友谊港、姆颇利农场等援助项目,经过后期的维护不仅确保了项目的运转,而且随着毛塔对项目需求的日益扩展,项目规模一扩再扩,功能逐步完善。如2016年中国政府承担了国际会议中心的外立面和内部的装修装饰工作,让几十年前建设的援助项目焕然一新,并帮助毛塔政府成功地完成了举办阿拉伯国家峰会这类艰巨的接待任务,为毛塔赢得了良好的国际印象。

第四节　研究意义与研究现状

中国对非援助是中非关系的精彩篇章。毛塔被认为是"一个浸润着中非关系历史厚重感的国家"①,中国对毛塔的援助也是中毛关系的重要内容。自从中国和毛塔建立外交关系后,毛塔"历届政府对中国友好,两国关系持续稳定发展"②,中国也提供了相当数量的对毛援助项目,在中国对非援助史上留下了浓墨重彩的一笔,建设了包括友谊港在内的中国对非援助史上的重大项目,让毛塔成为中国在西非地区的重要战略盟友与发展伙伴。然而,目前对于中国对毛塔援助的相关研究仍没有跟上当前中国和毛塔关系发展的迅捷步伐,现有的这一领域的研究不仅无法指导当前的援外实践,甚至连援助的历史素材都没能得到有效的整理和完整的保存。作为"一带一路"倡议中的重点国别,毛塔具有深刻的地缘政治意义和战略意义,这一研究有望为中毛关系的发展和中毛"命运共同体"的打造提供相关借鉴和参考,因此,全面开启中国对毛塔援助历史和现状的研究对未来中毛关系的深化、发展具有重要的历史意义。

一、研究意义

援助在中国与非洲国家的外交关系中具有独特的地位。中毛关系,特别是早期中毛关系与中国对毛塔的援助是在互动中相互促进、相互建构的。在中毛关系的确立与发展中,中国的援助在其中扮演着极为重要的角色。援助是中毛建立外交关系的重要契机,同样,援助也建设性地参与到中毛关系的建构、发展中来,因此,援助关系是考察中毛关系的历史、现状和未来的重要维度和逻辑视角,透过援助有助于更好地理解和判断中毛关系的历史逻辑和未来趋势。

中国对毛塔的援助在促进中毛关系发展,推动毛塔政治经济和社会发展进程中发挥着极为重要的作用。毛塔是中国早期极为重要的援助对象,中国援助者在毛塔演绎了轰轰烈烈的援助故事,积累了大量的生动案例,中国对毛塔援助的相关历史研究具有重要的史料价值,对于描绘中国对非援

---

① 赵忆宁:《毛里塔尼亚:一个浸润着中非关系历史厚重感的国家》,《21世纪经济报道》,2017年8月30日。

② 李广一:《毛里塔尼亚　西撒哈拉》,社会科学文献出版社2008年版,第120页。

助,特别是早期中国援助的历史图景,具有极端重要的学术意义。随着历史的推进,与中国援助者并肩参与援助项目建设的毛塔建设者相继去世,在毛塔等国的新生代的记忆中,中国早期援助中的精彩故事和援助项目建设中的艰难险阻正在渐渐消失,当西方国家渲染"新殖民主义""中国掠夺非洲资源"等言论时,不了解历史的年轻一代容易为这种论调所误导,影响中国在非利益的保护和未来利益的拓展。本书尝试在搜集现有历史文献的基础上,结合中国对毛塔援助项目现场的调研和访谈所得的资料,试图勾勒出中国对毛塔援助的真实立体图景,尽可能还原一个全面、真实的中国对毛塔的援助图景,尽力为中毛关系保留下未来可资借鉴的若干史料。

在中国对非援助日益深化的今天,历史研究的功能不仅仅是追忆过去的历史功绩,还是展望未来,更好地为未来的中毛关系提供有益的参考借鉴。随着中非合作论坛带领着中非合作快速前进,中国和毛塔的关系也在快速的调整与变迁之中,中国对非援助不仅仅是一个历史题材,更重要的还是一个现实话题,是研究当前中非合作论坛推动下中毛关系不断向前演进和发展的重要基础。从这个意义上来说,总结中国对毛塔援助中的经验得失,调研发现当前中国对毛塔援助中的成绩与问题,是提出更具针对性和前瞻性的中毛合作举措的基础性工作,是帮助确立更具未来视野的合作战略的必经之路,也是中国对毛援助走向更深远未来的起点。因而,加强中国对毛塔援助的历史研究对未来开展更深入的对毛合作具有重要的参考价值。

值得我们关注的另一个问题是,在现有的围绕中国对非援助的大量研究作品中,绝大多数的研究将非洲作为一个整体来考察,而专门针对非洲具体国别援助的研究较少。虽然整体研究更有助于还原整个中国对非援助的概况,但是,整体研究关注中国对非援助中的某些共同的特质,而忽略了中国援助在具体国别和具体项目中的特殊性,无法充分展示中国援助在具体国别的针对性举措和具体项目中的大量个性化细节。在实际的援助项目建设中,为了克服细节中的具体困难,中国政府和援助项目的建设者们付出了无比艰辛的努力,这些困难的克服凝聚了中国对外援助队伍的集体智慧,对未来展开更进一步的合作具有重要的借鉴意义。如果没有与典型国别的细致研究相结合,整体研究难以具体化和丰富化,不利于整体研究的进一步具象化,也不利于将整体研究带入更深入的层面。丰富而深入的国别研究,具有以下几个方面的理论和现实意义。其一,有助于推动中国对非援助整体研究的实质性进步,有助于学术研究更好、更有针对性地为未来的中国对非援助提供参考和借鉴。其二,有助于为开展中国和毛塔的合作提供更加具体的专业性智力支持。在中非合作的现实谱系中,毛塔并非最重要的合作对象,但正因为此,毛塔更有深入开展合作的潜力,由于现实经验极为有限,在制定合作策略前更精准地了解毛塔这个合作对象需要花费更多的心思。实际上,中国对毛塔援助半个多世纪的历史为今天的中毛合作提供了无数可资借鉴的经验和可参考的教训,本书的意义还在于为今天和未来的中毛合作提供经验细节。其三,深入的历史研究有助于开辟新的合作领域。新的合作领域是建立在对这个国家有极为深入了解的基础之上的,而历史上的援助就是双方充分了解互动的过程,因此,深入这些历史细节之中能够发现更具开发潜力的合作领域,开辟更具广阔前景的合作空间。

与此同时,翔实的国别援助案例有助于推动中国对非援助相关理论的研究。现阶段,中国对毛塔援助的理论价值还没有得到有效开发,其所蕴含的理论意义也没有得到充分的总结和提炼。中国对每一个非洲国家的援助都在进一步精确中国对非援助的历史画像和理论体系,更多的具体国别研究有助于将中国对非援助的历史画像国别化、具象化、细节化,这些内容的充实有助于进一步丰满中国对非援助的历史骨架,不同国家的援助故事如同不同颜色的彩笔描绘出中国对非援助的五彩画卷。对于理论研究而言,国别案例所透露的援助细节有助于为中国对非援助的理论总结提供更为丰富的历史素材,为建立更加精确的中国对非援助理论奠定学术基础。

二、研究基础

在毛塔的很多城市和农村,大量中国援助项目屹立于千年不变的风沙中,诉说着中国人民和毛塔人民围绕援助项目演绎的精彩互动,当地人民也口口相传中国人在毛塔的援助故事,足见中国援助故事的经典性和代表性。然而,当前对于中国对毛塔援助的历史资料仅限于当地人民的口头传说,很多资料并未付诸文字得以保存和流传。

当前,随着传播媒介的增多,各界对于中国对非援助的情况也有了相当多的介绍与研究,其中包括亲历者的回忆录、项目设计者的考察报告、项目建设者的报道、记者对中国对非援助的大量报道,以及基于此而做的大量历史学和国际关系学的研究。但是,无论是在中国,还是在毛塔,有关中国对毛塔援助的专门研究性作品都较为少见。中国和毛塔,两个中国对毛塔援助的亲历者都未能充分地保存中国对毛塔援助的相关资料,并在资料的基础上开展深入的相关研究,其结果便是中国对毛塔援助的大量历史资料随着时间的流逝而慢慢地被世界无情遗忘。

中国和毛塔建立援助关系已经超过了半个世纪,很多中毛共同经历的难忘援助往事正在逐渐被淡忘,特别是诸多珍贵的历史细节正随着一代代亲历者的去世而无从考证。随着时间的流逝,中毛两国人民并肩奋战的历史记忆、见证中毛两国友谊的共同历史正在逐渐离我们远去。友谊港是中国当时仅次于坦赞铁路的第二大援非项目。友谊港的建成,在当时的中国和毛塔,乃至整个非洲都产生了震撼性的影响。然而,有关中国对毛塔援助的研究远不能与它所产生的影响相提并论。

作为中国在非洲的传统友好伙伴,毛塔人也开始开展对中国和毛塔关系的研究,这些研究集中在来华毛塔留学生的硕博论文中,多为对中国和毛塔在某一领域的合作关系的历史、现状和问题的分析研究。然而,中国关于对毛塔援助的经典性研究作品并不多见。前中国驻毛里塔尼亚大使李国学的《中国和毛里塔尼亚的经济关系》是其中具有代表性的作品。文章从中国对毛塔的援助历史入手,记录和分析了中国对毛塔援助的历史及各个时期的代表性项目,并分析中国和毛塔进一步合作的机遇与挑战。李大使认为,"中国对毛的援助真诚无私,是看得见摸得着的,受益者是国家和普通百姓,援助赢得了各方极高的评价"①。除此之外,有关中国对毛塔援助的研究性作品——《毛里塔尼亚 西撒哈拉》对毛塔的国际援助情况有简单的概述,但涉及中国援助的内容极为有限。② 石林的《当代中国的对外经济合作》中

---

① 李国学:《中国和毛里塔尼亚的经济关系》,《阿拉伯世界研究》2006年第2期。
② 李广一:《毛里塔尼亚 西撒哈拉》,社会科学文献出版社2008年版。

有一部分关于毛塔援助项目的介绍,留下了一些项目建设过程中的珍贵资料,但此书中所涉及的项目主要是影响较大的大项目。[①] 其他中国对毛塔援助的相关资料主要为新闻网站对援助项目的报道,这类报道为中国对毛塔援助的研究提供了非常多的资料和视角,如外交部、中国大使馆、经商处的网站为我们提供了诸多有关中国对毛塔援助项目的有价值的线索,但是,这类信息主要是关涉当前的援助项目,较少涉及传统项目。值得关注的是,2017 年 8 月,《21 世纪经济报道》首席记者赵忆宁在"中国与非洲"系列报道中,走进毛塔,走访毛塔的援助项目现场,访问相关项目的具体负责人和政府高层领导,写出了 9 篇高质量的报道,披露了大量未曾为外界所知的中国对毛塔援助的历史真相,在中国和毛塔产生了持久而深远的影响。这一系列的报道必将成为中国和毛塔方面了解中国在毛塔援助项目的重要参考资料,也将成为学者研究中国对毛塔援助的重要依据。此外,中国医疗队的派遣单位黑龙江省卫生健康委员会(以下简称"卫健委")国际合作处发行了关于中国援毛医疗队的纪念文集,成为记录中国医生在毛塔的重要文献资料。

中国对毛塔援助的研究基础可谓相当薄弱,其程度已日益无法为当前快速发展的中毛关系提供充分的知识储备和智力支持。在新的发展与合作背景下,中国和毛塔都在期待中毛间更进一步的合作举措,带动中毛关系和中毛合作的迅猛发展。新的时代正在召唤新的历史研究和对策研究。围绕中国对毛塔的援助,2017 年 3 月,笔者的研究团队来到毛塔,通过走访援助项目现场,访问援助项目的建设者、使用者、维护者和受益者,访问毛塔相关政府管理部门,调查援助项目附近的民众,等等方式,了解中国对毛塔诸多援助项目的历史和现状,以及对当地社会经济、民生改善等方面的影响,结合各种途径保留下来的历史文献资料,采访当年的援助项目建设者和亲历者,试图再现援助项目建设的历史事实,展示项目建设过程中的艰难与中国毛塔双方在项目中的智慧和做出的贡献,尽可能多地保留历史记忆,让中国对毛塔的援助能够得以真实地呈现。

值得一提的是,中国对毛塔的援助在非洲产生了整体而深远的影响,如

---

① 石林:《当代中国的对外经济合作》,中国社会科学出版社 1989 年版。

友谊港的影响不仅仅局限于友谊港本身，而是涉及毛塔经济发展的方方面面，甚至还影响到毛塔周边国家的建设与发展。然而，为了能够更清晰地呈现中国对毛塔援助的具体情况，本书的调研根据中国对毛塔援助的领域，将援助分为基础设施、医疗卫生、教育文化、公共工程、农业、物资等几个领域，整理和记录了这些项目建设的基本情况、调研中得到的项目现状、当前所存在的主要问题、根据各方面的信息所得到的若干启示。全面考察中国对毛塔的援助对毛塔经济社会发展所带来的影响，以及根据最新的中非合作论坛文件提出未来几年中毛合作的新思路，从而得出本书的结论。

为了更全面地把握中国援助在毛塔发展中的地位和作用，本研究并不局限于中国的援助本身，而是将中国的援助放在毛塔经济社会发展的总体背景下，充分关注毛塔相关行业的发展改革，以及毛塔接受其他国际援助的情况，力图呈现出中国对非援助在毛塔的历史、现状及未来。

三、本研究的不足

中国对毛塔的援助走过了 50 多年的历史，涉及农业、卫生、基础设施、公共工程、教育、物资等众多领域，是一个极其庞杂的体系，关系到毛塔经济发展和社会生活的方方面面，援助项目也建设在不同的省市，老的援助项目的保留维护情况不一。虽然笔者尽可能地搜罗所有的援助项目，并访谈能够接触到的援助项目的建设者和亲历者，但是，受限于时间和精力，依然无法访问到所有项目的亲历者，很多项目只知道名字而不知具体情况，有些项目甚至连官方的名称都无法知晓，一些项目甚至没有能够了解到任何信息。因此，目前的研究仍有相当多的不足，概括起来，主要包括以下几个方面。

首先，由于中国对毛塔的援助项目较多，而有文字记录的历史资料较少，虽然经各方打听，但直至目前，仍没有得到准确的援助项目名单列表。因此，当前的研究并没有展现出所有援助项目的历史和现状。

其次，由于可供查阅的文献资料较少，中方和毛方保存的相关项目的建设和使用情况较少，一部分项目资料只能通过访问亲历者和受益者的方式来获取，受到访问者和调研者等多方面的局限，所能了解的情况无法全面概括中国对毛塔援助的具体情况，问卷在设计上也无法覆盖这类项目建设过程中的具体情况。由于较多地依赖现在仍活着的亲历者，对于历史资料的获取不全、不对称，本书难免忽略了更具历史意义的援助细节和具有重大意义的历史人物。

再次，在调研和研究过程中，虽然调研团队穷尽了所有的资料和可能的途径，但是，调研访谈中所获得的资料无法与书面资料相互印证，因此，错讹在所难免。由于毛塔方面对历史资料的保存情况堪忧，可供查阅的文献资料较少，本文较多地使用未见诸文字的访谈资料，其确切性不可避免地受到当事人记忆和立场等方面的影响，因此，准确性仍有待进一步确证。

最后，中国对非援助是一个活泼的发展问题，与此同时，又是一个严肃的政治问题，由于政治上的积累和研究极为有限，本研究更多地放在发展史的视野来考察中国对毛塔的援助，对于援助项目的来源及其背后的政治意义则较少考察。

即便有以上诸多的不足，笔者仍克服各种困难将这部极不完善的作品公之于世，意在抛砖引玉，邀约更多参与中国对毛塔援助的亲历者参与到援助历史的完善和补充工作当中来，让更多的历史细节丰满中国对毛塔的援助图景，让一代人的人生经历成为中毛代代人的历史记忆，装点今天和未来的中国对毛塔援助与中毛关系。

第一章　中国对毛塔的基础设施援助

第一节　中国对毛塔基础设施援助概况

一、毛塔的基础设施概况

当 1960 年 11 月 28 日毛里塔尼亚宣布独立时，这个国家的基础设施状况几乎为一片空白。努瓦克肖特在 1957 年 7 月 24 日被定为首都，当时的努瓦克肖特只是一个仅有数百人口的普通海滨渔村。1958 年 3 月 5 日，毛塔政府和人民才开始动工兴建这座新兴的沙漠海滨城市。传说毛塔独立后的首届政府是在帐篷内办公的，连总统办公室也只有一张桌子和两把椅子。

白纸一张的毛塔经过几十年的建设，城市基础设施有了明显的改观，城市面积和人口总数翻了数番。定都努瓦克肖特之时，毛塔全国绝大部分人口为游牧民，散居于全国各地的沙漠边缘，主要依靠传统的游牧业营生。1968 年和 1975 年，毛塔经历了两次严重的旱灾，因水源干涸导致成群的动物饿死。为了寻找食物和工作，大批牧区灾民涌入努瓦克肖特，使得只有几千人规划的努瓦克肖特市人口陡增，人口的大量聚集给城市带来了巨大的压力，城市规模在失控的状态下迅速扩张，大规模的无序发展和无规划的建设在努瓦克肖特市郊迅速蔓延，首都的面积被迫一扩再扩。这种趋势在两次大旱灾后依然延续，努瓦克肖特实现了从一个小渔村到一个沙漠上的超级大都市的蜕变，行政区从 1975 年的五个扩展到 1990 年的九个。鉴于城市规模和管理方面的问题，2001 年 6 月，努瓦克肖特取消了城市建制，改设努瓦克肖特城市共同体，原努市九县调整为共同体内九个既独立又相互关联的市。

　　努瓦克肖特的人口聚集迫使政府加速改善基础设施窘况，经过多年建设，这里已经逐步成为毛塔全国的交通枢纽中心。公路交通四通八达，南达罗索，东通内马，北连阿塔尔。努瓦克肖特国际机场不仅有飞往毛塔各省会城市的航班，而且有连接非洲和欧洲等重要国际大城市的国际航班，连通着巴黎、阿比让、巴马科、达喀尔、阿尔及尔、达尔贝达、拉斯帕尔马斯、班珠尔和比绍等重要国际都市。通过大规模的基础设施建设，努瓦克肖特成为一个名副其实的交通中心，在毛塔交通运输中居于枢纽和核心地位。

　　电力基础设施也在快速的发展之中，早年中国援建的首都火力发电厂点亮了努瓦克肖特的夜空，此后，塞内加尔河上的水电站满足了毛塔约一半的能源需求。2003 年，在努瓦克肖特建设的国家电厂提供首都所需的 1/3 以上电力，补充了这个城市的电力供给。现在，地处沙漠的努瓦克肖特正在大力发展太阳能电源，这种洁净、可再生的能源正在打破努瓦克肖特夜晚的黑暗，让努瓦克肖特真正成为一座"不夜城"。水源基础设施也在建设和改善之中。中国早年援建的伊迪尼首都供水工程改写了首都人民喝咸水的历史，中国政府的多次项目更新将伊迪尼演绎为沙漠上的水塔奇迹。为应对暴涨的人口带来的巨大的水源需求，毛塔政府建设了塞内加尔河水源北调的项目，进一步缓解了首都供水紧张的局面。当前中国援建的努瓦克肖特城市低洼地带雨水排水项目正在紧张施工之中，这项工程的建设，标志着努瓦克肖特的基础设施开始延展到城市市政建设和地下隐蔽工程的建设，开启了城市基础设施的现代化历程。

　　前总统阿齐兹上任后，加强了对首都努瓦克肖特的基础设施建设，因此，毛塔出现了以首都为中心的交通基础设施建设大幅度改善局面。尽管成绩引人瞩目，但毛塔的基础设施发展起点较低，实现全面的改善和充足的供给依然任重道远。毛塔全国的铁路和公路里程为 10628 千米，从理论上

说，人均仅为 2.89 米，位居世界第 145 位。[①] 毛塔铁路运输的历史始于 20
世纪 40 年代，随着毛塔铁路建设筹备工作的开始，一条长 704 千米标准轨距
的铁路线从铁矿产区祖埃拉特出发，经过弗德里克（Fderik）和舒姆
（Choum），抵达努瓦迪布港。这条铁路的建造始于 1961 年，1963 年建成竣
工。[②] 这条铁路上的火车长度约为 3 千米，是世界上最长的火车专列之一，
是目前毛塔最为重要的经济干线。然而，毛塔的铁路运输系统极不发达，全
国只有 4 个火车站，主要目的是从毛塔的铁矿产区向千里以外的港口运输要
出口的铁矿石。实际上，由于毛塔的交通状况欠佳，这条铁路成为当地居民
外出和运输的重要交通工具，有人借助列车运输当地出产的牛羊、外运而来
的食品和货物，也有人将海港的鱼运往沙漠地区，弥补沙漠地区粮食的不
足。如果从铁路里程来计算，平均每人仅有 0.2 米，位居世界第 66 位。[③] 与
欧洲相比，毛塔的公路、铁路、水路的人均里程数严重不及欧洲平均数（参见
表 1-1）。毛塔拥有友谊港、努瓦迪布港 2 个主要港口。友谊港主要负责毛
塔和西非内陆各国的物资进出口；努瓦迪布港是北方经济的中心，主要从事
渔业和铁矿的出口。除此之外，塞内加尔河上少量的水运是沿岸交通的重
要补充，主要港口有 Bogué、凯迪（Kaedi）和罗索，在雨季河流水流量较大时
提供少量的水上运输作为补充。

---

① "Transport and Infrastructure in Mauritania", World Data. info, https://www.
worlddata. info/africa/mauritania/transport. php[2019-12-20].

② "Mauritania, a Nation of Moorish Nomads, Suddenly Finds Herself in 20th
Century", *The New York Times*, January 20, 1964.

③ "Transport and Infrastructure in Mauritania", World Data. info, https://www.
worlddata. info/africa/mauritania/transport. php[2019-12-20].

表 1-1　毛塔和欧洲的交通里程比较

	毛塔			欧洲		
	总里程（千米）	每百万人拥有的里程（千米）	每平方千米拥有里程（米）	总里程（千米）	每百万人拥有的里程（千米）	每平方千米拥有里程（米）
公路	10600	2890.17	10.31	6441900	10663.16	1063.35
铁路	700	197.97	0.71	293700	486.23	48.49
水路	0	0	0	53.100	87.96	8.77
商业港口	0	0	0	7863	13.02	0.001
机场	30	8.16	0.029	3752	6.21	0.001

资料来源：https://www.worlddata.info/africa/mauritania/transport.php.

　　毛塔的通信和电力基础设施情况也难言乐观。1995 年,全国只有 0.9 万条电话线路畅通,但此后,电信业出现了大踏步式的发展,扩张明显。2000 年,从努瓦克肖特到努瓦迪布地区的无线电话联通,可以供 5 万台无线设备通信。[1] 中国华为通信公司进入毛塔后,毛塔的通信出现了较大的发展和进步,毛塔大城市当前无线网络的覆盖率达 50%。[2] 尽管进步的速度很快,但绝对数字的覆盖依然非常有限。2013 年,使用无线网络的人只有 10 万人,从使用比例和绝对使用人数来看,均居于非洲较低水平。[3] 从网络的使用情况看,虽然无线网络接通了,但是网速较慢。传输和下载的速度慢、资费高依然是困扰毛塔人民的焦点问题。从电力供给和消费来看,离稳定

---

[1]　"Mauritania-Infrastructure, Power, and Communications", Nations Encyclopedia, http://www.nationsencyclopedia.com/economies/Africa/Mauritania-INFRASTRUCTURE-POWER-AND-COMMUNICATIONS.html[2019-12-20].

[2]　"Mauritania-Infrastructure, Power, and Communications", Nations Encyclopedia, http://www.nationsencyclopedia.com/economies/Africa/Mauritania-INFRASTRUCTURE-POWER-AND-COMMUNICATIONS.html[2019-12-20].

[3]　"Mauritania: World Bank Helps ICT Development", *The North Africa Post*, June 4, 2013, http://northafricapost.com/3775-mauritania-world-bank-helps-ict-development.html[2019-12-20].

供给仍有较大的差距。1998年毛塔一年电力生产为152百万千瓦时,80%
是热电厂发电,20%是来自塞内加尔河的毛塔水坝水电站。为了应对经常
性的停电,大部分的企业都有自己的发电厂,以获得稳定持续的电力供应。
毛塔1998年的电力消费为141百万千瓦时。[1]

以上可见,毛塔基础设施虽然有所改善,但依然问题明显。首先,基础
设施的地区分布不均。毛塔基础设施状况的改善几乎都是发生在城市,特
别是核心城市,而偏远的农村和牧区基础设施供给严重不足。总体而言,毛
塔的城市基础设施好于农村和牧区,首都基础设施优于其他城市。经济状
况较好和资源较为集中的城市在基础设施的改善上走在前面,目前基础设
施最好的城市主要是努瓦克肖特和努瓦迪布。2012年,世界银行集团财政
和管理部部长在访问了努瓦迪布自由贸易区后表示,自由贸易区达到了让
人满意的水平,尤其是基础设施和渔业方面。[2] 其次,沙漠地区基础设施的
使用效率堪忧。因为地处沙漠,毛塔交通基础设施的使用效率偏低,沙漠气
候对道路、铁路和机场的使用产生较大的影响和制约。虽然毛塔90%的货
物运输和人员的交通依赖公路,但是绝大部分地区的公路里程数严重不足,
另外,一些地区则完全没有通过车。再次,沙漠地区的基础设施维护费用较
高。为了加强与邻国的陆上联系,毛塔重点维护公路交通,公路交通由政府
经营管理的全国道路维修局负责。但是,沙尘暴等沙漠常见的极端天气经
常性地袭击沙漠地带的公路,给陆上交通的维护带来巨大的压力。全国道
路维修局的负责人奥美多·穆罕默德(Ahmedou Ould Mohamed
Mahmoud)这样抱怨:"(公司)50%的人力和物力都用在清理路面的沙子上。
沙尘暴能够在几分钟的时间内将路面埋进沙子里,而清理这些沙子则需要
几小时甚至几天的时间,因此,沙尘暴严重危害道路交通。因为路面的清理

---

[1] "Mauritania-Infrastructure, Power, and Communications", Nations Encyclopedia,
http://www.nationsencyclopedia.com/economies/Africa/Mauritania-INFRASTRUCTURE-
POWER-AND-COMMUNICATIONS.html[2019-12-20].

[2] "Mauritania : World Bank Review", *Africa Research Bulletin: Economic,
Financial and Technical Series*, 2014, Vol. 51, No. 7, https://www.deepdyve.com/lp/
wiley/mauritania-world-bank-review-eZzQpeyhFX[2019-12-20].

工作极端重要，所以，很多时候，我们必须白天晚上连轴转以保持交通
畅通。"①

二、中国援助与毛塔的基础设施状况

对于任何一个发展中国家来说，基础设施的建设都是社会经济发展的
基础。在过去的数十年里，中国高度关注非洲国家的基础设施，从交通、通
信到教育、卫生等领域，经过几十年的合作互动，非洲国家的基础设施状况
有了极大的改善，为经济发展提供了必不可少的基础性条件。研究表明，互
联网的普及率每提高10％，经济增长的数字就会提高1％。②

在过去的几十年间，毛塔的基础设施建设有了长足的发展。交通、通
信、水源、电力等经济和社会发展最重要的方面均取得了巨大的进步。特别
是近年来的发展势头更为迅猛，前总统阿齐兹在访问中表示："2009年至今
（2017年，笔者注）铺设的柏油公路长度超过了自1960年国家独立以来铺设
的公路总长。2009年至2016年，电力产量迅猛增长，毛里塔尼亚从2009年
的能源不足国一跃成为能源出口国，并且生产原料不断多样化。此外，我们
还完成了新机场和现代化港口的基础设施建设。其他方面的发展也在逐步
实现，这主要依靠同中国的合作。"③

毛塔的基础设施主要是通过外国援助建设起来的，很多国家参与到对
毛塔基础设施的援建中来，其中，中国是一个重要的参与者。正如阿齐兹总
统所言，中国是所有为毛塔基础设施援助的国家中最重要的国家。④ 在毛塔
的基础设施建设中，中国扮演极为重要的角色，在毛塔基础设施建设的诸多

---

① "Infrastructure: Going in New Directions", Infrastructure, http://www. worldreport-ind. com/mauritania/infrastructure. htm[2019-12-20].

② "Mauritania: World Bank Helps ICT Development", *The North Africa Post*, June 4, 2013, http://northafricapost. com/3775-mauritania-world-bank-helps-ict-development. html [2019-12-20].

③ 赵忆宁:《本世纪初的中国与非洲（上）》,中非合作论坛,2017年8月31日,http://www. fmprc. gov. cn/zflt/chn/jlydh/mtsy/t1488708. htm,2019年12月20日访问。

④ 赵忆宁:《本世纪初的中国与非洲（上）》,中非合作论坛,2017年8月31日,http://www. fmprc. gov. cn/zflt/chn/jlydh/mtsy/t1488708. htm,2019年12月20日访问。

领域留下了浓墨重彩的一笔。中国主要是通过以下几个方面的努力来参与和改变毛塔的基础设施建设的。

第一，中国援建毛塔最大的深水港友谊港，让毛塔拥有了对外沟通的海上通道，其设计年吞吐量为 90 万吨，目前承担着毛塔全国 90％的进出口任务，被誉为"毛塔之肺"。

第二，中国建设总统府、总理府、国际会议中心和政府办公大楼等政府办公楼，努力优化毛塔政府的办公环境，提高政府的办公效率，美化首都的外在环境，协助毛塔塑造并展示良好的国际形象，增强毛塔人民的民族自信心和自豪感。

第三，中国在毛塔援建三角洲公路，让三角洲地区的人民第一次拥有了现代化的交通手段，实现了从"贫困三角洲"到"希望三角洲"的转变，改变着沿线人民的出行方式和整个国家的经济图景。

第四，中国早年在努瓦克肖特建设的首都火力发电站，帮助毛塔解决了首都的电力供应问题，点亮了毛塔首都努瓦克肖特的黑暗夜晚，该发电站至今仍是首都电力供给的重要来源。

第五，中国在毛塔开发和建设伊迪尼首都供水工程，铺设引水管道将水引至首都，为毛塔首都民众提供洁净的日常生活用水和饮用水，改善了努瓦克肖特的整体环境质量和个人卫生状况，提升了当地民众的生活品质。

第六，中国在毛塔建设首都低洼地带雨水排污项目，收集首都低洼地带的雨水将之排往大西洋，完善毛塔城市基础工程，解决首都低洼地区多年的城市内涝之害。

第七，中国为毛塔建设医院、学校，现已建设了毛塔国家公共卫生研究院、塞利巴比医院、基法医院、努瓦克肖特大学医学院、努瓦克肖特市郊两所小学校等，帮助基层民众改善就医环境，帮助学生改善学习环境，提高学校教育水平。

由此可见，中国的基础设施援助不仅关注毛塔国家和政府，而且关注毛塔基层民众的生活和教育，中国努力让每一个毛塔人受益于中国的基础设施建设，努力为毛塔人民的生活提供便利，并为毛塔的经济发展创造好基础性条件。

第二节　友谊港

一、友谊港项目的承接

努瓦克肖特西濒大西洋,东接撒哈拉沙漠,与外界的交通极为不便。在毛塔独立后的相当长一段时间里,毛塔的经济高度依赖邻国,毛塔绝大部分的货物均通过塞内加尔的达喀尔港运入。当年毛塔打算定都努瓦克肖特时,当局看中的就是这个城市临海,便于对外沟通,当初就有过在努瓦克肖特建一个深水港的远景规划。由于深水港口对毛塔巩固民族独立、维护国家主权、发展国民经济不可或缺,独立后的毛塔政府曾多方求援,希望友好国家伸出援手建设该港口。但是,毛塔的欧洲伙伴,前殖民宗主国法国并不希望毛塔通过建设这一港口而获致真正的独立。荷兰曾派专业队伍在这里进行过港口建设的考察,当时荷兰是全世界港口建设技术水平最高的国家。荷兰的专业队伍经过考察后认为,海底流沙的存在使这里没办法建设港口,如果一定要在该处建造港口,造价将极端高昂。因此,"荷兰人觉得毛塔的海岸环境并不适合建深水港,这是最大的理由,其次确实也有资金原因,因为建个港口需要花很多钱"[①]。此外,当时在友谊港以北约 4.8 千米的地方,毛塔已经建设了瓦尔夫港(Wharf),可以承担一定的进出口任务,最终,荷兰拒绝为其援建这一港口。瓦尔夫港是 1963—1966 年欧洲人在毛塔建设的,由欧洲发展基金、法国援助和合作基金,以及毛塔政府共同出资 7 亿西非法郎建造,最初设计吞吐量为 5 万吨,因毛塔国内没有港口,故其实际吞吐量最高时曾一度高达 32 万吨。但因为瓦尔夫港所在地域的海洋并不具备条件建

---

① 赵忆宁:《友谊港港务局局长哈森纳·乌尔德·艾力、技术经理穆罕默德·费萨尔·乌尔德·贝鲁克:"友谊港"让毛塔一代人受益无穷》,《21 世纪经济报道》,2017 年 8 月 30 日。

设港口，所以其泊船条件恶劣，泊船效率低下。①加之，瓦尔夫港的设备极端陈旧且多年失修，港口逐渐废置，成为工业专业港，主要用于进口煤气、天然气和石油产品等。为此，毛塔人民非常期待建设新的港口，用以解决瓦尔夫港固有的问题和麻烦，顺利实现毛塔与外部世界的便捷联系。

在毛塔的欧洲伙伴竭力推脱建设友谊港之时，中国方面援建友谊港项目的设想在慢慢孕育萌生。据达达赫遗孀玛利亚姆·达达赫在接受中国记者访问时回忆："1966年（原文如此，应为1967年，笔者注）10月20至23日，我们首次访问中国，正是在这次访问时，达达赫总统交给周恩来总理一些资料，其中两份是请求中国帮助修建两项重要基础设施，一个是努瓦克肖特—内马'希望之路'（公路），另一个是努瓦克肖特深水港。这两个项目没有任何西方国家愿意为我们提供经济援助，因为工程造价太高。周恩来总理虽然没有正式应允，但他答应将会认真研究这两个项目的可行性并尽快答复。"②1974年9月，达达赫第二次访问中国时，中国政府正式确认帮助毛塔建设友谊港。当时，努瓦克肖特—内马的"希望之路"也争取到了来自阿拉伯石油国家的援助。"达达赫心里清楚，中国朋友那时也并不宽裕，难以出资援建两项如此昂贵的工程，但是他知道，出于两国友谊中国又不愿意言明。"③

然而，即便是友谊港一个港口的援建，对于当时经济发展仍十分困难的中国来说，依然是一个非常巨大的挑战。确定援助项目后，中国就非常积极地开始了友谊港的勘探和筹建工作。早在1971年，中国就派出了专业的勘探队伍对努瓦克肖特一带大西洋沿岸展开了考察。考察结论与西方的结论基本相似：这里流沙不稳，不具备建设大型港口的天然条件，港口建设不具

① 刘晔：《友谊港建设历程20年》，《港工技术》2007年第6期。
② 赵忆宁：《对话毛里塔尼亚开国总统夫人玛丽亚姆·达达赫 毛里塔尼亚开国总统：中国是唯一令我铭记的援助国家》，《21世纪经济报道》，2017年8月30日，http://www.sohu.com/a/168220144_119689，2019年12月20日访问。
③ 赵忆宁：《对话毛里塔尼亚开国总统夫人玛丽亚姆·达达赫 毛里塔尼亚开国总统：中国是唯一令我铭记的援助国家》，《21世纪经济报道》，2017年8月30日，http://www.sohu.com/a/168220144_119689，2019年12月20日访问。

有可行性。然而,否定的考察结论并没有颠覆中国领导人争取这样一个政治盟友的决心。毛泽东坚信,比起援建一个友谊港的困难来,毛塔是一个更有意义的朋友,因此,他坚持继续在毛塔援建港口。毛泽东的这一决定在毛塔民间产生了广泛而持久的共鸣,赢得了毛塔人民的赞许。1975年8月,中国政府再次派出18名专家组成的专家组开赴毛塔开展勘探工作。对于中国的行动速度之快,达达赫总统都觉得难以置信。中国专家不畏酷暑炎热和狂风恶浪,坚守岗位认真展开细致的、全方位的勘测工作。勘探工作到1976年6月结束,中国专家的基本勘测结论与法国人的结论一样,此处海底流沙的存在使其不具备建港条件,建设港口的难度非常大,毛泽东却坚持认为"中毛的友谊比流沙更坚固",于是,中国政府决定,克服万难援建友谊港。①如今,友谊港已建成30多年,"中毛的友谊比流沙更坚固"为每一个毛塔的老百姓所铭记,成为中毛友谊的一句名言,友谊港则成为中毛友谊的象征。如今每一个毛塔人提起中国就会想起友谊港,走进友谊港就会不由自主地忆起中国朋友的深情厚谊。

　　只有熟悉中国和毛塔关系史的人,亲历过中国在毛塔的友谊港建设的人,亲自来到友谊港感受努瓦克肖特海滨大西洋汹涌波涛的人,才能真正感受到这份感情之深厚。为了克服港口建设中技术先进的发达国家所不能克服的流沙难题,中国和毛塔人民运用了自己的智慧,挥洒了汗水,奉献了自己的青春年华。友谊港位于大西洋边,来自撒哈拉沙漠的陆上风沙大,气温高,海洋里终年有长周期的涌浪。毛塔国内的技术力量严重不足,无法为港口一带提供充足的自然资源,而援助的中国专家对于当地的自然条件和海洋状况并不熟悉,因此,勘探工作不仅工作量巨大,而且需要付出更多的劳动方可获得可靠资料。在勘探工作中,中国专家认真细致的精神为毛塔人所惊叹。在勘察阶段,工作条件异常艰苦,"在经常有涌浪的开敞海面上,只能用当地小拖轮及50吨的小驳船进行钻探,测水深、流向及含沙量等工作,

---

　　①　一位毛塔老人讲述的故事。

其危险程度是可以想象的"①。"为完成 40 平方千米的水深测量和钻探任务，他们（中国专家）在船小浪大的情况下，多次冒着落水的危险，进入波浪破碎地带作业，有几次连人带船被打上岸来。按国内的有关规定，海上钻探作业，波高不超过 0.8 米。为了争取早日完成勘测工作，使建港工程及早动工，他们在波高超过 1 米、1.5 米，甚至 2 米的情况下，破例进行作业，不到一个月时间，完成了全部 47 个孔的海上钻探任务。在海底探摸作业中，他们采取只抛单锚，船到预定位置后，再用加重扦、贯入器一次冲击取样的方法，大大提高了工作效率。"②目睹中国专家在毛塔不顾个人安危争分夺秒忘我工作的场面，在场的毛塔技术人员无不深受感动。

二、友谊港的援建

1979 年 4 月，友谊港正式开始动工兴建，中国路桥是该项目的承建单位，预计工程总造价超过 1 亿美元，由中国政府提供无息贷款援建。友谊港是当时极端重要的援助项目，项目规模和项目投入巨大，是继坦赞铁路后中国援非的第二大项目，中国和毛塔人民均对此寄予厚望。

除了资金方面的巨大挑战，友谊港的建设还遇到了技术要求高和建设难度大等多方面的挑战。在具备建立港口条件的区域建立港口，风险和难度并存。友谊港位于毛塔首都努瓦克肖特市以南 15 千米的大西洋之滨，是一个在平直的海岸线上建设起来的深水港，也是一个单突堤半掩护港口。这里风大浪高，船只停泊的时候会受到较大的影响。友谊港是建立在缺少港湾条件的平直海岸线上的，为了消除波浪能量，防止船只停泊时出现断缆，减少海水对港堤的冲刷和侵蚀，中国港口技术专家设计发明了人造防波堤。这种人造防波堤是抛石防波堤，能够缓解波浪能量，缓冲巨大的海浪对港堤的冲力，稳固港口，减少波浪对泊船的影响。③ 人造防波堤必须用大量

---

① 李澈、杨学堃、邢复：《援建毛里塔尼亚友谊港工程的主要经验与体会》，《港口建设》1991 年第 4 期。

② 石林：《当代中国的对外经济与合作》，中国社会科学出版社 1989 年版，第 277—278 页。

③ 对友谊港技术总监张力伟的访问，2017 年 4 月。

巨石将海面填起来,一直从海底填充至海面之上。但是,撒哈拉沙漠上的毛塔,友谊港所在的努瓦克肖特海滩连着沙漠,不仅没有炼制混凝土所需要的鹅卵石,甚至连石山都没有。为了找石头,中国专家自行设计并浇筑重达十几吨的形状不规则的混凝土块,并将这些巨大的混凝土块投入海中,填海造堤。中国援助者充分开发和利用当地的条件,寻找适合当作石料的材料,解决施工中的原料难题。"为解决当地缺乏建港必不可少的石料问题,1971 年与 1975 年(中国援助专家)做了多次重点调查,克服了沙漠地区的酷热条件,终于在距港区 120 千米左右的沙漠地表下找到了块状矽质石灰质滩岩和姜石,经试验可满足海工混凝土的要求,解决了工程中的一大难题,节约了大量投资。"[①]与此同时,毛塔也不生产水泥、钢筋,援建友谊港的水泥和钢筋均自西班牙进口而来。因此,防波堤的混凝土块只能依靠进口的水泥和从远在几百千米之外的其他城市运来的石子制作。有人计算过,投入海中的一个水泥块的价值相当于一台彩电,而对于当时的中国普通家庭来说,彩电是一个可望而不可即的奢侈的梦想。[②] 这道防波堤不仅要将海填满,还要堆至大致与港堤差不多的高度,由此可见,中国为了在平直的海岸线上创造条件建港付出了巨大代价,也足以见证中国政府和人民帮助毛塔人民的深情厚谊。

在友谊港的建设过程中,荷兰港口建设专家否决建港的原因时时困扰着中国专家,因为友谊港所在的大西洋沿岸的各项条件均极为恶劣。"在开敞的大西洋沿岸建设万吨级码头,在技术上面临许多困难。这里的气候条件恶劣,风大浪高,每年海面上高达 1.5 米的波浪就占 70%,最低也有 0.8 米高,行内认为,一般浪高超过 0.5 米就不能施工。"[③]这样的海洋条件,连生于此长于此的毛塔民众都常常陷入危险之中。中国援助专家在建设港口过

---

① 李澈、杨学堃、邢复:《援建毛里塔尼亚友谊港工程的主要经验与体会》,《港口建设》1991 年第 4 期。

② 石林:《当代中国的对外经济与合作》,中国社会科学出版社 1989 年版,第 208 页。

③ 赵忆宁:《友谊港港务局局长哈森纳·乌尔德·艾力、技术经理穆罕默德·费萨尔·乌尔德·贝鲁克:"友谊港"让毛塔一代人受益无穷》,《21 世纪经济报道》,2017 年 8 月 30 日。

程中不仅要克服各种突如其来的困难，还需要时不时地为当地民众排忧解难。1982 年 10 月，友谊港港区骤起狂风巨浪，漫天黄沙，能见度在 200 米以内。一天上午，一艘载有 60 多名毛塔工人的驳船失踪了，毛方的营救拖轮也迷失了方向。中国专家组闻讯后，组织 20 名船员，冒着狂风巨浪出海搜寻。半个小时后，在距离港口 20 千米处发现了那艘因机器故障而失去控制的驳船，它在风浪中颠簸飘摇，情况十分危急。当给被困船只套上缆绳时，毛方工人挥动着手臂和头巾大喊"西努瓦（中国人）！西努瓦！"返航途中，他们又发现了迷航的拖轮。傍晚时分，当毛方 60 多名工人平安登上码头时，在岸上焦急等待的官员和船员亲属激动地拥抱庆祝，并同中国专家握手道谢。毛方港务局驻工地代表激动地说："多亏你们帮助了我们。中国人是毛里塔尼亚的真朋友。"①连生长在海边、熟悉水性的当地民众都会遭遇困难，来自陌生国度的中国援助人所要克服的困难难度之大可想而知。

友谊港区域海水的水文情况较为复杂，适合施工的时间每年只有 3 个月。在平直的海岸线上施工本身技术难度就大。特别是水下的工程，因为受到海水潮流的影响，每年只有 3 个月的时间可以白天施工，3 个月过后就要等到下一年才能开工。因此，为了争取更多的施工时间，工程人员每天"闻鸡起舞"，早上很早就开始施工，顶着毛塔撒哈拉沙漠和大西洋岸边的炎炎烈日在中午和下午坚持工作，一直工作到太阳落山。②

为了克服这些看似不可战胜的困难，完成友谊港的建设，中国派遣了成百上千名中国工程技术人员，他们通过亲自参与技术施工，或者培训当地工人，与当地人同吃同住，头顶沙漠艳阳，脚踩烫脚沙子，冒着沙漠狂风，凭着坚忍不拔的精神攻克了一个又一个技术难关。"这里海岸平直，不能停靠施工船舶；近岸海底流沙变动剧烈，极易造成港口淤积。"③海底输沙的方向和

① 石林：《当代中国的对外经济与合作》，中国社会科学出版社 1989 年版，第 294—295 页。
② 对友谊港技术总监张力伟的访问，2017 年 4 月。
③ 赵忆宁：《友谊港港务局局长哈森纳·乌尔德·艾力、技术经理穆罕默德·费萨尔·乌尔德·贝鲁克："友谊港"让毛塔一代人受益无穷》，《21 世纪经济报道》，2017 年 8 月 30 日。

输沙量是确定港口防护建筑物、布置和维护疏浚量的关键变量,经过精密的勘测和试验,中国工程师采取"打板桩和挡沙墙堵住流沙"的方式,成功解决了海底输沙给港口带来的压力问题,因此,直至今日,友谊港的技术人员依然坚信"中国工程技术人员对友谊港的贡献是非常大的"①。

在建设友谊港的过程中,中国先后派出了施工技术人员近1000人次,提供设备物资3万多吨,施工机械500多台,包括转口的大型施工船只、机械55台(艘)。② 值得一提的是,友谊港建设于中国改革开放初期,当时中国国内对技术和人才的需求日渐扩大,然而,无论是施工工人还是维护设备的工人都需要从中国国内的关键岗位中抽调,这与中国国内大规模经济建设需要人才的情况出现了明显的冲突。即便如此,中国方面依然坚持从建设一线抽调出宝贵的港口技术人才参与友谊港的建设。中国人民在友谊港上的付出,不仅有金钱、汗水和智慧,还有鲜血和生命。中国援助工作者和技术工人身先士卒,将热血和青春无私奉献给这片火热的沙漠。1982年2月7日,正是友谊港紧张施工的期间,专家组副组长、归国华侨蒋介正因劳累过度,突发脑出血,倒在毛塔工作现场,不幸殉职。③

在远离中国上万千米的陌生的西非沙漠上建设一座港口,其困难和挑战可想而知,但是,中国的援助专家通过长期不懈的努力走过来了,他们战胜了险恶的自然环境,战胜了恶劣的气候环境,战胜了艰巨的技术挑战,成功地建设了友谊港。经过中毛人民长达7年多的并肩努力,1986年6月,一个年吞吐量为90万吨的优质深水港口友谊港建成。友谊港是中国帮助毛塔人民实现的一个梦想,是继坦赞铁路后中国援非第二大工程项目,它包括一个1.3万吨和两个1万吨深水泊位及仓库、露天货场、办公楼等附属设施。④对于毛塔人民来说,这是一份来自中国的沉甸甸的礼物,代表中国的情谊与

---

① 赵忆宁:《友谊港港务局局长哈森纳·乌尔德·艾力、技术经理穆罕默德·费萨尔·乌尔德·贝鲁克:"友谊港"让毛塔一代人受益无穷》,《21世纪经济报道》,2017年8月30日。

② 石林:《当代中国的对外经济与合作》,中国社会科学出版社1989年版,第200页。

③ 石林:《当代中国的对外经济与合作》,中国社会科学出版社1989年版,第298页。

④ 刘晔:《友谊港建设历程20年》,《港工技术》2007年第6期。

心意。1986 年 9 月 17 日的落成典礼上，毛塔装备部部长恩迪亚耶表示，友谊港是"一座反映人类创造智慧并有经济效能的建筑物，它使毛中友谊的发展进入一个新的纪元"，"将对我国公民和国家生活不断产生无法估量的影响"。时任毛塔国家元首迪耶上校在参观了港口后，在航海日志上挥笔留言："这一雄伟壮观的工程是中毛合作的结晶。我们毛里塔尼亚人不会忘记中华人民共和国对我们的援助，愿真主保佑我们的友谊和合作不断得到加强和发展。"[①]在毛塔，多年来民众自发地以多种方式来表达对这份礼物的感恩，如飞往努瓦克肖特老机场的飞机在飞临友谊港上空时，都要盘旋一圈，以注目礼的方式来表达对友谊港所代表之中毛友谊的敬意。

1987 年 11 月，友谊港正式投入运营。"1、2 号泊位水深 9.8 米，3 号泊位水深 10.3 米，码头宽度为 45.8 米。码头外侧建有斜坡式防波堤，总长度 831.6 米，堤心为 0.8 吨和 1.6 吨混凝土四面块体，12 吨扭工字块体护面，堤顶高程 7.5 米，防波堤基线距离码头后缘 9 米。码头通过钢桩结构的栈桥接岸，栈桥全长 750.18 米，宽度 13.5 米，包括道路 10.5 米和人行道 3 米。沿栈桥北边缘建有长度 496.6 米的挡沙堤，系采用单排钢管桩结构。友谊港项目还包括仓库 2 座，计 7908.2 平方米，沥青混凝土面层堆场 42682 平方米，集装箱简易堆场 28000 平方米，生产辅助建筑物约 4600 平方米，以及导助航、供水、供电等设施，共计投资 3.1 亿元。"[②]毛塔第一次拥有了自己的出海口，摆脱了他国对毛塔经济命脉的控制，实现了经济上的完全自主，因而，友谊港的建成也被称为毛塔继摆脱殖民统治后的"第二次独立"。

三、友谊港的影响

作为毛塔最为重要的港口，友谊港在毛塔的进出口贸易中有极强的影响力，这一影响力还辐射至其他产业，带动了一系列与进出口贸易相关的产业的发展与繁荣，还带动了周边国家相关产业的发展。具体说来，友谊港所产生的影响可以从以下几个方面来总结。

---

① 石林：《当代中国的对外经济与合作》，中国社会科学出版社 1989 年版，第 200 页。

② 刘晔：《友谊港建设历程 20 年》，《港工技术》2007 年第 6 期。

第一,友谊港的建成帮助毛塔完成了经济上的独立。

1960年毛塔虽然获得了政治上的独立,但是毛塔的经济严重依赖法国和邻国塞内加尔。在友谊港开港之前,毛塔主要有两个途径运送货物:一是法国人在毛塔经济重镇努瓦迪布(距离首都500多千米)建设的努瓦迪布港,这个港口一直是法国人在经营管理,法国人借此掌握了毛塔的经济命脉;二是经由塞内加尔的达喀尔港,距离努瓦克肖特200多千米,众多进出口货物都经由该港。而实际上,作为一个有着漫长海岸线的沿海国家,毛塔却没有自己的出海口,这对于毛塔人来说是一个耻辱,拥有自己的海港、把握本国经济命脉成为毛塔人民的梦想。基于此,友谊港的建设不仅是一个经济问题,更是一个关乎独立的梦想。走进毛塔,很多当地人充满激情地告诉我们:"友谊港建成后,毛塔才算真正完成了独立。"[1]友谊港被当地人形象地誉为"毛塔之肺",它像肺的呼吸运动一样完成毛塔物资的进口和出口,带动着这个国家经济的发展和国家面貌的改善。更为重要的是,友谊港建成后,毛塔不再受制于人,获得了经济上的完全独立和自主支配。

第二,友谊港带动了毛塔的进出口贸易,拉动了经济的发展,并促进了当地就业。

友谊港在毛塔经济中占有举足轻重的地位。毛塔90%的货物是从该港口进口的,其对国家财政预算的直接贡献为每年3.63亿乌吉亚(约148万美元),提供的直接就业岗位是3200个。[2] 友谊港港务局技术经理穆罕默德·费萨尔·乌尔德·贝鲁克在访问中也表示:"港口对毛里塔尼亚的主权维护和社会经济发展起到了不可或缺的作用。"[3]

友谊港所发挥的经济引擎作用随着毛塔国家经济的不断发展而逐年提升。交通基础设施被称为"发展的血脉",在葡萄牙、荷兰、英国等西方传统强国的崛起进程中,对外沟通的能力维系着国运的兴盛和经济的振兴。友

---

[1]　对努瓦克肖特的街头访问。

[2]　刘晔:《友谊港建设历程20年》,《港工技术》2007年第6期。

[3]　赵忆宁:《友谊港港务局局长哈森纳·乌尔德·艾力、技术经理穆罕默德·费萨尔·乌尔德·贝鲁克:"友谊港"让毛塔一代人受益无穷》,《21世纪经济报道》,2017年8月30日。

谊港的建设，将毛塔发展的先行者挺立起来，不断为发展疏通经络，提供动力，构建起国家发展的框架。据中国路桥工程有限责任公司毛塔办事处总经理范顺平的分析，友谊港最初设计年吞吐量为 90 万吨，随着毛塔人口增加和经济发展，港口吞吐量逐年上升，2004 年超过 150 万吨，原有港口设施已无法满足实际需要。随着毛塔经济的发展，进出口物资的数量逐年增长，到2013 年，该港口的进出口物资总量达 350 万吨。① 友谊港进出口物资的增长，活跃了毛塔的国内外市场，刺激着毛塔对外经济的发展。随着货物吞吐量的逐年提升，港口吸收了越来越多的人就业，港口带动的周边产业，也如同海绵一样吸引着越来越多的技术工人和劳动者就业。

第三，友谊港带动了毛塔及其周边国家的对外贸易，活跃了西非地区的经济。

友谊港不仅是毛塔的港口，还是西非其他内陆国家出海的重要港口，如毛塔的内陆邻国马里等国家的物资就是通过该港口进出口的。因为友谊港越来越重要的进出口吞吐使命，毛塔也逐渐地成为西非地区的重要交通枢纽，科特迪瓦、尼日尔、马里等国进口的物资经由友谊港进入非洲大陆，再经由毛塔国内的公路系统运往其他国家。这条运输路线也成为西非各国的重要生命线，它建构起便捷高效的现代交通运输体系。因此，友谊港凭借强大的物资中转功能，提升了物流效率，改善了运输结构，加强了毛塔与西非其他国家之间的物资联系，带动了西非地区与外部世界的物资和经济互动。时任毛里塔尼亚航空公司主任的纳纳·乌尔德·阿卜杜拉内（Nana Ould Abdarrahmane）说："毛里塔尼亚有望成为一个天然的转运站和交通十字路口……基础设施的发展，无论是航空、港口还是道路，都能在经济和工业的分散上看到新的全球逻辑。"②

第四，依托友谊港的资源优势和交通优势，友谊港周边孵育了毛塔的工业体系。

---

① 刘水明、韩晓明：《中国务实项目推动毛塔经济发展》，《人民日报》，2016 年 9 月 17 日。

② "Infrastructure: Going in New Directions", Infrastructure, http://www.worldreport-ind. com/mauritania/infrastructure. htm[2019-12-20].

友谊港不仅活跃了进出口贸易,而且也成为毛塔最主要的物资集散地和产业集中之地,带动周边发展起了水泥厂、面粉加工厂、成品油罐区和液化气罐区等,孕育出工业发展的体系雏形。对于毛塔的工业体系,友谊港是毛塔工业化的一个孵化器,毛塔通过发展港口经济而获得了孕育、发展工业的平台与机会。友谊港一带因为"近水楼台",获得了工业发展的先机,孵化了毛塔这个工业基础几乎为零的国家的新兴工业体系,带动毛塔迈开了工业发展的全新步履。借助友谊港进出口物资便利、转运负担较低等有利条件,一些当地的企业家在友谊港周边区域开展了一些小工业,如面粉业、水泥工业、包装工业、汽水加工业、制冰工业等。经过多年的孕育和发展,在以友谊港为中心的方圆数十千米的广阔区域,发展起包括物流、加工、贸易、物资分包等在内的多样化港口经济,努瓦克肖特靠近友谊港的一大片区域成为毛塔全国的物流、工业、贸易和经济发展的中心,带动首都努瓦克肖特和毛塔周边国家工业发展能力的全面提升。①

第五,友谊港的建设和运营管理,培养起毛塔第一批港口技术和管理人员。

为了友谊港的建设和运营管理,中国积极地为毛塔培养港口专业技术人才,让毛塔人获得港口建设和自我管理、维护的能力。自中国开始建设友谊港,中国为毛塔培养的港口技术方面的专业人员就开始参与到友谊港的建设中来。现任友谊港港务局技术经理的穆罕默德·费萨尔·乌尔德·贝鲁克在中国留学期间学习的就是港口技术,他曾以实习生的身份参与了友谊港的施工。"我那时只有22岁,正在武汉水运工程学院学习,两次实习都是回国并选择在友谊港。"②为了让毛塔人学会自主运营和管理港口,中国方面多年来致力为港口培训各类人才。从1985年开始,中国就接受港口技术方面的留学生来中国高等院校学习,为友谊港的营运培养技术和管理方面

---

① 刘晔:《友谊港建设历程20年》,《港工技术》2007年第6期。

② 赵忆宁:《友谊港港务局局长哈森纳·乌尔德·艾力、技术经理穆罕默德·费萨尔·乌尔德·贝鲁克:"友谊港"让毛塔一代人受益无穷》,《21世纪经济报道》,2017年8月30日。

的人才。"这类留学生的学制，同中国教育部门接受的其他外国留学生一样，先学汉语，再学基础理论课和专业技术课。学习费用，有的在中国政府提供的经援贷款项下支付，有的由中国政府提供奖学金。"①通过多样的方式，逐渐为友谊港培养起自己的工程技术人员和管理人员队伍，现在的友谊港是由毛塔人自主管理和日常维护的，港口的管理井然有序。技术经理费萨尔在多年后回忆起友谊港的这段历史时感慨道："当时毛塔没有港口（水工）建设的人才，通过这个工程为毛塔培养了工程技术人员，我就是其中的一个。"②毛塔港口人才的成长为友谊港实现自我管理和可持续发展奠定了坚实的基础。

第六，友谊港的建设彰显了中毛间的深厚情谊，树立起一座中毛友谊的丰碑。

中国在最困难的时候援建了友谊港，这一举动本身就是向毛塔人民表达困难不是阻挠中国帮助毛塔的障碍。毛塔人民感受到了这份礼物的分量。"1974年在中国政府做出援建友谊港决策时，中国外汇储备账户是'零'，即便在动工前的1978年，中国外汇储备也仅为1.68亿美元。"而友谊港耗资1.2亿美元。③ 几十年后，达达赫的遗孀玛丽亚姆·达达赫在接受中国记者访问时说："今天，我还是要感谢中国援建了这一造价昂贵的大工程。原本中国可以什么都不做，毛塔自己没能力做，有钱的西方国家不愿意做，但中国做了，因为中国自己本身就面临发展落后的局面，只有中国才能够理解什么是发展的落后。"④在今天的毛塔，只要提到友谊港，就会想起中国；提到中国，也会不由自主地与友谊港联系起来。

---

① 石林：《当代中国的对外经济与合作》，中国社会科学出版社1989年版，第246页。

② 赵忆宁：《友谊港港务局局长哈森纳·乌尔德·艾力、技术经理穆罕默德·费萨尔·乌尔德·贝鲁克："友谊港"让毛塔一代人受益无穷》，《21世纪经济报道》，2017年8月30日。

③ 赵忆宁：《本世纪的中国与非洲　走进毛里塔尼亚（上）》，《21世纪经济报道》，2017年8月30日。

④ 赵忆宁：《对话毛里塔尼亚开国总统夫人玛丽亚姆·达达赫　毛里塔尼亚开国总统：中国是唯一令我铭记的援助国家》，《21世纪经济报道》，2017年8月30日，http://www.sohu.com/a/168220144_119689，2019年12月20日访问。

四、友谊港的扩建

友谊港实现自主运营后,中国的援助并没有止步于此,中国的援助一直都伴随着港口的成长与发展,确保港口正常功能的发挥和效率的提升。1991 年 7 月,为了保护港区陆域,中国在栈桥以南 670 米处建设了斜坡式丁坝,丁坝长 202.81 米,直立式接岸段长 65 米。2001 年,又实施了丁坝维修工程,将上述丁坝以板桩墙的形式向陆侧延长了 300 米,还设置了 10 米护根接岸段。友谊港 3 个泊位的年设计吞吐量为 50 万吨。2000 年经过重新核定,提高到每年 90 万吨。[①] 为了确保友谊港港口功能的正常发挥和港口工作的效率,友谊港建成后,中国的援助并没有停止,可以说,中国的援助始终伴随着友谊港建设运转的每一天。友谊港移交投入使用后,主要的后续援助工作有以下几项。

(一)4 号、5 号泊位的建设

友谊港在毛塔经济发展中扮演着越来越重要的角色,随着经济的快速发展,经由友谊港进出口的物资数量逐年增长,逐渐地超出了港口最初设计的最大吞吐量,出现了压船和卸货时间较长的问题。中国路桥工程有限责任公司毛塔办事处总经理范顺平说,友谊港最初设计年吞吐量为 90 万吨,随着毛塔人口增加和经济发展,港口吞吐量逐年上升,2004 年超过 150 万吨,原有港口设施已无法满足实际需要。到 2013 年,该港口的进出口物资总量达 350 万吨,超过了该港口的最大吞吐量,港口的超负荷运行,导致港口压船情况较为严重,运输时间和效率大受影响,码头装卸工作压力巨大。[②] 为了确保友谊港的工作效率和毛塔正常的进出口秩序,港口亟待扩容以接纳日益增加的吞吐量。

中国义不容辞地承担起港口扩建的援助任务。2009 年,经过中国和毛塔双方的协商,增设的 4 号、5 号新泊位建设得到了中国进出口银行优惠贷

---

① 刘晔:《友谊港建设历程 20 年》,《港工技术》2007 年第 6 期。

② 刘水明、韩晓明:《中国务实项目推动毛塔经济发展》,《人民日报》,2016 年 9 月 17 日。

款项目的资金支持,工程包括一个5万吨级油码头和一个集装箱年吞吐量为7.2万 TEU(国际标准箱)的多用途泊位。扩建后的友谊港可承担600万吨的年吞吐量任务。该项目于2008年1月4日签约,2009年9月25日举行开工仪式,由中国路桥公司承建,历时5年,2014年6月30日顺利竣工。①

项目完成后,新泊位大大增大码头吞吐量,港口功能进一步完善,友谊港成为毛塔及周边地区经济社会发展更强有力的推进器。友谊港4号、5号泊位吨级较大、通用性强,港口功能齐备。港口投入使用后,大大增大了码头吞吐量,减少了现有码头压船的现象,使友谊港更加适应国际航运发展的趋势和需求,为毛塔及周边地区经济发展提供了更便捷的服务。

友谊港及其扩建工程是中毛友谊的重要体现。35年前修建的毛塔友谊港和35年后对这座港口的扩建,展示了中国对毛塔一如既往的友谊和关怀。正是怀着这份深情,中国援助人踏着前人的足迹重启征程,再铸辉煌。② 港口扩建的完成不仅增加了新泊位,提高了港口的吞吐量和吞吐效率,而且配套设施的完善也在进一步升级港口功能,为毛塔社会经济的更快发展提供推动和促进条件。

新泊位投入使用后,不仅增强了港口的通航能力,而且帮助毛塔适应了国际航运的发展趋势和需求,让毛塔拥有了符合国际标准的国际大港口,可以更加快捷地与世界联系在一起。对毛塔来说,友谊港的扩建是一件关乎毛塔百年发展大计的大事,时任总统阿齐兹对此高度重视,多次亲赴现场视察,并出席4号、5号泊位项目竣工典礼。扩建后的友谊港再次成为西非国家谈论的焦点,焕然一新的友谊港相当于升级了毛塔对外宣传的名片,塞内加尔、马里、冈比亚等多国总统和高官关注到友谊港对毛塔和周边国家经济的带动作用,纷纷慕名前来考察。

① 《中交集团毛里塔尼亚友谊港4号、5号泊位竣工》,中国船舶网,2014年8月8日,http://www.cnshipnet.com/news/10/49610.html,2019年12月20日访问。
② 《毛里塔尼亚友谊港4#、5#泊位建设工程项目竣工典礼隆重举行》,中国路桥工程有限责任公司,2014年8月5日,http://www.crbc.com/site/crbc/gsxw/info/2014/2339.html,2019年12月20日访问。

（二）清淤和挡沙堤工程

友谊港在使用过程中始终面临着两大难题：泥沙淤积和岸线退蚀。友谊港是在大西洋平直的海岸线上建设的一个人工港口，建设时并不具备天然海港的条件，因此，当大西洋的海水自北向南流动时，友谊港挡住了流沙的自然流动，友谊港北部泥沙一直向海侧移动，形成大片沙滩，随着洋流的自然涌动，泥沙流进友谊港航道和港池水域，成年累月的流沙涌入影响港口的通畅。加上友谊港一带海岸动力强劲，泥沙运动较为活跃，输沙堵路的情况极为明显。实际上，这一情况早在港口设计时就已有预判，根据当年建设友谊港的中国设计师的测算，如果不建设挡沙堤的话，到 2016 年友谊港的清淤速度将无法赶上流沙淤积的速度，港口将无法正常泊船而成为一个废港。对于毛塔来说，友谊港的废弃将意味着对国内经济的毁灭性打击。无论是中国专家，还是毛塔政府和相关部门，在友谊港投入运营后都对此极为关注。随着友谊港使用年限的增加，港口北侧沉沙的淤积速度越来越快，而南岸因得不到泥沙补给，海水对海岸的淘刷和侵蚀态势也愈加严重。到 20 世纪 90 年代后期，北侧淤沙超越了原有挡沙堤所覆盖的范围，此后北侧淤沙绕堤进入港口的淤积情况越来越明显，淤积速度也越来越快。[①]

为了确保友谊港的正常通航和运转，中国和毛塔双方都严密监控流沙在港内的淤积情况，随着设计年限的临近，挡沙堤的建设势在必行。中国方面多次派遣专家实地考察、论证，对友谊港清淤和挡沙堤项目进行可行性分析研究，为了确保友谊港的正常工作，中国为毛塔援建了友谊港清淤和挡沙堤工程。该项目于 2013 年 5 月 7 日和 6 月 18 日换文确认，项目合同金额 2.9 亿元，工期 22 个月，为中国政府援助项目。[②]

2014 年 11 月 27 日，中国援毛塔友谊港清淤和挡沙堤项目举行开工仪式，由中国路桥工程有限责任公司负责施工。项目内容包括清理友谊港 1—

[①] 对毛里塔尼亚友谊港技术总监张力伟的访问，2017 年 4 月。

[②] 《中国路桥援毛里塔尼亚友谊港挡沙堤和清淤项目开工》，博锐管理在线，2014 年 12 月 6 日，http://www.boraid.cn/company_news/read_331105.html，2019 年 12 月 20 日访问。

3 号泊位前沿水域淤沙，并在 3 号泊位端部、防波堤折角处建设一座长约 257 米的挡沙堤，还包括港池、航道等水域基础设施的建设，等等。挡沙堤的建设将有效阻止上游泥沙绕堤进入友谊港航道及港池，满足船舶通航要求，保证整个友谊港的正常运营。[①] 挡沙堤及清淤项目建成后，港口北侧的泥沙被挡在挡沙堤外，不再绕堤流入港口泊位区域，为确保港口的正常通航准备了条件，确保了友谊港正常的吞吐能力和港口的通航效率。据港口技术总监张力伟介绍，挡沙堤项目建成后，虽然理论上泥沙依然会自北向南流动，但因为海底情况较为复杂，洋流千变万化，泥沙的运动不是一个单向的运动，因此，基本上可以阻止北侧泥沙进入泊区。[②] 经过一年多的紧张施工，项目于 2016 年 4 月 30 日竣工。清淤和挡沙堤项目建成后，从理论上说，港口北侧的泥沙会继续向南输送，南侧的流沙会随着潮流再次进入港湾，淤积港口。据技术总监张力伟介绍，虽然理论上具备泥沙再次淤积港口的可能性，但清淤和挡沙堤项目的建设有效地阻挡了绝大部分的泥沙，友谊港在短期内不会再次面临泥沙淤港的情形。[③]

随着毛塔经济的迅速发展，毛塔对于港口方面的需求相应改变，在新的泊位刚刚投入后不久，毛塔就已经开始考虑新的合作项目了。"目前毛塔当务之急是需要建设一个油泊位。现在的临时油泊位只能停靠 1 万吨的油船，我们希望建设一个能够停泊 6 万吨油船的泊位。因为如果不算努瓦迪布燃油消耗量，仅仅是首都和内陆地区，每年的燃油需求量就达到 70 万吨，再加上马里对燃油的需求，目前港口燃油储备能力与需求有缺口，我们非常担心会造成燃油短缺。所以我们希望新的扩建能在 2020 年左右，当然，我们还是

---

① 《中国路桥援毛里塔尼亚友谊港挡沙堤和清淤项目开工》，博锐管理在线，2014 年 12 月 6 日，http://www.boraid.cn/company_news/read_331105.html，2019 年 12 月 20 日访问。

② 《援毛里塔尼亚友谊港清淤和挡沙堤项目举行开工仪式》，中华人民共和国商务部，2014 年 11 月 27 日，http://www.mofcom.gov.cn/article/shangwubangzhu/201412/20141200835229.shtml，2019 年 12 月 20 日访问。

③ 对毛里塔尼亚友谊港技术总监张力伟的访问，2017 年 4 月。

希望与中国继续合作,在友谊港,我们不会跟其他任何国家合作。"①

在项目建设过程中,项目组遇到了与建设友谊港时同样的困难,如深水作业可用时间短、海底涌流较为汹涌等。因为是深水作业,且海底海水流动情况复杂,所以每年适合作业的时间大约只有三个月,且这类港口只能在白天施工,入夜便不具备施工条件。为了争取早日完成工期,中国路桥公司的技术人员和工人每天早上很早开工,顶着毛塔的艳阳烈日加班加点,经过近两年的紧张工作,项目于 2016 年 4 月 30 日竣工,竣工时间比预期早两个月。在项目实施过程中,中国路桥集团施工技术组克服重重困难,如近年来气候异常,海况更加复杂,毛方拒绝为该项目所需物资全部提供免税待遇,等等,最终保质保量地提前完成项目实施任务。②

(三)友谊港的技术合作

友谊港移交后,项目交由毛塔方面经营管理,但是中国的技术人员并没有立即撤离,一部分技术人员继续留在毛塔,为友谊港的运转提供技术方面的相关服务,确保友谊港功能的正常发挥和各项设备的正常运转。双方进入技术合作的阶段。技术合作主要有以下几个方面的工作:第一,中国负责友谊港硬件设备的正常技术服务,为毛塔提供硬件技术方面的维护和技术指导;第二,继续培训友谊港方面的技术人员,为相关新的技术项目提供技术指导和技术培训,确保港口新功能的正常发挥;第三,对毛塔方面技术人员无法排除的技术障碍提供技术指导,确保港口技术故障的正常排除;第四,对新项目的维护提供技术方面的服务指导和技术培训,帮助毛塔技术人员获得成长。自从友谊港移交后,中国的技术维护工作一直由项目承建单位中国路桥公司提供,至今中国路桥公司的技术团队仍然在为友谊港提供技术维护和技术服务工作,他们守护着友谊港的正常运转和各项功能的正常发挥。

---

① 赵忆宁:《友谊港港务局局长哈森纳·乌尔德·艾力、技术经理穆罕默德·费萨尔·乌尔德·贝鲁克:"友谊港"让毛塔一代人受益无穷》,《21 世纪经济报道》,2017 年 8 月 30 日。

② 《援毛塔挡沙提和清淤项目竣工验收工作顺利结束》,驻毛里塔尼亚使馆经商处,2016 年 5 月 4 日,http://mr.mofcom.gov.cn/article/jmxw/201605/20160501311490.shtml,2019 年 12 月 20 日访问。

第三节　三角洲公路

中国改革开放后高度重视道路基础设施的建设，大量建设公路、铁路、桥梁和机场等交通基础设施，留下了"要想富，先修路"的致富箴言，可见交通基础设施对中国经济社会发展的重要性。近年来，毛塔政府致力经济发展和人民生活改善，极其重视道路基础设施的建设，交通状况有了较为明显的改善。沙漠上的"三角洲公路"就是毛塔政府重点规划建设的一条公路，在一望无垠的沙漠上建设的"三角洲公路"如同沙漠上的一条优雅弧线，微笑地诉说着中国援建的公路给三角洲地区的沙漠人民带来的改变。

一、三角洲公路的援建

毛塔的交通基础设施基本上是以首都努瓦克肖特为中心而建设的，很多地区只有一条通往首都的公路，而各个地区之间的公路则极为少见，因此，内陆地区的交通极端不便。在撒哈拉沙漠西端腹地、毛塔最贫困的Afftout 地区，以及阿萨巴省和布拉克纳省交界的"三角洲"地带，相互交往极为困难，除布提利米特市外，"三角洲"地带不通水电，几乎与世隔绝，骆驼是联系外部世界最主要的交通运输工具，地面为沙漠、戈壁和少量绿地，属于热带沙漠性气候，常年高温，最高温度可达 58 摄氏度。这一地区因气候条件差、环境艰苦、经济发展水平较低而被毛塔人称为"贫困三角洲"。然而，这里是毛塔重要的畜牧业产区，畜牧业发展条件得天独厚，只因没有一条连接外界的公路，这里的畜牧业历来只能自给自足，牲畜等无法通过交通工具运往大城市，发展畜牧业商业。[①]

为了改善"贫困三角洲"的经济面貌，帮助畜牧业产区发展本土特色经济，毛塔政府决心修筑一条公路，促进这一地区的发展。经过周密的前期考

---

① 《毛塔希望三角洲公路》，中国十七冶集团有限公司，http://www.mcc17.cn/success/showarticle.asp? articleid＝12682,2019 年 12 月 20 日访问。

察和规划,中国政府答应以优惠贷款的形式帮助毛塔修筑这条公路。公路建设的资金由中国进出口银行的优惠贷款提供,公路全长172千米。经过细致的考察和周全的准备,决定于2010年11月22日开启公路项目,项目由中国铁路工程总公司所属中国海外工程有限责任公司承建,项目总造价8365万美元,总工期30个月。时任总统阿齐兹在开工仪式上发表讲话时表示,希望通过建设公路基础设施,改写"三角洲"地区不通公路的历史,为"三角洲"地区的人民生活带来实质性的改变,并把该地区建设为毛塔较为富裕的地区之一,将"贫困三角洲"改名为"希望三角洲"。① 阿齐兹总统希望做一个交通基础设施带动经济发展的尝试,希望修筑一条公路以改善沿线交通状况,振兴"三角洲"地区的经济,创造一个内陆贫困地区经济发展的典型。

为了加快建设进度,三角洲公路分Ⅰ、Ⅱ两个标段建设。其中Ⅰ标段(El Ghaira-Barkeole)位于阿萨巴省,全长83千米;Ⅱ标段(Chegar-Sawatta)位于布拉克纳省,全长94千米。项目主要工程内容为土方、路基、沥青混凝土路面及排水结构物和标志标线施工。项目总承包商为中国海外工程有限责任公司(简称"中海外"),业主为毛塔装备运输部,监理单位为毛塔Alfha Consult咨询公司。合同总金额为83656037美元(不含税额),最终完成合同金额为83641419美元,合同工期30个月,于2011年12月20日正式开工,后经业主批复延期12个月,合同总工期共计42个月。

经过将近3年的紧张施工,2014年11月27日,三角洲Ⅱ标公路工程竣工,在马勒市举行竣工典礼。2015年2月6日,三角洲Ⅰ标公路工程提前贯通,4月21日,在终点城市Barkeole举行了竣工仪式。项目于2015年6月按期通过业主临时验收,2016年7月,项目通过了最终验收。三角洲公路是毛塔的重点建设项目,项目开工后,毛塔各届对公路寄予了很高的期待。施工单位不负众望,以较高的施工质量在既定工期内圆满完成了项目施工任务,获得了毛方和出资方的高度评价和肯定。

为了保持施工进度,确保按期完成公路施工任务,施工方中国十七冶集

---

① 《撒哈拉沙丘上的中国路》,新华网,2014年8月6日,http://news. xinhuanet. com/world/2014-08/06/c_126836574. htm,2019年12月20日访问。

团工程技术公司(简称"十七冶")毛塔分公司大胆优化、创新施工工艺,突破了一个又一个制约施工的瓶颈,克服各种困难,保质保量提前完成工期,创造了毛塔施工史上的诸多奇迹。三角洲公路是建设在沙漠之上的,受到气候和风沙等方面的较多影响,所以,沙漠地带的工程施工因客观原因而导致工期延误在毛塔是家常便饭。时任项目部经理陈道贵表示,接手该项目之初,这里"没水、没电、没通信,语言不同,人脉全无,就连施工的材料都无处寻找,这里有的除了沙还是沙"①。据施工经理柳玉坤回忆,这条公路是十七冶走进毛塔承包的第一条公路,在投标时并没有考虑到当地的特殊气候和水文情况,因此,炎热的气候条件影响了第一次参与沙漠施工的队伍的施工进度。② 但是,参与施工的十七冶虽然不是"老毛塔",却都是"老非洲",这样的困难在非洲早已司空见惯,见招拆招已成为他们的专长。"没有水,自己打井;没有电,自己发电;没有原料,自己运送。"在克服了各项难题后,中国的施工队伍便在沙漠上安营扎寨,建立起了工程项目部。③

为了克服沙漠施工中的困难,施工队伍创新施工工艺,提升工程质量。在毛塔的施工中,沙漠是一个全新的挑战,在很多路段沙土的厚度深达数米,为了确保厚厚的沙土地上的公路能够坚固耐用,工程队开发了在沙地铺设路基的新技术。陈道贵说:"如果简单地在上面处理很难,就像在海绵上修路基,所以我们采用了阀板法、闷料法,这就相当于在沙地上盖了一块板子,这样就稳定了。"④这项技术后来在中国国内获得了专利。

各项困难的解决都需要时间,为了确保效率,项目部在实践中不断创新

---

① 王猛:《撒哈拉沙漠的中国筑路人》,中国日报(中文网),2014 年 8 月 25 日,http://world.chinadaily.com.cn/2014-08/25/content_18480575.htm,2019 年 12 月 20 日访问。

② 对十七冶三角洲公路现任施工经理柳玉坤的访问,2017 年 4 月 1 日。

③ 王猛:《撒哈拉沙漠的中国筑路人》,中国日报(中文网),2014 年 8 月 25 日,http://world.chinadaily.com.cn/2014-08/25/content_18480575.htm,2019 年 12 月 20 日访问。

④ 王猛:《在"贫困三角洲"铺建希望的中国工程队》,中国日报(中文网),2014 年 8 月 11 日,http://www.chinadaily.com.cn/hqgj/jryw/2014-08-11/content_12174041.html,2019 年 12 月 20 日访问。

施工方案,在保证效率的同时,确保施工项目的高质量完成。三角洲公路是两个标段分头施工,因此需要同时投入两套设备,而十七冶在开始施工时只准备了一套设备。为此,公司不得不临时从国内采购一套新的设备,设备从国内运到毛塔耗费了几个月的时间,因而耽误了几个月的工期。① 为了补上被耽搁的工期,项目部发扬"一天也不耽误,一天也不懈怠"的中冶精神,积极践行"24 小时工作法",多次打破了毛塔当月产量的最高纪录,打破了毛塔近 20 年没有大项目按时完成工期的记录,两个标段公路的工期均提前完成,创造了"奇迹中的奇迹",获得毛塔官方及交通装备部、监理公司的肯定和好评。② 施工方在质量问题上的严抓狠管确保了三角洲公路的高质量完成。在施工过程中,施工方"实行精细管理,通过抓源头、抓过程、抓目标来确保工程安全、质量、进度的全过程控制,不断加强经营管理,提升'走出去'质量和水平"③。

　　困难的环境既在考验和锻炼着施工队伍的素质,也在考验工程的质量。在沙漠地区施工,常常要面对很多意想不到的困难和挑战。柳玉坤表示,在施工过程中,十七冶克服了巨大的困难才掌握了沙漠地区施工的方法,并积累了在各种条件下施工的丰富经验,在高质量完成公路项目的同时,还培养了一个高规格的施工队伍。每年 8—10 月是三角洲地区的雨季,从这里通往努瓦克肖特的唯一一条土路过去常常因大暴雨的冲刷而塌陷,致使沿线村庄与外界的交通完全中断,居民陷入缺水断粮的危机。可见,沙漠雨季的暴雨对公路质量的要求非常高,这些考验就是对中国的施工队伍提出的要求。由于缺乏沙漠地区施工的前期经验,施工队对于毛塔地区的沙漠气候、风沙和降雨等特征均没有感性的认识和应对的方案,在施工中也发生过大雨将

---

① 对十七冶三角洲公路现任施工经理柳玉坤的访问,2017 年 4 月 1 日。

② 《毛塔希望三角洲公路工程竣工验收》,中国十七冶集团有限公司,2016 年 8 月 2 日,http://www.mcc17.cn/News/ShowArticle.asp? ArticleID=11726,2019 年 12 月 20 日访问。

③ 《毛塔希望三角洲公路工程竣工验收》,2016 年 8 月 2 日,中国十七冶集团有限公司,http://www.mcc17.cn/News/ShowArticle.asp? ArticleID=11726,2019 年 12 月 20 日访问。

路基冲走的情况，但是通过观察雨季水流的特征，施工队逐渐积累了应对沙漠中的暴雨的方略，在路基建设过程中，通过不断改善疏水涵洞的设计让暴雨疏泄水流。为了使路基经受住气候的考验，施工队基本上是第一年进行路基建设，到第二年才开始铺路面，所以，到铺路面时，三角洲已建设的两个标段的公路至少已经历了一个雨季的考验，类似大雨将路基冲走的情况不会再发生，施工队在这些技术细节上的探讨也确保了公路质量。[1]

在克服了重重困难后，项目施工组给毛塔人民交上了一份高质量的答卷。严谨繁复的施工程序让三角洲公路修筑得非常坚固，公路获得了当地民众和政府的好评。在 I 段公路竣工剪彩典礼仪式上，时任毛塔总统阿齐兹对十七冶所展示出来的"高效优质的施工实力"大加赞赏。[2] 在 II 段公路的竣工剪彩仪式上，参加仪式的毛塔高官纷纷竖起大拇指，连连夸赞。[3] 在 2016 年 7 月的工程验收大会上，由毛塔国家运输装备部监察总长、基础设施建设局局长、经济部项目投资与发展司司长、国家实验室总经理及监理公司总经理等组成的项目最终验收委员会对工程质量非常满意，称公路在一年质保期内没有发现质量问题，公路的建设为毛塔当地人民带来了希望。[4] 此外，从工程质量和行车的舒适度来看，这条路在毛塔也属少见。在毛塔，绝大多数的公路为 6 米宽，这条公路道路全幅宽 9 米，行车道 7 米，两侧均有宽为 1 米的路肩，无论是设计的宽度还是实际驾驶中的安全感，这条路均优于毛塔境内的其他公路。此外，路面的设计也有效保障了公路的质量。路面结构为 20 厘米自然砂砾底基层、20 厘米自然砂砾基层、沥青浇层、沥青涂

---

① 对十七冶施工总经理柳玉坤的访问，2017 年 4 月 1 日。

② 《十七冶承建毛塔希望三角洲 I 标公路工程竣工》，皖江在线，2015 年 4 月 24 日，http://www.wjol.net.cn/content/detail/553a16907f8b9ac6b1f0cec7.html，2019 年 12 月 20 日访问。

③ 《毛塔国家副总理为十七冶承建的公路竣工仪式剪彩》，皖江在线，2014 年 11 月 28 日，http://www.wjol.net.cn/content/detail/54782dff7f8b9a8a360f09ec.html，2019 年 12 月 20 日访问。

④ 《毛塔希望三角洲公路工程竣工验收》，中国十七冶集团有限公司，2016 年 8 月 2 日，http://www.mcc17.cn/News/ShowArticle.asp? ArticleID=11726，2019 年 12 月 20 日访问。

层、5 厘米沥青混凝土面层,主要工程量包括路基土方 182 万立方米,涵洞 269 道,底基层 36 万立方米,基层 31 万立方米。^① 据称,从现在的使用和维护情况来看,三角洲公路可被称为毛塔境内最坚固的一条公路。^② 布拉克纳省马勒区区长穆罕默德·梅达表示,这条道路正在改变当地居民的生活。"以前到了雨季这里的路就会被冲毁,人们被困在家里。现在这条公路将直接造福老百姓,毛里塔尼亚人感谢中国人。"^③

对于参与施工的十七冶来说,这条公路所面临的技术问题远不是全部的问题,撒哈拉沙漠内部的施工需要克服许多生活中不可思议的难题,然而,正是沙漠中的考验,教会了他们如何在恶劣的自然环境中更好地生活和工作。首先,三角洲公路所在的施工区域主要是沙漠、戈壁和少量绿地,旱季干旱高温,雨季暴雨,通过该项目,一支有着丰富沙漠地带施工经验的队伍被锤炼出来,成为一支兼具国际经营规则和沙漠施工经验的国际化施工队伍。其次,施工队伍经受住了毛塔恶劣自然环境和资源匮乏的考验,锻炼出在高温、沙尘暴、资源匮乏等诸多不利条件下的高强度施工能力和后勤保障能力,成为一支沙漠施工的中国施工尖兵队伍。因为地处沙漠,旱季最高温度达 58 摄氏度,生活和生产的物资极度缺乏,当地不生产蔬菜和日常生活用品,生活极为艰难。为了确保在紧张工作中有充足的物资供应和后勤补给,十七冶不得不从努瓦克肖特和中国运送生产和生活物资到驻地,确保生产、生活的正常运行。因此,三角洲公路工程不仅修筑了一条高质量的公路,而且锻炼出了一支坚强的沙漠施工队伍,使其拥有了在恶劣环境下高质量施工的能力。

---

① 《毛塔希望三角洲Ⅰ标公路工程提前贯通》,中国十七冶路桥分公司,http://www.lq.mcc17.cn/lq/Show Article.asp? ArticleID=714,2019 年 12 月 20 日。
② 对十七冶施工经理柳玉坤的访问,2017 年 4 月。
③ 《在"贫困三角洲"铺建希望的中国工程队》,中国日报网,2014 年 8 月 11 日,http://www.chinadaily.com.cn/hqgj/jryw/2014-08-11/content_12174041.html,2019 年 12 月 20 日访问。

二、三角洲公路的影响

三角洲Ⅰ标和Ⅱ标两条公路的建成，让这一地带史无前例地实现了与外部世界的快速沟通，让汽车第一次驶入了当地人的生活中，快速改变了公路沿途地区的发展面貌。

首先，三角洲公路极大地改善了公路沿途百姓的出行现状，改写了毛塔三角洲地区没有公路的历史，彻底结束了三角洲地区与世隔绝的时代。沙漠地带仅有的交通工具是骆驼和驴车，其速度慢，承载量极为有限，无法长途运输。沙漠也限制了人的流动，加上便捷交通方式的缺乏，很多人一辈子都没有离开过这个沙漠。现在，三角洲公路彻底改变了人们的出行方式。

其次，沿途老百姓的生活方式也随之发生巨变。对于居住在交通不便、偏僻贫穷的三角洲地区人民来说，三角洲公路的通车正在开启一个新的发展时代，即信息、物资和经济与外部世界基本同步的时代。

对于普通的老百姓来说，他们在经济上迎来一个时代性的变迁。公路沿途的老百姓将其饲养的牛羊和骆驼便捷地运送到周边城市，传统的牧养经济逐渐向市场经济转化。公路的开通，让外界新的信息和观念更快地进入这一地区，牧民交易了牲畜以后手中拥有了一定的资金，可以用来改善住房和生活条件，也拥有了饲养更多动物的能力。沿途牧民的生活水平得到有效的提升。在 2010 年 11 月 22 日的开工典礼上，阿齐兹总统表示，要力争把三角洲地区建设成毛塔较为富裕的地区之一，变"贫困三角洲"为"希望三角洲"。[①] 在 2015 年 4 月 21 日出席希望三角洲Ⅰ标公路工程项目竣工剪彩典礼仪式上，阿齐兹总统表示，这条公路的开通，要将毛塔"希望三角洲地区"变为"美丽三角洲地区"。[②]

---

① 《十七冶承建毛塔希望三角洲Ⅰ标公路工程竣工》，2015 年 4 月 24 日，皖江在线，http://www.wjol.net.cn/content/detail/553a16907f8b9ac6b1f0cec7.html，2019 年 12 月 20 日访问。

② 《毛塔希望三角洲公路工程竣工验收》，2016 年 8 月 2 日，中国十七冶集团有限公司，http://www.mcc17.cn/News/ShowArticle.asp? ArticleID＝11726，2019 年 12 月 20 日访问。

第三,一条公路的修筑培养了毛塔在公路建筑方面的技术人才,充实和完善了毛塔本土建筑技术队伍。在3年多的工期里,中冶和路桥聘用并培训当地技术员、工人共1000多名,这批工人掌握了沙漠地区施工的技术,可以参与到更多项目的建设和维护中来。技术员雅鲁姆应聘这份工地上的工作时,只是被中国公司丰厚的薪酬所吸引,但是在工地上工作一年多后,他不仅拿到了高薪,还学会了外语和技术,甚至掌握了工地管理方面的知识。他表示:"中国人对我们非常尊重,这很重要。我和工地上的刘先生、王先生处得很好,我们不像是老板和雇员的关系,因为每天都在工地上一起劳作。虽然语言上有些障碍,他们不太懂法语,我也不会说中文,但是我们有办法相互沟通理解。"[1]这些人都成为毛塔建筑方面的重要人才储备资源。

为了充分发挥三角洲公路的作用,让这一地区的省市更加紧密地联系在一起,带动当地经济进一步活跃起来,目前中海外集团正在同毛塔装备运输部商谈第Ⅲ标段(Sawatta-Barkeole 及 Monguel 连接线)的合作实施项目。第Ⅲ标段的建成通车,将贯通第Ⅰ标段和第Ⅱ标段,实现三角洲地区的全线贯通及与外部世界的联系,这样不仅能进一步便利三角洲地区内部的人员和物资流动,而且还能增强三角洲地区与三角洲外地区的联系,使三角洲公路成为一条带动三角洲地区经济运转的大动脉,活跃地区经济,为老百姓创造更丰富的就业和创业机会。

第四节　努瓦克肖特雨水排水项目

努瓦克肖特雨水排水项目的建设目的是解决努瓦克肖特市内低区旱季积水和雨季雨水造成的内涝问题,便利首都居民的生产、生活,改善生活环境。努瓦克肖特长期受到雨季暴雨和地下海水倒灌的困扰,努瓦克肖特城

---

[1] 《在"贫困三角洲"铺建希望的中国工程队》,中国日报网,2014 年 8 月 11 日,http://www.chinadaily.com.cn/hqgj/jryw/2014-08-11/content_12174041.html,2019 年12 月 20 日访问。

市低洼地带的雨水排水项目是努瓦克肖特市民和政府官员翘首以盼的一个重大援助项目。它不仅代表着城市生活环境的改善，而且标志着城市基础设施建设品位的全面提升。雨水排水项目的成功建设将彻底结束努瓦克肖特市政建设无地下隐蔽工程的时代，是毛塔向建设现代城市迈进踏出的坚实步伐。

一、努瓦克肖特雨水污水排放情况

努瓦克肖特基本没有雨水排水系统，仅在几处重要的道路交叉路口设有一些雨水收集和储存池，整个城市地势相对较平坦，落差不大，雨水的排放极不顺畅。努瓦克肖特沿大西洋而建，海拔低至 0.5～1.5 米，地势平坦，坡度较小，地层多为沙性土土质，透水性很强。受到海水顶托作用的影响，城区沙性土壤内含水量较高，雨水不易排出。沙漠的雨季集中，骤雨多见，每逢下雨，整个努瓦克肖特城区都会被淹没在积水之中。在努瓦克肖特中国诊所工作的陶医生在朋友圈这样记录了雨季期间"雨后见海"的情形："大塘连小塘，毛塔雨一场，两个小时半，到处见水塘。"[1]在地势较高的地区，水位会慢慢地下降，但是地势较低的地区，其海拔本就与海平面相差无几，水位下降的速度非常慢。城区的地下水位直接受海平面的控制，每年雨季时，海拔 1.5 米以上的城区基本上不会积水或者积水下渗速度尚可，但多处海拔低于 1 米的城区则会出现大面积、长时间的积水，有些低洼区域则常年积水不退。

努瓦克肖特市内的污水处理系统运行不畅，因此，雨水一旦积蓄就会给城市带来较为严重的危害。努瓦克肖特市内现有一座处理量达 1800 立方米/天的污水处理厂和长 60～70 千米的污水管网系统，其均为 20 世纪 60 年代所建。虽然污水厂在 20 世纪 80 年代曾经被改造过，但设备老化状况严重，有些关键设备已不能正常运转，因而污水处理厂基本处于瘫痪状态。污水管网管径小，堵塞严重，只有约 31 千米的管网能基本正常运转，其他管网基本不能使用，现有的 7 座污水提升泵站也陈旧老化，时开时停。城区居民

---

① 努瓦克肖特中国诊所陶医生的朋友圈，2017 年 8 月 27 日。

生活污水则通过自建渗坑或简易的化粪池排出，待污水满池后，再请专业清掏队伍用吸粪车将污水送到污水厂处理，以至于努瓦克肖特市区内自发形成了庞大的吸粪车作业市场。污水处理厂不能正常运转，城区污水处理能力严重不足，每日处理水量仅为 900 立方米，这些基本没有经过任何处理的污水仍在用于浇灌菜地和绿化，环境污染情况较为突出。此外，努瓦克肖特市内的厕所改造率较低，很多地区依然采用露天或者旱厕，同样存在着明显的环境污染问题。因此，这类未能经过处理的生活污水和厕所粪便，在雨季时极容易带来水源的污染和疾病的流行。

二、雨水工程建设的必要性及紧迫性

在与努瓦克肖特气候特征类似的非洲城市里，年降雨量小，地下水位很深，经济落后，居民生活水平低，用水量少，地层具备一定的下渗条件，因此，绝大多数城市都没有雨水系统或直接通过地上明沟排水。但是，由于地下水位很深，下渗条件好，这些城市一般不会形成积水或出现严重的内涝问题。而努瓦克肖特就不同了，它滨海而建，虽然地层渗水性很好，但大部分海拔在 0.5～1.5 米的区域受海水顶托作用影响，雨水和污水往往会形成大面积长时间的积蓄，从而发展成内涝，因此，必须采取强制排水措施才能真正解决问题。

2010 年以来，毛塔的城市化步伐明显加快，努瓦克肖特人口快速膨胀，城区用水量明显提高，污水排放量增加，加上近几年降雨量的增多，城市内涝情况越来越严重，给努瓦克肖特仅有的污水处理系统带来了巨大的压力，也给城市居民的日常生活带来了极大的不便，增加了滋生蚊虫、传播疾病的风险。部分地区有多处积水时间达 6 个月以上，个别地方甚至形成常年积水水面，多处居民区、学校等因受淹被废弃，部分街道交通受到影响，此外，污水汇入又造成了较严重的环境污染。随着每年雨季的到来，部分地区形成大面积内涝，上述情况会更加严重。对此，居民怨声载道，对政府意见很大。一到雨季，各级电视台就充斥着努瓦克肖特市内内涝的新闻报道，政府面临着巨大的舆论压力。

为了解决每到雨季就如期而来的严重积水和内涝问题，当地政府不得不采取临时性的、投资较大的排水措施，来降低积水和内涝造成的污染危害程度及由此带来的未知风险。为了应对这一情况，时任总统阿齐兹特别强调要不惜一切代价紧急采取一切可能的措施，彻底解决努瓦克肖特的城市排水问题，并且指示政府采取一切措施来为市民创造一个洁净、卫生的生活环境。因此，首都城市低洼地带雨水排污项目成为毛塔全国人民，特别是首都市民最为关注的一项民生工程。

在这一大背景下，中国政府通过无偿援助的方式承担了努瓦克肖特城市低洼地带雨水排污工程的建设。该项目主要包含以下内容：首先，为努瓦克肖特市铺设地下排水管道，收集城市低洼区域积水及雨季滞留的雨水；其次，将收集到的积水和雨水用水泵排至大西洋，解决努瓦克肖特市区由于积水和城市内涝而造成的出行不便问题，减少传染病的传播机会，等等。

三、工程建设

2015 年 5 月，中铁四局海外工程分公司中标援毛里塔尼亚努瓦克肖特城市排水工程雨水系统项目。中铁四局海外工程分公司是中国援毛塔项目建设的重要承建单位，自 2008 年以来，该公司在毛塔先后中标了援毛里塔尼亚政府办公楼项目，援毛里塔尼亚总统府办公楼、国际会议中心项目，援毛里塔尼亚总统府办公楼技术合作项目，援毛里塔尼亚总统府办公楼第二期技术合作项目，以及中国驻毛里塔尼亚大使馆经商参赞处馆舍改扩建项目。援毛里塔尼亚努瓦克肖特城市排水工程雨水系统项目是商务部近年来第一个"设计＋采购＋建造"实施任务总承包项目，也是海外工程分公司在房建、公路、铁路领域之后中标的首个市政项目。[①]

经过中国和毛塔方面的多次商谈，2015 年 7 月 1 日，毛里塔尼亚经济事务和发展部及水利与水处理部代表和中铁四局海外工程分公司总经理岳君华分别代表两国政府在合同书上签字。合同约定，援建项目的施工内容包

---

① 《中铁四局海外工程分公司中标援毛里塔尼亚努瓦克肖特城市排水工程雨水系统项目》，企业文化网，2015 年 5 月 20 日，http://www.ctcecc.com/content-581-14261-1.html，2019 年 12 月 20 日访问。

括："在努瓦克肖特市 5 个行政区内建设雨水收集暗渠、过路管、排水花管及配套沉沙井等附属设施,3 座雨水分区泵站,1 座排海泵站及配套的电气自控设备、雨水压力管线等。"[1]合同签订后,努瓦克肖特城市排水工程雨水系统项目进入了全面动工阶段。经过周密的前期筹备,2015 年 11 月 23 日,努瓦克肖特城市排水工程雨水系统项目举行奠基仪式,毛塔各界高度关注,总统阿齐兹、内阁全体成员、30 多个国家驻毛塔使节、中国驻毛塔大使武东、中铁四局总经理王传霖等共同出席,见证了这个新时代象征中毛友谊的项目的全新开启。[2]

考虑到城区大部分地区受海水顶托作用影响、地下水位很高、排水困难、工程实施难度大、投资高、进度慢等实际困难,项目设计尽量减少管线及构筑物的深埋。此外,为了将低海拔区域的水位降下来,从根本上解决城市内涝问题,中国的工程设计师采取雨污分流的方式来收集并处理城市低洼地带的积水。暗渠采用钢筋混凝土预制,这样不仅方便施工,还有效解决了地下高水位地区施工难度高、费用高的问题。

根据首都城市土壤和降水等各方面的基础条件,也根据毛塔水利部 2008 年由 CID 公司编制的《努瓦克肖特城市排水管网规划—二期——一期工程详设文件修改版》,工程范围为 15.68 平方千米。在施工设计过程中,考虑到工程面积较大,收集的雨水量较多,且市内地形起伏,中国专家将排水区域分为 3 个分区,在低海拔处设置雨水泵站,将雨水排往大西洋。

该项目工程师在努瓦克肖特市的 5 个行政区内,建设了雨水收集暗渠、过路管、排水管及配套沉沙井等附属设施,3 座雨水分区泵站,1 座排海泵站

---

① 《中国援毛里塔尼亚努瓦克肖特市城市排水雨水工程外签合同正式签订》,企业文化网,2015 年 7 月 3 日,http://www.ctcecc.com/content-581-14634-1.html,2019 年 12 月 20 日访问。

② 《努瓦克肖特城市排水工程雨水系统项目举行奠基仪式》,中国经济网,2015 年 11 月 24 日,http://intl.ce.cn/specials/zxgjzh/201511/24/t20151124_7107354.shtml,2019 年 12 月 20 日访问。

及配套的电气自控设备、雨水压力管线等。[①] 每个区以重力使雨水流汇到该区域的低地势点，然后设雨水分区泵站提升至排海泵站，再由排海泵站加压排至大西洋。雨水收集采用预制钢筋混凝土暗渠，渠底设渗水孔，利用良好的透水性，使雨水从底部渗入暗渠内，暗渠顶设预制可移动钢筋混凝土盖板，方便清淤。渠道沿道路一侧自然地形布置，开挖 1～1.5 米，预制暗渠直接吊装到位，施工方便，后期维护也方便，清淤时将可移动盖板打开即可，平时又可防止沙土的侵入。暗渠每隔一段距离设底部凹槽，可起到沉沙的作用。

由于排海泵站不具有重力排水的条件，因此，该项目采用压力流将收集起来的城区雨水强制排到大西洋，排海管线深入至海岸线约 20 米的深海排放。为确保工程质量和正常的后期维护，本项目根据中国现行的标准规范执行，工程设备和材料均为中国企业生产，以便中国技术专家的设计、施工和项目移交后的后期维护工作的开展。

在管网的线路设计上，根据当地建筑物高度低、密度小，居住分散，年降雨量小但集中，以及沿海城市地形、地质特点情况，采取了雨污管网分流设计的形式。管线采用浅埋方式，雨水选择渗渠排水，实现了投资低、施工方便、可持续的目标，确保工程建成后能发挥最大效能。

收集雨水的管道采用暗渠的方式埋入地下，暗渠采用预制的方式提前制造，在地面开挖好后放入地下。项目部建设了大型的暗渠预制场地，日夜加班预制暗渠，并将制造好的暗渠运往预埋地带。预制的暗渠主要有两种，主收集暗渠的尺寸为 1.0 米×0.8 米，二级收集暗渠的尺寸为 0.8 米×0.8 米。暗渠采用钢筋混凝土预制槽体，上设承重钢筋混凝土活动盖板，暗渠底板布设渗水孔。雨水收集设暗渠 33.8 千米，设压力管线 14.21 千米，管径 DN1000 和 DN1500。雨水泵站主要包括 4 座雨水泵站、3 座分区泵站和 1 座排海泵站。1—3 号分区泵站和排海泵站均采用圆形钢筋混凝土结构，3 个

---

① 《努瓦克肖特城市排水工程雨水系统项目举行奠基仪式》，中国经济网，2015 年 11 月 24 日，http://intl. ce. cn/specials/zxgjzh/201511/24/t20151124_7107354. shtml，2019 年 12 月 20 日访问。

分区泵站结构直径 8 米,池体高度 5.5 米,其中地上 0.5 米,地下 5 米。围护
结构建于池体上,建筑高度 4.5 米。排海泵站结构直径 12 米,池体高度 5.5
米,其中地上 0.5 米,地下 5 米。维护结构建于池体上,建筑高度 4.5 米。

分区雨水泵站至现状水面设压力管线,采用玻璃钢管线。排海泵站至
大西洋的排海管线,采用玻璃钢管线,排放口设拍门,防止海水倒流。在排
海泵站设排水系统中心控制室,内设 PLC 控制系统、中控计算机及检测仪
表,对其他 3 个雨水泵站进行远程操作。整个工程范围 15.68 平方千米,造
价 2.51 亿元人民币,合同工期约 36 个月(2015 年 12 月 10 日至 2018 年 11
月 30 日)。

四、项目建设过程中所遇到的各种困难

作为毛塔最大的城市和首都,努瓦克肖特市的市政建设中没有任何雨
水排污管道,雨水和污水皆经由地面自然蒸发,这不仅严重影响市容和环境
卫生,容易传播疾病,而且也增加了城市管理的难度。近年来,毛塔越来越
注重城市环境的保护和治理,采取了多方积极有力的措施,如 2014 年开始禁
止使用塑料袋,以减少塑料对城市环境的污染,这类措施在一定程度上改善
了努瓦克肖特的城市环境。

雨水和污水的排放是努瓦克肖特市内的一个重大环境项目,也是一项
城市形象工程,因此,该项目成为全努瓦克肖特市民高度关注的关键项目。
一名参与该项目施工的当地翻译是这样描述当地人对该项目的向往和期待
的:"如果问毛塔当地人最期待什么,那一定是市政公司的排水项目。这是
一个令人向往的工程,从政府官员到为我们工作的工人,当知道我们在做一
个可以降低当地地下水位、收集雨水的工程时,总会翘起大拇指,带着向往
和期待的眼神说'c'est bon!'。"[1]由此可见,对于这个与毛塔普通民众生活
息息相关的重大援助项目,毛塔各阶层高度重视和关注项目进展和实施
状况。

---

[1]　《筑梦之旅从市政起航——一位青年员工成长的心路历程》,文化频道,2017 年 7
月 4 日,http://www.ctcecc.com/content-515-22714-1.html,2019 年 12 月 20 日访问。

出于对工期进度方面的考虑，雨水排污项目分四个施工点展开施工。由于该项目是努瓦克肖特市内的首个地下排污管道工程，工程施工过程中遇到了诸多意想不到的问题和麻烦。主要可以从以下四点来概括。

第一，沙质土壤的地下工程建设有难度。努瓦克肖特是一个海滨城市，地面的土壤为沙或者泥沙，地面潮涌倒灌海水进来，地下的洞一挖进去就很快被海水灌满，增加了施工的难度。中铁四局是一个有着多年毛塔施工经验的公司，承担过包括政府办公大楼和总理府等一系列重要基础设施工程的建设任务，但是，在沙质土壤的地下施工领域，中铁四局仍是一个"新手"。为了顺利完成这一任务并确保工程质量，中铁四局花费了很大的精力来研究这种土质下的地下建筑问题，最终探索出一套适合毛塔地下沙质土壤施工的方案。中铁四局采取一小段一小段施工的方式，将两头固定向中间挖沙，挖沙的同时向外抽水，将涌进来的水抽出来，形成作业面作业。另在附近挖一个大池塘将抽出来的水收集起来，等到这一段施工结束便将池塘里的水灌回地下。

为了确保工程施工质量，2016 年 4 月，中铁四局海外分公司毛里塔尼亚努瓦克肖特城市排水工程雨水系统项目部成立质量管理小组。按照 PDCA 循环管理（计划—行动—检验—措施）开展技术研讨、现场观摩等一系列活动，运用科学技术手段，严密高效地对工程质量创优进行全程监控。考虑到项目所在地区的地质以细沙为主，且地下水丰富，易发生流沙坍塌事故，项目组拟定了暗渠预制、大口径压力管道接口密封等四个质量控制点作为小组攻关待选的课题，技术攻关确保了施工工程的质量。①

第二，地下流沙土质造成圆形管道容易移动，当受到外力冲击时，圆形管道容易变形甚至被破坏。为了避免路面上无规则驶过的驴车、汽车和超重货车对管道的压迫，管道须尽量埋得深，这在一定程度上增加了施工量。为了增强地下管道的固定性，中铁四局改造了地下管道的外形，将圆形的管

---

① 《中铁四局海外分公司毛里塔尼亚努瓦克肖特城市排水工程雨水系统项目部成立质量管理小组》，人民网，2016 年 4 月 14 日，http://ah.people.com.cn/n2/2016/0414/c227767-28148887.html，2019 年 12 月 20 日访问。

道制造成方形管道,四面使用圆形的配件配合埋进地下,有效避免了管道在地下的移动,确保管道在地下能正常工作。

第三,努瓦克肖特市地底下的管道和线路复杂且没有图纸可参考,增加了施工中的意外损害风险。在最开始施工的阶段,因为不了解地底下的埋线情况,当采用机械施工时,施工队经常挖断电线、网线或水管,经常发生事故。每逢遇到管线被挖断的情况,努瓦克肖特市内的各大公司或部门便会找到中铁四局,索赔因管网断线造成的损失,因此,在施工的初期阶段,工程队几乎每天都要应付此类问题,这造成时间和精力上的严重浪费。为了彻底解决这一问题,施工队花费2万多元专门采购了探测器,成立了先期探测队伍,并在机械施工前用人工开挖的方式挖出已有的管线,在管道铺好后再将管线埋进去。尽管如此,难度依然很大,因为很多原本低洼的地带管线高度密集,尽管有探测的队伍和机械,但意外仍防不胜防。例如在一个地势低洼的地带,施工队挖出了四层密集的管线。可见施工难度之大。

第四,与当地政府的沟通也是让施工队头疼的大问题。在毛塔的中国人普通反映这样一个问题,当地政府对中国人是相当友好的,早年,当地政府的办事态度也极好,但近几年,当地政府办事的态度越来越差,办事的时间也越拖越长,各种差错和借口开始出现。

与当地政府沟通的问题主要有两个方面。首先是地面拆迁的问题。在线路的设计上,中国方面在开工前一再征求毛方的意见,毛方一再确认,管网所经地面的拆迁不存在任何问题。当线路方案确立、工程开建后,两个地点的地面拆迁问题却仍没有解决,毛方只好让中国方面临时更改线路方案。但是,对于一个已经确定方案且已上马的项目来说,临时改变施工方案带来了时间、精力和资金上的巨大浪费。援建方案改变后,中国各部分需要一步步走程序,承建单位需要重新规划、计算和设计;方案的改变还会造成原来一系列投入的更改,造成资金上的浪费。本着援助国在援助中占据主导地位的原则,承建单位接受了方案的改变这一现实,并配合毛塔方面展开了一系列的新方案调试。

其次是路面的开挖与回填问题。排污管道施工所经过的很多地方是已经铺好的道路,挖开路面施工,施工单位需要与毛方沟通交通方面的问题,与此同时，在地下工程结束后，中国方面只负责将挖开的路面填平，路面的浇筑是由毛方来管，但费用由中国方面支付。这里面存在几个问题：①毛方修复路面不及时，对中国形象造成了一定程度的损害。中国公司完成地下管道的施工后，将路面的修筑工作交给毛塔方面，中国公司的工作完成，而毛塔方面的工作才刚刚开始。然而，毛塔方面的工作效率较低，工程迟迟不能启动，或者工期较长，给来往行人和车辆带来极大的不方便。此外，毛塔地处沙漠，常年高温少雨，路面被挖开后，很容易形成灰尘，给周围环境也带来破坏。渐渐地，这些不便给人造成了这样的印象：中国人在路面上施工时间长，不恢复通车，造成了环境破坏和交通不便。②毛塔方面收取的修筑路面费用较高。中国公司是具有路面修筑能力的，但毛塔方面坚持由自己的公司来负责路面的修筑，因为工作效率和成本核算等，毛塔方面的开价远远高于中国公司修筑的价格，给中国的承建单位带来额外的负担。①

造成上述状况的原因很多，其中中国公司缺乏在毛塔地下施工的经验和中国公司与毛塔方面的业务攻关交流上的缺陷是较为明显的两个原因。不过，面对困难和问题，中国公司能够迎难而上，以饱满的状态、更长的工作时间、更认真的态度来解决和应对。上述问题中的任何一个都是压在项目部管理人员头上的一座大山，都是关系到中毛关系和项目成败的大问题。为了工程的顺利进行，项目部的每一个管理人员都调动自身积极性和团队积极性，克服困难，应对难题。为了妥善解决这些问题，雨水排水项目部的党员们发扬"处处做表率""人人有激情""时时在状态""事事讲大局"的精神，积极行动，争取问题的顺利和妥善解决。② 经过与毛塔水利部门及当地政府部门的多次沟通和协商，以上所有的问题均得到了妥善解决。目前项目施工进展顺利。

---

① 对毛塔努瓦克肖特雨水排水项目部总经理林军的访问，2017 年 3 月 29 日。

② 《中铁四局海外分公司驻毛里塔尼亚项目部积极开展"七一"建党节系列活动》，企业文化网，2016 年 7 月 4 日，http://www.ctcecc.com/content-581-19400-1.html，2019年 12 月 20 日访问。

第五节　伊迪尼首都供水工程

如前文所述,努瓦克肖特是一个濒临大西洋的沙漠城市,降水量不足,地下淡水资源匮乏,淡水供应严重不足。为了保证充足的淡水供给,前殖民宗主国曾经做过各种努力,但效果不佳。"原宗主国先在距努瓦克肖特70千米的伊迪尼打井供应首都,但很快就不敷需要,于是又建立了一个海水淡化厂,但因技术不成熟、成本过高,几个月后便停止运转了。"[1]所以,努瓦克肖特全市仅靠"3口小井"供水,每天供水不到2个小时。[2] 随着努瓦克肖特定居人口的增多,仅有的淡水日益不敷首都人民的日常生活需要,因此,当地居民不得不饮用苦涩的咸水。炎热干燥的气候加上供水严重不足,给努瓦克肖特市民带来了严峻的挑战,寻找新的水源和建设供水工程成为这个城市迫在眉睫的重大问题。

为了帮助努瓦克肖特人民解决生活饮水的问题,1969年初,应毛塔政府的强烈呼求,中国政府派遣地质勘探专家赶往毛塔,帮助毛塔寻找水源地,为首都供应淡水资源。为了帮助努瓦克肖特找到水源,中国政府派遣的地质专家经过几个月的艰苦搜寻,最终在伊迪尼找到了储量充足的荒漠甘泉。伊迪尼距离首都63千米,地表是一片漫漫黄沙,地下却有着极其丰富的水资源。这里不仅水源丰富,而且水质洁净、卫生,只需加以消毒便能变成自来水供饮用。1971年,中国专家在当地打出了18口深井,建立泵站,铺设了大口径管道准备将水资源供给首都民众。经毛塔水电公司测定,自流输水每日流量为13500立方米,超过原设计6000～10000立方米的要求,日均流量大大超过努瓦克肖特当时的供水量5000立方米。[3] 1973年12月3日,毛塔政府举行了盛大的通水仪式。为了确保仪式的顺利举行,迎接从200多千米

---

① 李国学:《中国和毛里塔尼亚的经济关系》,《阿拉伯世界研究》2006年第2期。

② 对中国大使馆政务参赞王参的访问,2018年3月31日。

③ 石林:《当代中国的对外经济合作》,中国社会科学出版社1989年版,第575页。

外调集的 300 多头骆驼,毛塔政府还专门整修了从首都到伊迪尼的临时公路。在庆典仪式上,当地民众盛装出席,载歌载舞,他们争先恐后地来到喷涌的自来水旁,掬一捧甜美的井水品尝,以这种特别的方式作别昔日苦涩的海水。

然而,供水工程通水后不久,供给水量明显减少,水质也受到了严重的影响,掺杂大量泥沙。原来,沙漠地区土壤盐碱化程度高,盐碱化对管壁的侵蚀非常严重,导致镀锌缠丝滤水管锈坏,水井出现涌沙等情况。得知这一情况后,中国政府于 1976 年 3 月重新派出了中国打井专家赶赴毛塔,从其他国家进口了抗沙漠盐碱土壤腐蚀的不锈钢滤水管,在原井的旁边又重新打出 18 口井,日出水量达 2.5 万立方米,高出原设计的最高水量将近 2 倍,打出的井水沿着铺设的大口径管道流入首都,流向千万个毛塔家庭,保证了努瓦克肖特人民充足的日常用水需求。为确保抽水设备的经久耐用,中国还在伊迪尼增设了加氯间,并更换了新的潜水泵。[①]

随着毛塔人口大量向首都聚集,努瓦克肖特人口快速膨胀,1985 年达到 50 万人,伊迪尼的 18 口井所供应的水源逐渐不能满足日渐增长的饮水需求。供水管道不得不满负荷运转,增加了水管和泵站的工作压力,水管和泵站一旦检修就会影响全市人民的供水,因而经常出现检修停水的情况,偶尔也会出现供水不足的情况。为了确保首都每天 24 小时的水源持续充足供给,1986—1987 年,中国开展了"伊迪尼—努瓦克肖特供水复线援建工程"。1987 年 3 月,中国帮助毛塔建成从伊迪尼到努瓦克肖特的一条直径为 700 毫米、长 62 千米的供水管道复线,日自流水量可达 2 万立方米,基本满足了毛塔首都努瓦克肖特的供水需求。[②] 这项援外工程在当时影响很大,评价很高。"友谊港"被誉为毛塔"国家独立的象征",而"供水复线"则被赞为"生命的源泉"。[③]

---

① 李国学:《中国和毛里塔尼亚的经济关系》,《阿拉伯世界研究》2006 年第 2 期;石林:《当代中国的对外经济合作》,中国社会科学出版社 1989 年版,第 575 页。
② 石林:《当代中国的对外经济合作》,中国社会科学出版社 1989 年版,第 576 页。
③ 赵忆宁:《中国路桥毛里塔尼亚办事处总经理范顺平:在撒哈拉沙漠援外 50 年》,《21 世纪经济报道》,2017 年 8 月 30 日。

进入 21 世纪,毛塔的城市化步伐加快,城市所提供的就业机会吸引了大量的牧民和农民,大量人口快速向城市集中,毛塔成为非洲城市化速度排名第二的国家。[①] 人口的快速聚集让首都努瓦克肖特人口急剧膨胀,从十几万增长到接近百万,成为沙漠上的一座巨型城市。受到毛塔持续干旱的影响,毛塔的地下水位下降,传统水井的表层水已经干枯,许多居住点缺乏基本的生活用水条件,用水量受到限制。在伊迪尼的地下水源开采 35 年时,生产能力达到满负荷的极点,日产 3.6 万立方米。为了解决沙漠中的毛塔用水紧张问题,毛塔制定了《乡村牧区水利工程十年框架计划(1992—2002 年)》,该计划实施非常成功,解决了城市和乡村 70%~80% 的用水问题,从根本上改变了城市和牧区的用水状况。为了最终解决努瓦克肖特的供水紧张问题,毛塔建设了塞内加尔河水的南水北调工程。2011 年,阿夫杜—萨埃勒引水工程全线贯通,并开始为首都努瓦克肖特提供自来水,有效减轻了伊迪尼的供水负担,并增加了首都的水源供应点,缓解了首都的用水紧张局面。目前,首都自来水供给充足,较少出现停水现象。2011 年,努瓦克肖特的居民数已接近百万,20% 的用水仍依赖中国专家援建的供水管道,当地人称之为"奇迹"。[②]

伊迪尼水源地历经近 40 年,虽然在塞内加尔河水南水北调工程实施之后,其供水量有所减少,但它依然保持着旺盛的供水能力。从图 1-1 的数据可见,伊迪尼生产水量 2010 年为 1833.3521 万立方米,到 2011 年为 434.6505 万立方米,现场生产水量明显下降。这一骤降主要是因为 2010 年 10 月塞内加尔河水南水北调工程开始供水,伊迪尼的水生产总量开始急剧减少。2014 年和 2015 年的生产水量大约为每年 730 万立方米。目前,伊迪尼每年向努瓦克肖特市提供的水量大约为全市供水量的 20%。

---

① "Mauritania Overview", World Bank, http://www.worldbank.org/en/country/mauritania/overview[2019-12-20].

② 对毛塔原水利部官员阿里的访问,2014 年 4 月 5 日。

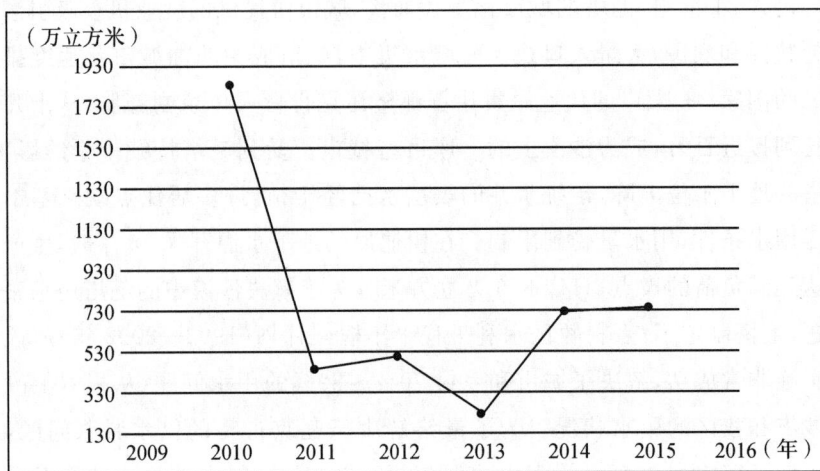

图 1-1　伊迪尼现场生产水量检测图（2010—2015 年）

伊迪尼水源地源源不断地为努瓦克肖特提供了近 40 年的城市用水，确保了首都的生活用水和工业用水。充沛的洁净水让努瓦克肖特市市民从每天远途取水的单调生活中解放出来，每天只要到市内定点的水站取水就可以获得洁净安全的饮用水，改善了民众的卫生状况，有效控制了水源性疾病的发生，提高了当地民众的健康水平。充足的水源也为努瓦克肖特经济、社会生活正常秩序的维持奠定了坚实的基础。

第二章　中国对毛塔的卫生援助及其未来

第一节　毛塔医疗卫生事业的现状

毛塔医疗卫生事业在过去30多年的时间里取得了明显的进步,但同时也面临着多样化的挑战。在疾病的分布上,毛塔是一个较为特殊的国家,疾病呈现出高度多样化的特征,低度发展带来的营养不良和生活方式不佳造成的营养过剩问题同时并存。这样的疾病分布给毛塔这个世界上最不发达国家的医疗卫生体系带来了意想不到的巨大挑战。在过去的30多年里,毛塔的医疗卫生事业虽然有了明显的进步,但依然无法应对疾病日益多元化所带来的巨大挑战。

一、毛塔的主要疾病及其发展趋势

毛塔是世界上最不发达的国家之一,人们对于疾病的认识仍不成熟。很多人认为,疾病是由于命运、魔鬼、嫉恨或者对神灵的冒犯所致,生病后的毛塔人尝试通过传统医学或宗教、巫术的方式寻求治疗。毛塔的传统医学相当发达,阿拉伯传统医学、物理疗法及巫术在疾病的治疗中长期存在且影响广泛。

毛塔是一个生活水平较低的国家,但是这个国家的疾病并不像其他处于同样生活水平的国家一样,以因卫生和生活条件较差而带来的传染病为主。毛塔的疾病分布呈现出多样化的趋势,出现了因低度发展而带来的传染病、营养病和因生活方式不佳、摄入能量过高而带来的慢性病同时并存的局面。从总体上看，随着生活水平的逐渐提升和生活条件的缓慢改善，毛塔的卫生事业取得了巨大的进步，但传染病、营养病和生活病依然是毛塔疾病的主要表现方式。这些疾病的主要表现形式及其发展趋势体现在以下几点。

第一，因生活水平较低、卫生状况较差、卫生防范意识较弱所导致的传染病多见。

毛塔是一个传染性疾病多发的国家。根据世界各国数据指标档案网站IndexMundi 公布的数据，毛塔属于主要传染性疾病感染率非常高的国家。水源性和食源性的疾病主要包括细菌性和原虫性痢疾、甲肝、伤寒热。虫媒性传染病包括疟疾和登革热。[①] 非洲最为常见的几种重大传染病，包括艾滋病、结核、疟疾和血吸虫病等正无情地侵蚀着毛塔人民的健康。值得庆幸的是，由于政府防控措施到位，毛塔的结核病近 10 年来得到了非常好的控制和预防，患病率和致死率逐年稳步下降。然而，随着毛塔国内医疗卫生条件的改善和就医渠道的增加，毛塔的艾滋病、疟疾和血吸虫病的相关记录数据增加，其患病率和病死率在逐年增长。

其一，免疫缺陷病毒（Human Immunodeficiency Virus，HIV）感染率和艾滋病患病率呈缓慢上升的态势，极端保守的社会氛围未能阻断艾滋病的传播，反而增加了相关知识普及和疾病防控的难度。

根据世界卫生组织 2014 年 5 月公布的数字，毛塔 2009 年因 HIV 和AIDS 死亡 716 人，占总死亡人数的 2.63%。每百万人口中因艾滋病死亡的人数为 21.93，艾滋病居毛塔人死亡原因的第 12 位，位居世界第 51 位。[②] 根据联合国艾滋病规划署 2016 年的统计数据，毛塔的 HIV 携带者成人人数大约为 1.1 万，感染率为 0.5%。有关毛塔的艾滋病感染率，很难得到准确的测算数字。1993—1994 年，在努瓦克肖特，0.3% 的妇女 HIV 检测为阳性，

---

① "Mauritania Major Infectious Diseases"，IndexMundi，http://www.indexmundi.com/mauritania/major_infectious_diseases.html[2019-12-20].

② "Mauritania：HIV/AIDS"，World Health Rankings，http://www.worldlifeexpectancy.com/mauritania-hiv-aids[2019-12-20].

而在怀孕期女性的测试中,这一数字为 0.5％。到 2000 年,通过对内马、罗索和努瓦迪布等 5 个地区的怀孕期妇女进行测试,1％的妇女 HIV 检测为阳性。男性的数字则更高。1993—1994 年,在努瓦克肖特,性病诊所大约 1％的病人 HIV 检测为阳性,到 1996 年,这一数字上升到 2％,并且不仅努瓦克肖特的数字是这样,罗索、努瓦迪布、凯迪和毛塔其他一些城市的数字也展现了几乎相同的发展趋势。性工作者的数据无法获取。[①] 这些数字共同揭示出一个鲜明的事实,即保守的伊斯兰教国家毛塔的 HIV 感染率在迅速攀升,AIDS 患者数量的快速递增势不可挡。

　　毛塔是一个极端保守的伊斯兰社会,很多人对于性问题讳莫如深,艾滋病这类疾病更是社会丑闻。有人这样形容毛塔的艾滋病形势,毛塔的艾滋病"感染率低,却恶名远扬"。[②] 保守的宗教氛围增加了艾滋病相关知识的普及和艾滋病预防控制的难度。在毛塔,谈论与艾滋病和性安全有关的话题是很难启齿且难以展开深入讨论的。这样的困扰并非偶然,某些国际非政府组织在毛塔展开与艾滋病预防和控制相关的活动时,该国的穆斯林领袖们不但不给予配合,反而高度质疑这些机构和相关活动的动机。由此可见,与艾滋病相关的疾病和话题几乎成为这个社会的特殊禁忌。在他们看来,如果这些组织和个人真正关心毛塔的艾滋病问题,他们应该告诉毛塔人民停止造成病毒传播的羞耻行为,而不是从事与此有关的社会学调查。因此,在毛塔谈论艾滋病、安全套和与性安全相关的话题很难得到社会的配合和正面回应。[③] 这种社会氛围也影响到全社会有关艾滋病的信息传播和艾滋病防控的教育。毛塔全社会将艾滋病检测和艾滋病病情的公开视为极端羞

---

　　① UNAIDS, Unicef, WHO, *Mauritania: Epidemiological Fact Sheets on HIV/ AIDS and Sexually Transmitted Infections*, UNAIDS, Unicef, WHO, 2004, p. 2.

　　② Joyce Mulama, "Mauritania: Low HIV Prevalence, Widespread AIDS Stigma", Women Living Under Muslim Laws, March 3, 2005, http://www. wluml. org/node/1978 [2019-12-20].

　　③ "Mauritania: Fighting AIDS in a Conservative Country", The Body: The HIV/ AIDS Resource, August 5, 2009, http://www. thebody. com/content/art53135. html [2019-12-20].

辱之事,因此,有关安全性行为方面的教育,特别是青少年和妇女在艾滋病预防方面的信息闭塞。而恰恰是这样严格的信息封锁,正在使艾滋病成为毛塔社会的更大隐患。

在毛塔,保守的社会关系并没有成为阻止艾滋病传播的保障,反而成为一些畸形社会问题孕育和发展的温床。在毛塔,男性与女性之间的交往受到严格限制,随着社会的进步,人与人的交往、互动日益密切频繁不可避免,由此导致地下同性恋多见,为通过同性性行为传播疾病创造了特殊的温床,经性传播特别是同性传播的疾病逐年递增。毛塔的艾滋病感染数据显示,因男性同性恋(简称"男同")导致的 HIV 感染者占当前 HIV 传播量的 44.4%,毛塔是世界上男同感染 HIV 比率最高的地区。[①] 这一问题已成为一夫多妻制的毛塔社会的重大隐忧。

其二,由于多重防控措施到位,结核病的患病率和致死率快速下降,但目前结核病依然是威胁毛塔人民健康的重要传染病。

2009 年,每 100 万毛塔人中,因结核病死亡的人数高达 143,位居世界第 2 位。[②] 但是,因为毛塔在结核病防控方面的措施非常到位,加上国际社会的广泛关注,所以毛塔的结核病控制得卓有成效。近年来,毛塔成立了结核病防控中心,为结核病患者提供救治。此外,科威特在毛塔援建了一所结核病防治机构,为毛塔的结核病患者提供医药和卫生方面的服务。这些都为毛塔的结核病病情的控制提供了良好的条件。有数据显示,从 2005 年开始的 10 年时间里,毛塔的结核病人数每年以 3%～6% 的速度减少。根据世界银行所提供的数字,2001—2015 年,每 10 万毛塔人中,感染结核病的人数从 2001 年的 235,下降至 2004 年的 193,再下降至 2005 年的 107(见表 2-1)。由此趋势可以判断,虽然结核病依然是困扰毛塔的最主要的疾病之一,但随着时间的推移和各项措施的到位,结核病有望得到进一步控制。

---

① "Map", UNAIDS, 2016, http://aidsinfo. unaids. org/[2019-12-20].

② " Health Profile: Mauritania ", World Health Rankings, http://www. worldlifeexpectancy. com/country-health-profile/mauritania[2019-12-20].

表 2-1　毛塔结核病防控情况(2004—2015 年)

年份(年)	每10万人中感结核病人数	同比增长率(%)
2015	107.0	−3.60
2014	111.0	−3.48
2013	115.0	−4.96
2012	121.0	−5.47
2011	128.0	−5.19
2010	135.0	−5.59
2009	143.0	−5.30
2008	151.0	−5.63
2007	160.0	−5.88
2006	170.0	−6.08
2005	181.0	−6.22
2004	193.0	

资料来源:"Mauritania:Incidence of Tuberculosis",Knoema. https://knoema. com/atlas/Mauritania/Incidence of-tuberculosis.

虽然毛塔结核病得到了良好的控制,但是,其形势依然严峻。沙漠内因水源匮乏而带来的环境卫生状况堪忧,以及由于营养不均衡而导致的人体免疫力低下,让暴露于结核菌感染源之下的民众更易于感染。到2015年,毛塔的结核病人数维持在每10万有107左右,其依然属于结核病高发的国家。因此,未来毛塔的结核病防控之路任重道远。

其三,毛塔疟疾发病率逐年提升,疟疾的地区分布和时间分布不均。

因为毛塔的疟疾更多的是根据症状来诊断,而非根据实验室检测的数据来统计,所以,笔者所能得到的数据存在一定的误差。即便如此,我们依然能从数字中看到疟疾发病的发展趋势。毛塔疟疾的发病量从1990年的26933例增长到2012年的165834例。从这一数字来判断,在过去的20多年里,毛塔疟疾的报告病例数量在快速增长。报告病例的增长并不意味着实际情况的恶化,原因有二:一是卫生服务可及性的提高带来了就诊数据的增加,随着城市化步伐的加快和医疗机构的增多,有更多的人生病后可以到专业机构寻求救治;二是医疗救助机构专业设备的增加,让一部分病人的病情得到科学诊断,确诊病例数量的增加让数据看上去有了明显的增长。

从现有的数据来判断,毛塔并不是非洲疟疾最严重的地区,然而,值得关注的是,毛塔的疟疾死亡率较高,每 100 万人口中就有 53.04 人死亡,位居世界第 20 位。[①]

在全国 15 个地区中的 8 个地区,疟疾是患者就诊和住院最主要的原因,也是发病和死亡最重要的原因。在疟疾流行的季节(每年 8—11 月),约有 60% 的住院患者是出现了类似疟疾的症状,疟疾是仅次于急性呼吸道感染和腹泻之后的第三大门诊病因。[②]

由于毛塔地处沙漠,疟疾发病地区分布和时间分布不均。在水源丰富的塞内加尔河南部地区疟疾较为多发,在较为严重的布提利米特地区发病率高达 58%,而在北部撒哈拉沙漠腹地因水源缺乏则较少见。从时间上来看,疟疾的季节分布特征明显,8—11 月降水较多,疟疾集中暴发,而旱季则较为少见。

此外,由于疟疾专科门诊的缺乏和疟疾专科医务力量的匮乏,很多感冒、发烧的病人不会用生物检测的方式确诊是否患有疟疾,而直接服用疟疾药物,这种情况在各级医院和各类诊所中极为普遍。为了用药方便,毛塔当地药店销售的治疗感冒、发烧的药物中就含有奎宁,因此,感冒、发烧的病人只要使用感冒药就等同于一并服用了疟疾药。

其四,由于卫生习惯不良,毛塔感染性疾病的发病率居高不下,儿童感染成隐患。

一是血吸虫病。埃及血吸虫和曼式血吸虫是导致毛塔发生血吸虫病两种最重要的源头。沿塞内加尔河建设的灌溉工程改变了两岸的风光,但丰

---

① "Health Profile: Mauritania", World Health Rankings, http://www.worldlifeexpectancy.com/country-health-profile/mauritania[2019-12-20].

② Ministère de la Santé, *Programme national de lutte contre le paludisme: politique et stratégies nationales de lutte contre le paludisme* (2011—2015), Mauritania, 2011.

富的水源也为两岸民众带来了血吸虫病。随着血吸虫水中活动的增加，血吸虫病的传播更为严重。在毛塔，广阔的沙漠和稀少的地面水源让牧民对水源性疾病了解甚少，防范不足，所以牧民在绿洲中的无防护涉水增加了血吸虫病感染的可能性。在人口聚居区，水中玩耍的孩子也可能因为涉水而感染。儿童的血吸虫病感染成为社会隐忧。根据斯坦福大学 2016 年的研究报告，每年大约有 50 万人需要接受血吸虫病的治疗，18.9％的人口需要接受血吸虫病方面的相关预防，其中需要接受治疗的人群中有 45％是学龄期的孩子。[1]

二是腹泻病。每 100 万毛塔人中，因严重腹泻引起的死亡人数是49.75，腹泻是毛塔的第六大致死病因，位居世界第 14 位。[2] 这类疾病主要由卫生条件不佳、卫生设施不足及卫生习惯不良引起，特别是洁净水源的获取困难及饮水不卫生等。因此，这类疾病属于环境卫生不佳而导致的疾病。严重腹泻也是毛塔 5 岁以下婴幼儿死亡的重要原因。[3]

第二，因生活方式不佳，严重生活病多发，且因对疾病的了解不多或因畏惧而造成疾病在极端严重之后才被发现和治疗。

其一，长期大量摄入红肉，高血压、高血脂、心脏病等老年病较多。因绝大部分国民信仰伊斯兰教，不食用猪肉，但毛塔人的牛肉、羊肉和骆驼肉的摄入量较大，蔬菜和水果的摄入量严重不足，所以，中老年人慢性病缠身，高血压、高血脂、心脏病等较为多见。这类疾病的一个明显特征为日益年轻化。每 100 万毛塔人中，因中风而死亡的人数约为 105.93，中风是毛塔除结核病、流感肺炎之外的第三大致死病因。[4] 冠状动脉粥样硬化造成的心脏病

① Chloe Rickards, Cassie Coulter. "Mauritania", Stanford University, 2016, http://schisto. stanford. edu/pdf/Mauritania. pdf[2019-12-20].

② "Health Profile： Mauritania ", World Health Rankings, http://www. worldlifeexpectancy. com/country-health-profile/mauritania[2019-12-20].

③ "Health Profile： Mauritania ", World Health Rankings, http://www. worldlifeexpectancy. com/country-health-profile/mauritania[2019-12-20].

④ "Health Profile： Mauritania ", World Health Rankings, http://www. worldlifeexpectancy. com/country-health-profile/mauritania[2019-12-20].

则是第四大致死病因，每 100 万人中因其死亡的人数为 76.62。每 100 万人中，高血压的致死人数为 14.53，高血压在毛塔的致死病因中排第 18 位。[①]

其二，由于脂肪摄入过多，肥胖多发，特别是女性出现了肥胖低龄化的现象。毛塔继承了游牧时代的饮食习惯，饮食以肉食为主，肥胖和超重现象极为普遍。毛塔的原始部落中有以胖为美的民族审美，肥胖的身体被认为是财富和福气的象征，家有胖妻成为家庭展示自身地位的重要标志。很多人，特别是青年女性，受传统习惯的影响，青春期开始以高能量高营养的食物为主，使得肥胖在毛塔年轻人群中的发病率很高，女性的肥胖和超重比例明显高于男性（参见表 2-2）。此外，由于饮食结构不合理，毛塔女性的产后肥胖也较为多发。肥胖，特别是自幼肥胖和产后肥胖，带来了各类严重的心血管疾病和骨科疾病。

表 2-2　毛塔超重和肥胖流行情况（2008）

女性	超重	54%
	肥胖	23%
男性	超重	23%
	肥胖	4%
两性	超重	39%
	肥胖	14%

注：超重（BMI 大于等于 25）；肥胖（BMI 大于等于 30）

数据来源："Global Nutrition Report, 2014 Nutrition Country Profile, Mauritania", http://www. globalnutritionreport. org/files/2014/11/gnr14_cp_mauritania. pdf.

其三，由于从各类饮食中大量摄入甜食，糖尿病多发。为了消除饮食中的油腻感，毛塔人有喝茶的习俗，喝茶虽有益健康，但是毛塔人在茶中加入了大量的糖，成年累月的食用导致毛塔人糖耐受度降低。在穆斯林重要的宗教节日斋月期间，所有穆斯林白天不能吃喝，为了补充白天所需的大量能量，毛塔人会在夜间吃椰枣等高能量甜食用以长时间维持人体能量供给，这

---

① "Health Profile：Mauritania", World Health Rankings, http://www. worldlifeexpectancy. com/country-health-profile/mauritania［2019-12-20］.

些习惯都易造成毛塔人糖尿病的高发。由于日常保健的缺位和基本保健常识的缺失,在毛塔,每100万人中,因糖尿病及其并发症而死亡的人数大约为36.5,糖尿病是毛塔第七大致死病因,位居世界第62位。[1]

其四,饮食习惯不规律,急性和慢性的消化道疾病极为多见。毛塔人的饮食较不规律,很多人不吃早餐,晚餐的时间通常安排到晚上九点之后,且晚餐是最为重要的正餐,食物种类丰富且量较多,这样容易导致消化不良、慢性胃炎和其他消化道症状。斋月期间,穆斯林在一个月内白天不吃不喝,到晚上则暴饮暴食,吃下各类耐饥饿、难消化的食物,这样较易引发各类肠胃病。在毛塔,每100万人中因消化性溃疡而死亡的人数大约为11.25,消化道疾病致死率位居世界第19位。[2]

其五,饮食结构不合理,营养不均衡,饮食中蔬菜水果严重不足,严重便秘和由此引发的痔疮等疾患多发。毛塔地处沙漠,空气极为干燥,但沙漠中的人习惯了长时间不喝水,水的摄入量较少,再加上毛塔人多以牛羊肉为主食,蔬菜水果的摄入量很少甚至长期不接触,餐饮中普遍无汤食,这些皆是毛塔人便秘、痔疮多发且较为严重的原因。

第三,因自然环境和生活方式促成的非致命性慢性疾病较多,严重影响人们的生活质量。

由于医学知识有限,毛塔民众对疾病的防范意识不强,造成因自然环境变化而带来的生活习惯病较为多发,这类疾病虽然并不直接致命,但严重影响生活质量,有人甚至因此失去劳动能力。在毛塔,这类疾病主要有以下几种。

其一,沙漠中光照强烈导致各类眼疾多发。毛塔国土面积的90%为干燥的沙漠,日照很强,加上沙漠的强光反射相当厉害,因而各类眼病多发,如青光眼、白内障、视网膜病变等,严重威胁民众的日常生活。此外,在沙漠地

---

[1]　"Health Profile：Mauritania"，World Health Rankings，http://www.worldlifeexpectancy. com/country-health-profile/mauritania[2019-12-20].

[2]　"Health Profile：Mauritania"，World Health Rankings，http://www.worldlifeexpectancy. com/country-health-profile/mauritania[2019-12-20].

区的孩子,因为缺水、卫生条件不佳、卫生意识不强,患沙眼的概率增加,因重症沙眼而导致的视力下降甚至失明的情况也较为多见。

其二,因饮水量不足、水质不佳而导致的泌尿系统疾病,如结石等多发。由于水中矿物质含量较高,水质较硬,加上生活在沙漠上的毛塔人日常饮水量少,毛塔人患各类结石较多。除结石外,由于饮水量严重不足,泌尿系统缺少充分的水液冲刷,毛塔人泌尿系统疾病多发,如尿道感染、尿毒症和急性肾衰竭等。

其三,因寒热往来而导致的风湿、类风湿性关节病变多发。毛塔长期处于冷热两种空气的交替控制之下,一是来自撒哈拉大沙漠干燥温暖的热空气,一是来自大西洋潮湿寒冷的冷空气。当沙漠上的热风吹来时,全毛塔热浪滚滚,人体的腠理大开。而当冷空气袭来时,正处于打开状态的腠理没有来得及关闭,因此冷空气中的湿冷随着毛孔进入人体,侵入人体的关节和骨骼,轻则造成关节功能失调,重则风湿、类风湿性关节病缠身。毛塔女性常年身着毛塔传统裙装,衣物无法贴合身体,冷空气很容易进入裸露的关节部位,造成严重的关节风湿类疾病,严重影响生活质量。

其四,因地处海洋和沙漠,多样性甲状腺疾病多发。因为海水倒灌,很多住在海边的居民无法喝到合格的淡水,从海水中摄入过量的碘等微量元素,特别是近年来毛塔民众海产品的摄入量逐年递增,引起了严重的甲状腺疾病。居住在毛塔沙漠深处的居民,则因为碘等微量元素摄入不足,又引起了缺碘性甲状腺疾病。毛塔一国境内出现的甲状腺系统疾病,其预防和治疗需要两套完全相反的方案。

第四,因疏于防范而造成的意外疾病多见。

因受教育程度较低而造成的疏忽大意,以及社会制度的缺失和社会管理方面疏于防范等,毛塔国内因意外而导致的伤害类疾患较为多见,这也成为毛塔社会的一个痛点。主要的意外疾病有以下几种。

其一,因交通事故多发,骨折、软组织挫伤和外伤多见。毛塔交通不发达,有汽车之前,毛塔人喜欢用驴车代步和运送重物,现在部分城市的贫民依然使用驴车运送货物,以减少出行成本。驴车不遵守交通规则,且驴很难准确听从人的指挥,因而经常发生驴车撞人或撞车的事故,造成人骨折或软组织挫伤。此外,毛塔城市的交通信号灯不多,十字路口常年没有信号灯,随着城市汽车数量与日俱增,再加上毛塔人开车速度较快,车况不好,不遵守交通规则,因此常出现车辆相撞或车撞行人的事故,从而造成人骨折或软组织挫伤之类的外伤疾患。因而,虽然毛塔人均拥有的汽车数量不多,但毛塔交通事故的死亡率很高,每 100 万人中约有 33.75 人死于交通事故,交通事故致死率居世界第 13 位。[①]

其二,贫穷地区用火不当造成的烧伤较为多见。在偏远贫穷的地方,毛塔人依然保持游牧民族的游牧习惯,因而喜欢在家里生火烤牛羊肉,而老人小孩因行动不便常摔倒在火坑中,造成严重烧伤。此外,用火烧水做饭而造成的室内火灾也是造成烧伤的重要原因。这类意外是与贫穷和无知相伴随的,越是贫穷的地区,烧伤事件越多发。

其三,流浪狗咬伤致狂犬病较为多见。毛塔处于快速城市化之中,1960年有 6.88％的人口生活在城市,1965 年增至 9％,到 1977 年,城市人口比率增长到 23.33％,2005 年增长到 53.13％,2010 年增长至 56.68％,2015 年为59.86％。[②] 体现在具体数据上则是全国城市人口数量从 1960 年的 5.9042万上升至 2015 年的 24.35 万。[③] 猝不及防的城市化导致城市建设和城市治理无法跟上这一高速步履,各方面的制度和治理失序,流浪狗就是一个典型的健康隐患。流浪狗在毛塔城市的大街小巷四处活动,然而毛塔在管理流浪狗方面并没有设立专门的机构。这些狗出没于人群聚居的地区,靠吃垃圾为生,因为长期没有人治理,人被野狗咬伤的意外事件时有发生。这些狗群居且没有接受过任何疫苗药物接种,人类被咬后感染狂犬病的概率较高。虽然毛塔国家公共卫生研究院的网站对狂犬病有非常详细的介绍,国内也初步建立了狂犬疫苗注射的体系,但毛塔民众对狂犬病的认知有限,不具有

① "Health Profile: Mauritania", World Health Rankings, http://www.worldlifeexpectancy.com/country-health-profile/mauritania[2019-12-20].
② "Mauritania-Urban Population", IndexMundi, https://www.indexmundi.com/facts/mauritania/urban-population[2019-12-20].
③ "Mauritania-Urban Population", IndexMundi, https://www.indexmundi.com/facts/mauritania/urban-population[2019-12-20].

被狗咬伤或抓伤后采取紧急措施的能力和知识储备，很少有人在被狗咬伤后会注射狂犬疫苗，狂犬疫苗体系形同虚设，因而狂犬病发病率高。此外，毛塔民众的受教育水平低和政府对传染病等相关疾病的知识普及不够仍是狂犬病高发的重要因素。通过对努瓦克肖特的街头随访发现，70%以上的民众不知道狂犬病的预防知识，少数市民了解被狂犬咬伤可能致病，但对注射狂犬疫苗的了解有限。

第五，癌症等重大疾病发生率呈快速上升趋势。

毛塔全国范围内只有一家癌症专科医院，一般医院无法检测出癌症，因此，对于普通平民来说，癌症只有在症状非常严重且非常明显的情况下才有机会得以确诊。此外，民众对癌症有一种绝望情绪，得了相关疾病后他们不选择寻求救治而是在家等死。毛塔人主要患的癌症有乳腺癌、宫颈癌、皮肤癌和膀胱癌等。

其一，晚期乳腺癌、宫颈癌等妇科癌症发生率高，手术治疗成功率小，死亡率极高。毛塔人的伊斯兰教信仰导致妇女思想保守，即便早期发现乳腺和宫颈出现病变也羞于示人，绝大多数的人不会去医院检查，只有当癌症的症状非常严重才会去医院接受检查和治疗。因此，往往确诊时已经是非常严重的中晚期，失去了手术和治疗的意义。实际上，部分妇科癌症在不少国家治疗难度不大且 5 年内生存率较高，由此可见，传统的保守的观念正在威胁着广大毛塔妇女的健康和生命安全。据统计，毛塔每百万人中宫颈癌的患病数为 17.16，宫颈癌致死率位居世界第 38 位，是目前毛塔死亡率最高的癌症。[①]

其二，因日晒过量所致的皮肤癌多发。毛塔地处热带沙漠之中，终年日照时间长且强烈，再加上沙漠中的阳光反射率高，对皮肤的伤害很大。当地人的防晒观念较为薄弱，裸露的肌肤经常在沙漠艳阳下曝晒，晒伤后的皮肤也没有得到较好的护理，任由其发展，长此以往，就容易患皮肤癌。

其三，因饮水量少而导致的膀胱癌及肾脏疾病多发。生活在沙漠上的

---

① "Health Profile：Mauritania", World Health Rankings, http://www. worldlifeexpectancy. com/country-health-profile/mauritania[2019-12-20].

人喝水少,耐旱能力较强,泌尿系统长期处于慢性炎性病变的症状之中,因尿量少导致炎症部位无法得到有效冲刷,膀胱癌变概率增加。此外,严重的肾脏类疾病也因同样的原因多发,如尿毒症、肾癌等。每 100 万人中,因肾脏类疾病死亡的人数大约为 15.31,肾脏类疾病致死率位居世界第 38 位。[①]

二、毛塔的医疗卫生发展情况

毛塔的卫生事业发展起步于独立后,独立前的卫生事业是殖民者建立起来的,为殖民者的卫生体系。毛塔独立后仍与法国联系密切,所以独立后毛塔的卫生事业建构受到法国的影响较多,沿袭法国的卫生传统。经过 50 多年的发展,毛塔的医疗卫生事业有了长足的进展,但依然存在着巨大的发展与改善空间。概括说来,当前毛塔医疗卫生事业发展主要有以下几个方面的特点。

第一,毛塔的总体卫生条件在快速改善,但是,个人所享受的医疗资源极为有限,个人基本卫生状况亟待改善。

根据世界卫生组织的最新数据,2015 年毛塔人均寿命分别为女性 62 岁和男性 65 岁,每 1000 人中,15 岁和 60 岁的死亡人数分别为 227 和 182,2014 年人均卫生支出为 148 美元,卫生支出占总支出的 3.8%。[②] 根据毛塔卫生部提供的资料,毛塔现有医生 380 人,病床 1325 张,5 千米医疗覆盖率为 40%。随着努瓦克肖特大学医学院医学专业的建立和一些专科医院的开诊,医生和病床的数量可望得到较快的改善。

卫生措施的落实到位也在迅速改善民众的健康状况。2012 年,毛塔卫生部在联合国儿童基金会(United Nations International Children's Emergency Fund,UNICEF)和世界卫生组织(World Health Organization,WHO)的协助下,开展了为期 2 个月的疫苗行动,为 50 万 5 岁以下的婴幼儿提供免疫的集成包(包括麻疹和小儿麻痹症疫苗)和补充维生素 A。疫苗的

---

① "Health Profile: Mauritania", World Health Rankings, http://www.worldlifeexpectancy.com/country-health-profile/mauritania[2019-12-20].

② "Mauritania", WHO, http://www.who.int/countries/mrt/en/[2019-12-20].

提供有效地降低了重大疾病的发生率，营养的补充则有效地帮助儿童摆脱营养不良和疾病的恶性循环。与此同时，此类预防保健措施的全面铺开还能够增强基层民众的保健意识，丰富他们关于保健的知识和体验。[①]

卫生意识的改善在深刻地影响毛塔人民的卫生和健康习惯。人们意识到森林与环境改善之间的联系，于是在毛塔开展了植树运动。绿色植物有助于扭转毛塔快速荒漠化的趋势，能够抵挡风沙，固沙，涵养水源，从而改变环境。不仅如此，人们还意识到环境与健康、细菌、疾病之间的相互联系。废弃物管理不善、卫生习惯不良和清洁水源不足，不仅污染环境，而且也是儿童感染腹泻等致命性传染病的原因。当地人开始通过清理公共场所的积水，以减少蚊虫滋生和疟疾传播等。人们开始注意饮水卫生和用水卫生，增加公共场所的洁净水供给，因此腹泻等烈性传染病的发生率在逐渐降低。

但是，毛塔的基础卫生设施建设滞后，国家所能提供的医疗卫生资源相当有限。由表 2-3、表 2-4 可知，无论是区域性的综合医院，还是地区性的卫生机构都相当匮乏，每个人所能享有的卫生资源均相当有限。与此同时，能够辅助诊断的最普通的医疗设备也相当有限，如核磁共振、CT 和 X 线等设备相当稀少。以 50～59 岁的妇女为例，每 10 万人中只拥有 3 台核磁共振设备，其中 1 台来自公立医院，2 台来自私立医院。私立医院是为少数权贵阶层服务的医院，费用奇高，无法为一般的毛塔家庭提供医疗服务。由此可见，毛塔医疗辅助诊断手段极端滞后，个人享有的卫生设施密度极低。

---

① Fadila Hamidi, Anthea Moore, "In Mauritania, Healthcare Campaign Aims to Save Children from Preventable Diseases", UNICEF, https://www. unicef. org/ infobycountry/mauritania_65189. html[2019-12-20].

表 2-3　毛塔的卫生设施的统计情况

卫生设施	公共设施（台）	私人设施（台）	卫生设施总量（台）	每 10 万人的卫生设施拥有量（台）
卫生站	411	42	453	11.464
卫生中心	67	81	148	3.805
地区医院	7	20	27	0.694
省级医院	6	—	6	0.154
区域性医院	7	—	7	0.180

资料来源："Mauritania"，WHO，http://www.who.int/medical_devices/countries/mrt.pdf? ua=1.

表 2-4　毛塔的医疗设备的统计情况

医疗设备	公共设施（台）	私人设施（台）	卫生设施总量（台）	每 10 万人的医疗设备拥有量（台）
核磁共振成像	1	2	3	0.771
电脑断层摄影扫描机	5	1	6	1.542
乳腺 X 线成像	2	2	4	22.415

（每 10 万年龄在 50～59 岁的妇女中所享有的密度）
资料来源："Mauritania"，WHO，http://www.who.int/medical_devices/countries/mrt.pdf? ua=1.

第二，千年发展目标的指标改善情况良好，但城乡差异巨大，且环境卫生问题正日益凸显。

毛塔在卫生方面的建设和发展比很多国家落后，起步较晚且节奏较慢。2009 年，"千年发展目标成就基金"（The MDG Achievement Fund）选定了包括毛塔在内的 9 个国家，对为千年发展目标执行传播与宣传（C&A），以及监测与评估（M&E）的国家提供额外的财政支持战略。经过各方面的积极努力，在千年发展目标的各项指标上，毛塔取得了较好的成绩。

从 5 岁以下婴幼儿死亡率和产妇死亡率来看，这些指标正在获得长足的进步。5 岁以下婴幼儿的死亡人数（每 1000 个婴幼儿中）从 1990 年的 128 降到 2000 年的 111,2012 年又降至 84，婴幼儿的生命得到了有效的看顾和保障（见表2-5）。从死亡的原因看，目前 5 岁以下婴幼儿的死亡原因有早产、急性呼吸道感染、产伤、腹泻、疟疾等。随着婴幼儿营养状况的改善，传染病逐渐在可控的范围之内（见表 2-6）。此外，防范的措施也开始变得到位且有效。[1] 防治疟疾的利器——经杀虫剂处理的蚊帐使用比例在快速提升，5 岁以下婴幼儿在经杀虫剂处理的蚊帐中睡觉的占比从 2010 年的 18.7％提升至 2015 年的 34％，这帮助了很多毛塔的婴幼儿免受疟疾之苦。[2]

表 2-5　5 岁以下婴幼儿的死亡人数（每 1000 个婴幼儿中）

年份（年）	人数
1990	128
2000	111
2010	89
2012	84

数据来源："Global Nutrition Report，2014 Nutrition Country Profile，Mauritania"，http://www.globalnutritionreport.org/files/2014/11/gnr14_cp_mauritania.pdf.

表 2-6　毛塔人的营养状况数据表

年份（年）	营养不良（％）	从副食品中获取营养的比例（％）	水果和蔬菜获取量（克）
1991	13	45	38
2000	10	50	61
2010	9	51	81
2014	7	—	95

数据来源："Global Nutrition Report，2014 Nutrition Country Profile，Mauritania"，http://www.globalnutritionreport.org/files/2014/11/gnr14_cp_mauritania.pdf.

　　妇女在生产期间的卫生保健正在得到越来越明显的重视，妇女生产的安全出现了跨越性的进步。由表 2-7 我们可以看出，毛塔的新生儿人数在逐

[1] "Maternal Mortality in 1990—2015，Mauritania"，WHO，UNICEF，UNFPA，World Bank Group，http://www.who.int/gho/maternal_health/countries/mrt.pdf?ua=1[2019-12-20].

[2] "Global Nutrition Report，2014 Nutrition Country Profile，Mauritania"，http://www.globalnutritionreport.org/files/2014/11/gnr14_cp_mauritania.pdf[2019-12-20].

年增加,从 1990 年的 8.3 万增加到 2015 年的 13.4 万,而产妇的死亡人数并
没有逐年增加。到 2015 年,毛塔产妇的死亡人数低于 2000 年的死亡人数,
统计的数据也表明,每 10 万婴儿出生所死亡的产妇人数正逐渐减少,从
1990 年的 859 降至 2015 年的 602。在同龄妇女的死亡原因中,生产所占的
比例也呈逐年下降的趋势,1990 年,40.4% 的妇女死于生产,到 2015 年,这
一数字是 27.4%。如果从某些时间段来看产妇死亡率的升降,1990—2015
年产妇总体的死亡率降低了 1.4%。而随着时间的推移,下降的比例越来越
大。1990—2000 年,产妇死亡率降低 0.6%,2000—2005 年,产妇死亡率降
低 2%,2005—2015 年,产妇死亡率降低 2.2%。[①]

表 2-7　1990—2015 年毛塔产妇死亡情况

年份 (年)	产妇死亡人数 (每 10 万顺利 生产产妇)	产妇 死亡总人数	与艾滋病相关的 产妇死亡人数 (每 10 万顺利 生产产妇)	安全出生的 婴儿(千人)	产妇死亡在同 龄妇女死亡中 所占比例(%)
1990	859	710	0	83	40.4
1995	824	760	1	92	39.7
2000	813	850	2	104	38.9
2005	750	870	5	116	35.3
2010	723	910	5	126	33.5
2015	602	810	7	134	27.4

资料来源:"Maternal Mortality in 1990—2015,Mauritania",WHO,UNICEF,UNFPA,World
Bank Group. http://www. who. int/gho/maternal_health/countries/mrt. pdf? ua=1.

　　从主要传染病的防控情况来看,毛塔的烈性传染病正在得到有效的控
制。结核病是影响毛塔人民健康的重要传染病,随着防控措施的到位,结核
病的患病概率正在逐年下降,从 2002 年的每 10 万人中有 220 人感染降至
2010 年 135 人,2015 年又降至 107 人。患者接受结核病治疗的概率从 2005

---

　　① "Maternal Mortality in 1990—2015,Mauritania",WHO,UNICEF,UNFPA,
World Bank Group,http://www. who. int/gho/maternal _ health/countries/mrt. pdf?
ua=1[2019-12-20].

年的 38％上升至 2015 年的 54％。因结核病而死亡的人数也在逐年减少，2000 年，每 10 万人中，因结核病而死亡的人数是 57，而到 2002 年该数字降至 43，2010 年降为 27，2013 年为 26，到 2015 年这一数字再次被改写为 21。[1]具体见表 2-8。

表 2-8　千年发展目标在毛塔的执行情况

指标	基准数字	最新数字
5 岁以下婴幼儿死亡人数（每 1000 个出生人口）	118(1990 年)	90(2013 年)
HIV/AIDS 导致的死亡人数（每 10 万人）	12.3(2000 年)	18.9(2012 年)
疟疾导致的死亡人数（每 10 万人）	60.4(2000 年)	49.1(2012 年)
结核非 HIV 导致的死亡人数（每 10 万人）	57(2000 年)	21(2015 年)

资料来源："Mauritania：WHO Statistical Profile"，WHO. http://www. who. int/gho/countries/mrt. pdf？ua＝1.

伴随着毛塔卫生状况的整体改善，因 HIV/AIDS 导致的死亡人数正在快速增长。表 2-7 和表 2-8 反映了一个明显的趋势，即 HIV/AIDS 正在成为日益困扰毛塔人生命安全的重大疾病。在过去的 20 年时间里，毛塔的产妇死亡率明显下降，而唯有因艾滋病导致的产妇死亡人数在逐年增加，每 10 万顺利生产的产妇中因艾滋病死亡的人数从 1990 年的 0 增加至 2015 年的 7。艾滋病正在成为威胁产妇健康日益重要的问题。从整个人群来考察，因 HIV/AIDS 导致的死亡人数也有了明显的增加，从 2000 年的每 10 万人死亡 12.3 人增长至 2012 年的每 10 万人死亡 18.9 人，增长率高达 54％。[2]

毛塔健康状况得到普遍性改善除了源于卫生方面投入的增长外，还应归因于洁净饮用水的普及。在过去的 20 年里，毛塔水源的获取率在明显提升，这改善了卫生状况，提升了人民的健康水平。由于家用自来水的推广和应用，农村地区洁净饮用水的获取率从 1990 年的 26％上升到 2008 年的

---

① "Mauritania Statistics Summary(2002-present)"，WHO，http://apps. who. int/gho/data/node. country. country-MRT[2019-12-20].

② "Mauritania：WHO Statistical Profile"，WHO，January 2015，http://www. who. int/gho/countries/mrt. pdf？ua＝1[2019-12-20].

47％。1990年,在毛塔农村,几乎没有家庭使用自来水,但到2008年,大约有14％的农村家庭用上了自来水。城市的改善情况则更为明显,洁净饮用水的获取率从1990年的36％上升至2008年的52％。[①]

在卫生设施的配备上,城乡改善进度存在着巨大的差异。农村卫生设施的改善进度不容乐观,设备配备率从1990年的8％上升至2008年的9％。而城市卫生设施的改善速度则是另一番境况,同期的设备配备率从29％上升至50％。与此同时,由于干旱而引起的水资源短缺,以及由此而带来的一系列水资源利用问题仍然是影响毛塔人民生活的重要问题。由于水资源短缺,毛塔人民的生活环境无法达到基本卫生标准。据统计,每年约有2150个毛塔人因为腹泻疾病而死亡,其中1700人是5岁以下的婴幼儿。世界卫生组织估计,将近90％的这类死亡是因为用水环境的不卫生及卫生设施的缺乏。[②]

第三,毛塔逐渐建立起以首都和中心城市为核心的医疗服务系统,专科医疗和特色服务正在迅速发展,但医务方面人力资源的巨大缺口仍是制约毛塔卫生事业持续推进的巨大瓶颈(见表2-9)。

表2-9　毛塔的人均医疗资源情况(2009年)

医生(％)	护士和助产士(％)	社区卫生人员(％)
0.130	0.672	0.284

资料来源:"Global Nutrition Report, 2014 Nutrition Country Profile, Mauritania", http://www.globalnutritionreport.org/files/2014/11/gnr14_cp_mauritania.pdf.

首都努瓦克肖特是全国的医疗卫生中心,设有全国最高级别的卫生服务机构和卫生研究机构。国家中心医院、中毛友谊医院是两所最高级别的国家医院,其接诊量占全国接诊量的70％以上,这两家医院集中了毛塔全国最高级的检测仪器设备、最齐全的科室和最高级别的医疗专家,患者从全国

---

① "Environmental Health Challenges in Mauritania", WHO, March 2013, http://www.who.int/features/2013/mauritania_environmental_health/en/[2019-12-20].

② "Environmental Health Challenges in Mauritania", WHO, March 2013, http://www.who.int/features/2013/mauritania_environmental_health/en/[2019-12-20].

各地赶来这里接受毛塔最高级的诊断治疗。

除了规模较大的综合医院，随着各科严重疾病就诊人数的增多，毛塔的专科医院和专科诊疗的发展也很快。努瓦克肖特通过国家癌症医院、心脏诊疗中心、创伤外科中心、国家妇幼保健院、精神医院等专科医院开展特色医疗和专科诊疗。一般说来，这类专科诊疗中心集中了全国最顶尖的专家坐诊，拥有地区级最先进的诊断设备，是毛塔甚至西非一带国家某类疾病唯一的诊疗中心。因为病人很多，所以，近年来这类诊疗中心的发展速度很快，规模越来越大，就诊人数逐年增加。

在毛塔的医疗卫生领域中，现代医疗理念正在建构这个国家的主体医疗体系，然而，传统的医疗卫生系统也在卫生体系中扮演着极为重要的角色。毛塔是一个非洲国家，与此同时，它又是一个阿拉伯国家，阿拉伯人大约占全国人口的70%。因伊斯兰教和阿拉伯文化之间的密切联系，阿拉伯文化在这个几乎全民穆斯林的国家占据了主导地位，这也加强了阿拉伯文化在毛塔的传承与发扬。在医药卫生领域里，毛塔对阿拉伯医学的传承较好，拥有较为完善的阿拉伯医学体系，建立了阿拉伯传统医院。阿拉伯传统医院多采用当地的草药和物产入药，并采取物理介入等多种方式寻求医治方案。2013年，毛塔政府承认了阿拉伯医生和阿拉伯传统医院在毛塔卫生体系中的合法地位，并沿袭阿拉伯医生的培养传统给予阿拉伯医生合法的行医资格。目前毛塔全国有20多名阿拉伯医生。这一医疗体系的合法化增加了毛塔卫生体系的层级，让一部分经济实力不强的患病民众拥有了最基层的医疗服务，丰富了基层民众的就医选择，并增加了毛塔医疗人才培养的层级，使国内的医疗卫生体系逐步走向多元化。

传统医疗体系受到民众青睐并得到政府支持，其中一个很重要的原因在于毛塔的医疗保障制度形同虚设。毛塔虽然建立了医疗保障制度，但是，由于经济紧张和政府财政亏空，医疗保障制度并没有在实践中得到有效的履行。毛塔的医疗保障制度除了公务员队伍能够代扣医疗保险的费用实现有效的公费医疗外，绝大部分的公司雇员均不选择缴纳医疗保险这部分费用，以便获取更多的工资收入来补贴家用。根据国家规定，所有的企业必须为员工缴纳17%的社保，其中包括医疗保险，虽然知晓这样的政策，但几乎没有员工愿意缴纳剩下一部分的费用。[①]　基于此,国家的医疗保障制度有名无实,绝大部分的患者也无法从中获益,绝大部分的医疗开支都由个人负担,因此,在普通老百姓中,小病拖大病等情况极为普遍。由此可见,即便毛塔的医疗服务系统在迅速改进,但真正能够消费得起这类医疗服务的人数依然不多。面对疾病,特别是重大疾病,贫穷而又没有任何医疗保障的患者及其家属只有选择拖延,任由病情发展恶化,等待死亡宣判。

虽然毛塔逐渐培养起自己的医疗人才和医疗队伍,但人才的紧缺依然是医疗卫生事业发展中面临的突出瓶颈。努瓦克肖特大学医学院是唯一的医务人员培养单位,但是,由于毛塔采用法国的人才培养制度,医学院培养医务人员所需周期较长,目前毕业进入就业市场的人数较少。此外,海外留学人员的回国比例较低,海外人才的流失情况较为严重,这就导致国内人才的短缺。根据对毛塔教育部的访问,发现毛塔每年出国留学约有2000人,但回国人员的数量仅有1/3左右,高端人才的流失情况非常严重。卫生方面的留学人员怀着在国外找工作的想法出国留学,因此绝大部分的人因中意国外优越的生活条件和工作环境选择留在国外,而不是回国就业。

在癌症医院、心脏诊疗中心、创伤外科中心和妇幼卫生中心,日渐扩大的诊疗需求和短缺的医护力量形成了鲜明对比。在创伤外科中心,每年的严重烧伤病例大约有100多例,但是全毛塔烧伤专科医生严重短缺,这里几乎没有烧伤科的医生,也无法进行烧伤外科手术,唯一一个主攻烧伤康复的医生还是来自中国医疗队的医生。因此,这里的患者只能由护士进行简单的消毒处理,几乎没有医生可以为他们开药和进行专业性的治疗,甚至无法为治疗和护理提供任何专业性的意见。

同样的情况也出现在妇幼卫生中心。妇幼卫生中心每年接诊来自毛塔全国各地的产科重症患者,绝大部分是因各类难产而奄奄一息的产妇。但是,医院的医疗实力严重不足。这里只有包括院长在内的7名产科医生,医生的工作范围涉及行政、门诊和住院部。院长是全国著名的产科医生,她不仅要负责协调院内各个部门之间的工作,负责院内医生、护士的内部培训,

---

①　对努瓦克肖特中国砖厂的访问。

还需负责医院与政府部门、援助单位之间的沟通与协调。因为产科有着极大的特殊性，特别是住院部，医生无法日夜连续上班，所以带来了巨大的医生缺口，经常出现没有医生值班，只能依靠没有资质的护士来值班的情况。院长在访问中表示，医院的医生已经尽了最大的努力来排班，但仍然无法满足所有的医疗需要。

第四，在毛塔卫生事业的发展中，国际援助扮演着不可或缺的重要角色。

毛塔是世界最不发达的国家之一，也是众多国际援助集中的国家。毛塔的疾病和卫生安全问题不容小觑，因此，众多的国际援助集中于卫生事业，对毛塔当前医疗卫生事业的发展产生了极为重要的影响（见表 2-10）。

表 2-10　毛塔接受 ODA 的情况表（2000—2010 年）（2009 年为基准利率）

	2000 年	2001 年	2002 年	2003 年	2004 年	2005 年	2006 年	2007 年	2008 年	2009 年	2010 年
承诺的 ODA（百万美元）	243.78	441.17	226.13	258.67	266.29	214.36	412.25	197.11	346.72	146.60	381.98
兑现的 ODA（百万美元）	174.52	273.11	255.54	247.73	195.00	227.20	230.90	333.63	403.29	337.45	381.06
卫生方面承诺的 ODA（百万美元）	6.45	6.72	6.70	17.35	7.82	4.32	35.66	19.16	21.53	12.56	15.94
卫生方面兑现的 ODA（百万美元）	13.37	17.14	19.32	20.96	18.79	9.98	12.42	20.08	21.18	19.13	18.09
卫生占承诺的比例 ODA（百万美元）	0.03	0.02	0.03	0.07	0.03	0.02	0.09	0.10	0.06	0.09	0.04
卫生占兑现的比例 ODA（百万美元）	0.08	0.06	0.08	0.08	0.10	0.04	0.05	0.06	0.05	0.06	0.05

续　表

	2000 年	2001 年	2002 年	2003 年	2004 年	2005 年	2006 年	2007 年	2008 年	2009 年	2010 年
人均卫生兑现支出（美元）	5.06	6.30	6.90	7.27	6.34	3.28	3.97	6.25	6.43	5.66	5.23

资料来源："Official Development Assistance for Health to Mauritania"，http://www. who. int/gho/governance_aid_effectiveness/countries/mrt. pdf? ua＝1.

由表 2-10 可知，2000—2010 年，官方发展援助对毛塔卫生方面的支持在迅速增长，增长率高达 35％。从总的援助额度来看，卫生方面所占的额度也在逐渐攀升，可见毛塔的卫生得到了越来越多的国际重视。

从 ODA 的额度计划来判断，2009—2010 年毛塔卫生方面的援助最主要的来源有西班牙、联合国人口活动基金、国际开发协会、全球疫苗免疫联盟和全球基金，总援助额度超过了毛塔在卫生方面 ODA 的 80％。其中，西班牙是毛塔最大的双边 ODA 伙伴国家，其援助额度占总 ODA 的 28.3％，而联合国人口活动基金和国际开发协会以 21％和 18.5％的比例成为毛塔最大的多边 ODA 国际机构（见表 2-11、表 2-12）。从援助的总额上来看，多边援助的额度依然高于双边援助的额度。

表 2-11　毛塔所接受的双边卫生援助情况表（2009—2010 年）

国家	援助的项目数（个）	金额（百万美元，2009 年基准利率）
比利时	6	0.43
加拿大	7	0.06
法国	11	1.08
日本	8	1.14
西班牙	53	10.68
瑞典	11	0.09
阿联酋	1	0.02
美国	4	0.92
合计	101	14.42

资料来源："Official Development Assistance for Health to Mauritania"，http://www. who. int/gho/governance_aid_effectiveness/countries/mrt. pdf? ua＝1，

表 2-12　毛塔所接受的多边卫生援助情况表（2009—2010 年）

国际组织名称	项目数（个）	金额（百万美元，2009 年基准利率）
AFESD（阿拉伯经济与社会发展基金会）	1	0.42
EU Institutions①（欧盟机构）	2	1.36
GAVI②（全球疫苗免疫联盟）	5	3.32
GF（抗艾滋病、结核和疟疾全球基金）	3	1.45
IDA（国际开发协会）	16	6.98
UNAIDS③（联合国艾滋病规划署）	3	0.35
UNFPA④（联合国人口活动基金）	37	7.93
UNICEF（联合国儿童基金会）	35	1.12
WFP（世界粮食计划署）	1	0.41
合计	103	23.34

资料来源："Official Development Assistance for Health to Mauritania"，http://www. who. int/gho/governance_aid_effectiveness/countries/mrt. pdf？ua＝1.

　　在众多的援助中，来自阿拉伯世界的卫生援助和来自中国的卫生援助是毛塔最引人注意的两大援助来源。阿拉伯世界因为与毛塔宗教上的特殊联系，历来是毛塔各方面援助的重要来源。沙特阿拉伯的国王赛义德捐资援建了一所综合性医院赛义德医院（Hôpital Cheikh Zeyed），这是除国家中心医院之外毛塔较早的一家综合性医院，为毛塔民众改善了就医条件。2007 年 11 月，卡塔尔在距离毛塔首都 150 千米的布提利米特市（Boutilimit City）援建的哈马德医院（Hamed Hospital）开诊，共有床位 80 张，员工 136人。为了给毛塔日渐增多的心脏病患者提供看病的场所，阿联酋斥资 100 亿美元在毛塔首都努瓦克肖特援建心脏病专科医院，将毛塔现有的心脏病专科医院扩大为原来的 3 倍，可以为毛塔和周边国家更多的心脏病患者提供医

①　EU Institutions，全称为"European Union Institutions"。

②　GAVI，全称为"The Global Alliance for Vaccines and Immunisation"。

③　UNAIDS，全称为"The Joint United Nations Programme on HIV/AIDS"。

④　UNFPA，全称为"United Nations Fund for Population Activities"。

疗服务。目前新医院正在建设之中。科威特曾经在努瓦克肖特援建了一家
结核病医院，提供了医院所需的基础设施和医疗设备，但科威特方面没能为
毛塔提供医疗服务方面的支持，而毛塔没有足够的医疗力量支持这家医院
的运行，因此这家医院现已停止接诊。

　　此外，中国是毛塔的传统卫生援助与合作伙伴，在毛塔的卫生发展中扮
演着极为重要的角色。与其他国家不同的是，中国自1968年开始向毛塔派
遣医疗队，将中国医生派往毛塔从事2～3年不间断的医疗服务，以此补充当
地的医疗力量，将中国的医疗服务送到每一个毛塔病患身边。20世纪70年
代初，在中国经济极为困难的时候，中国在毛塔援建了国家公共卫生研究
院，提供所有设备，并为研究院提供人力资源方面的支持，国家公共卫生研
究院成为毛塔第一家公共卫生中心，也是迄今为止唯一一家公共卫生机构。
该公共卫生中心是中国在非洲援建的第一所公共卫生机构。进入21世纪以
来，中国帮助毛塔在塞利巴比建设了塞利巴比医院，在首都建设了中毛友谊
医院，在基法援建了基法医院，并为援建医院提供所有医疗设备，毛塔也因
此成为中国援建医院最多的国家。此外，中国也通过提供药物和医疗设备、
开展"光明行"和各类义诊活动、获取洁净水源和建设排污项目等方式为毛
塔提供疾病治疗和卫生方面的援助，增加毛塔的卫生服务类别，提高卫生服
务水平，保证普通民众的生命与健康，获得了毛塔卫生部和毛塔人民的高度
认可。此外，中国也在努力为毛塔培养卫生方面的人才，中国从20世纪60
年代开始接收毛塔留学生，近年来中国国家留学基金会每年为10名毛塔留
学生提供奖学金，他们可以到中国学习医学、护理等毛塔急需的专业。此
外，中国还援建了努瓦克肖特大学医学院大楼和医学实验室，改善医学学生
的学习环境，创造医学实验条件，为毛塔本土卫生方面人才的培养添砖
加瓦。

第二节　中国对毛塔的医疗卫生援助及其影响

一、中国对毛塔的医疗卫生援助

(一)中国对毛塔医疗卫生援助的总体情况

医疗卫生是中国对毛塔援助的重点,到目前为止,中国对毛塔卫生方面的援助方式主要有以下几种:一是派遣医疗队;二是建设卫生基础设施,包括建设塞利巴比医疗中心、中毛友谊医院、基法医院,建设毛塔国家公共卫生研究院、传染病防治大楼;三是关注毛塔的洁净水获取和城市水卫生处理问题,帮助毛塔在伊迪尼找到水源地并打井,引水至首都解决首都用水问题,建设努瓦克肖特城市低洼地带雨水排污工程;四是关注毛塔的多发病和常见病,为患病民众送医送药,如中国在 4 次"光明行"义诊活动的基础上建立了中毛眼科中心,为眼疾患者带来光明与希望;五是建设努瓦克肖特大学医学院大楼和医学实验室,为毛塔培养医药卫生方面的人才,与此同时,中国还接收毛塔医学方面的留学生,开办医学类技术、管理研修班,为毛塔建立医疗人才蓄水池。具体的情况如下。

第一,中国向毛塔派遣医疗队,将中国医务力量注入毛塔的医疗部门之中,充实毛塔国内空虚的医疗体系。中国援毛塔医疗队自 1968 年 8 月开始派遣,截至 2020 年已有 52 年的历史。毛塔医疗队由黑龙江省卫健委负责队员的选拔和派遣。中国援毛塔医疗队共有 3 个分队,分别驻在努瓦克肖特、基法和塞利巴比。中国从 1968 年开始派遣医疗队到努瓦克肖特和塞利巴比,到 2016 年 7 月,因为塞利巴比生活条件异常艰苦,医疗卫生条件极差,毛塔无法派出医生配合中国医生的工作,经双方协商,停止向塞利巴比派遣医疗队。① 目前,中国已经停止向塞利巴比医疗点派遣医生,中国的医疗设备

---

① 　对黑龙江省卫健委的访问,2018 年 4 月,哈尔滨。

以捐赠的方式给当地医院继续使用。基法是位于毛塔南部的一个省份,地处撒哈拉沙漠腹地,常年高温少雨,条件极为艰苦,毛塔自己的医生不愿意在基法工作,因此,这里常年缺乏医生。基法医院是毛塔南部一个重要的医疗中心。为了充实这里的医疗力量,帮助当地组织正常的医疗服务,中国医疗队自 1979 年 10 月开始进驻基法医院,截至 2020 年已有 40 多年的派驻历史,目前,医疗队的主要医疗力量驻扎在基法。①

中国援毛塔医疗队是派遣规模较大的一支队伍。早期,中国援毛塔的医疗队每期派遣 68 人,近年来,随着毛塔本土医疗力量的成长,每期派驻的医生逐年减少,最近一批医疗队于 2016 年 7 月 18 日派遣,共派遣 25 人,主要在首都医疗中心、公共卫生研究中心和基法医院三个点开展工作。

第二,建设卫生基础设施,包括建设塞利巴比医疗中心、中毛友谊医院、基法医院,建设毛塔国家公共卫生研究院、传染病防治大楼。20 世纪 80 年代中国在毛塔建设了全非洲第一家公共卫生研究中心,让毛塔拥有了自己的公共卫生中心,公共卫生事业在这里安家落户,并逐渐成长壮大。为改善毛塔民众的就医条件,近年,中国相继在努瓦克肖特建设了中毛友谊医院,在基法建设了基法医院。

第三,关注毛塔的洁净水和城市水卫生处理问题,帮助毛塔在伊迪尼找到水源地并打井,引水至首都解决首都居民用水问题,确保首都民众喝到洁净的饮用水。建设努瓦克肖特城市低洼地带雨水排污工程,帮助首都将未能及时排出去的雨水排出去,创造洁净的生活环境,降低因蚊虫滋生和因水源污染引发的各类传染病发生率。

第四,在 4 次"光明行"义诊活动的基础上建立中毛眼科中心并充实医务人员队伍。2015 年、2016 年、2017 年和 2018 年,中国卫生部门连续 4 年组织"光明行"义诊活动赴毛塔,并将"光明行"义诊活动的医用物资和手术设备捐助出来建设了中毛眼科中心,中国医疗队的眼科专家常年坐诊该中心,守护备受各类眼病困扰的毛塔病患,为他们送去生活的光明和未来的希望。

第五,为毛塔培养医药、卫生方面的人才,建设努瓦克肖特大学医学院

---

① 　对中国第 32 批援毛塔医疗队队长陈宏伟的访问,2017 年 3 月,努瓦克肖特。

大楼和医学实验室，接收毛塔医学留学生，接收毛塔的医生和医学方面的管理干部参加中国各类研修班等，充实毛塔医学人才库。为了培养更多的医学人才，充实毛塔各类医院的医疗力量，中国还援建努瓦克肖特医学院大楼和医学院实验室，推动医学人才的培养。

（二）中国对毛塔卫生援助的现状

由于历史资料极为有限，中国对毛塔卫生方面的援助资料主要依靠实地调研获得。在调研中，笔者通过走访中国在毛塔援建的中毛友谊医院、基法医院和毛塔国家公共卫生研究院，了解中国在毛塔援建的医疗卫生基础设施的现状与毛塔最新的需要；通过走访中毛眼科中心，了解中国人在治疗毛塔普通民众眼部疾病方面所做出的努力；通过走访伊迪尼水源地和努瓦克肖特城市低洼地带雨水排污项目现场，了解中国人在帮助毛塔改善水卫生环境方面的努力；通过走访努瓦克肖特大学医学院，拜访努瓦克肖特大学副校长和毛塔留华学生，了解中国在培养毛塔的医疗卫生人才方面所做的工作。总体来看，中国在毛塔的医疗卫生事业发展中扮演了极为重要的角色，下面笔者将具体介绍目前援助项目的运转情况。

第一，中国为毛塔提供了最优质的卫生基础设施，以提高毛塔人民的医疗卫生水平。笔者通过走访后发现，中国在毛塔所建设的医疗基础设施具有以下几个方面的特点。

（1）中国向毛塔提供了较大规模的医疗基础设施援助。中国自 20 世纪 70 年代开始为毛塔建设医疗基础设施，直到最近，医疗基础设施的援建仍在持续中。中国先后在毛塔建设了公共卫生研究院、塞利巴比医疗中心、中毛友谊医院、基法医院和努瓦克肖特大学医学院、国家医疗中心传染病防治大楼等。这样持续地关注一国的医疗基础设施，不仅在中国对非援助中少有，在中国对外援助历史上也极为少见，这充分彰显了中国对毛塔医疗卫生事业的高度关注。

（2）中国援建了毛塔唯一的，甚至是其国内最大的卫生基础设施，用以改善毛塔薄弱的卫生体系。中国建设的国家公共卫生研究院是中国在非洲援建的第一家公共卫生机构，也是毛塔唯一的公共卫生机构。努瓦克肖特大学医学院是毛塔全国唯一的一所医学院,是毛塔医学的最高学府;中毛友谊医院是毛塔全国最核心、最高级别的医疗机构;而基法医院则是毛塔中部地区最重要的医疗中心。中毛友谊医院是应2006年中非合作论坛北京峰会所提出来的"八项举措"而建设的,于2010年建成,随后投入运转。这里是毛塔设备最先进、规模最大的医院,共有126张床位、420名医生,所有设备都由中国援助。医院每天接诊的患者数量占全国总接诊量的52%,是毛塔日接诊人数最多的医院。

(3)中国援助了毛塔品质一流的医疗设备和医疗设施。走进毛塔国家公共卫生研究院可以发现,该建筑物建于20世纪80年代,里面绝大部分的仪器设备是中国援助的,至今已使用30多年,除了房子不够用之外,功能依然完备,其亮丽的外观依然是努瓦克肖特市的一道亮丽风景线。中毛友谊医院的院长在访问中表示对医院建筑的质量非常满意,称友谊医院是全毛塔最坚固的医院。在中毛友谊医院,中国援助的X光机是具有当时世界先进水平的仪器;中国援助的牙科诊所里的设备是毛塔公立医院中最先进的设备,从医院开诊直到现在仍在正常工作。在公共卫生中心的实验室里,一台用于测算基础元素的原子吸收仪虽然已经服役30年,但现在仍然在正常工作。

第二,中国通过多种途径培养毛塔本土的医学人才,带动毛塔医疗事业的进步。除了通过援建努瓦克肖特医学院、接收毛塔医学类留学生和开展医学类技术和管理的研修班培养医学人才外,中国还通过其他方式助力毛塔医学人才机构,完善毛塔的医务队伍。首先,用"传、帮、带"的方式让毛塔医务人员掌握必备的医学技能,充实卫生队伍。通过设备援助,中国逐渐培养起当地的医疗技术人员,并将中国先进的医疗技术和医疗经验带到了毛塔。中国援助的设备最初是由中国医生操作,后中国医生在工作中手把手地教给当地医务人员,这种方式让当地医务人员逐渐掌握了操作这些医疗设备的技术。在当地医务人员完全掌握这项医疗设备的使用技术后,中国的援助人员便不再动手操作,而是全权交由当地的医务人员操作,中国的援助技术人员只有在毛塔的医务人员遇到技术困难和问题时,才参与技术指导和技术示范。公共卫生中心的主任助理萨利姆告诉我们,这台原子吸收仪过去是中国医疗队的医生负责使用的,后来毛塔的医生学会使用这台机器,从此这台机器就是毛塔医生在用了。其次,中国医疗队有意识地开展各类培训和讲座,以此提高医务人员临床技术水平和独立处理业务的能力。在培养医疗队医生的得力助手的同时,医疗队让毛方医务人员在实践中不断熟练技术,使其逐渐具备了独当一面的能力。毛方医务人员通过参加各类有关最新技术、方法的讲座,开阔了视野和思路,知识系统和医学观念也在不断更新。

第三,中国通过多种方式介入毛塔的公共卫生事业,带动毛塔卫生事业发展水平的提升和技术的进步。中国对毛塔公共卫生领域的援助始于20世纪80年代的毛塔国家公共卫生研究院的建设,这是中国在非洲援建的第一个公共卫生机构,中国对毛塔公共卫生的重视可见一斑。中国在公共卫生领域对毛塔民众的健康安全给予了全面的关注。在2014年西非埃博拉疫情暴发后,中国坚持向毛塔开展埃博拉防控知识的讲座,培训毛塔医务人员,向当地民众分发埃博拉预防保健知识手册,提高社会防范埃博拉的意识,确保该国民众的生命安全。在多发病方面,中国关注沙漠地区多发的眼疾,援建了中毛眼科中心,为该中心提供手术和医药物资,并派遣中国眼科专家和医务人员,为毛塔眼疾患者送去光明的希望。

第四,从医务人员派遣到医务人才培养的全方位体系,带动毛塔医务水平的全面提升。中国医疗队从1968年开始派遣医务人员,至今已有52年的历史。医疗队员到毛塔,与毛塔的医生一同问诊,为患者做医学检测、CT等镜像学检查、病原体检测、同台手术,与毛塔医生共同讨论疑难病例等。在共同的工作中,中国医生规范的操作和先进的理念逐渐为毛塔医生所掌握,让这些当地医务人员具有了较高的操作和实践水平、更宽阔的诊疗思路、更先进的诊疗手段和诊疗理论。中国医疗队的医生还负责对毛塔医务人员和医学院学生的培训和临床带教任务,通过这类学习,中国先进的医疗理论渗透到毛塔医务工作者的实践之中,提升他们理论应用于实践的能力。中国每年接收毛塔各类医疗研修班的学员达数十人,接收毛塔留学生到中国学习医学,还建立努瓦克肖特大学医学院大楼和实验大楼,帮助现在的医务人员提升现有理论水平和能力。

二、中国对毛塔医疗卫生援助的影响

毛塔是中国医疗卫生援助的重点国别,卫生也是中国对毛塔援助的重点领域,援助效果突出,影响深远。从调研的基本情况来看,中国对毛塔的卫生援助在建设毛塔的卫生系统、缓解毛塔民众疾苦等方面产生了积极的影响,获得了毛塔官方和民众的一致好评。具体来说,中国对毛塔卫生援助所产生的影响主要可以从以下几个方面来概括。

第一,中国医生救死扶伤,为守护毛塔人民的生命安全而持续坚守、默默奉献,是毛塔人民生命的守护神。

在中国对毛塔医疗援助的 50 多年间,即使是面对烈性传染病,中国医疗队的医生也不畏艰难,为挽救患者的生命不顾个人安危忘我工作。由于饮水不安全,毛塔霍乱多发,严重腹泻、呕吐的病人被确诊感染霍乱之后,很多当地医生畏首畏尾不敢接触病人,中国医疗队的医生一马当先,甘冒风险,拯救病人,夜以继日地为病人量血压,测脉搏,大量补液,纠正离子平衡,输入抗生素,使因严重脱水出现循环衰竭或肾衰竭而奄奄一息的垂危病人摆脱死神,重获新生。在毛塔,不管是接受过治疗的病人,还是健康人,见了中国医疗队的人,总会热情洋溢地呼喊"中国朋友好"。[①] 在很多紧急的情况下,中国医生凭着精湛的技术和高度的责任心,克服了医疗设备残缺不全的困难,多次在没有手术器械、没有血源、没有氧气、没有监护设备、没有手术无影灯的情况下,凭借着丰富的临床经验和坚定的救死扶伤的意志,帮助病人做剖宫产、断肢复接、肝癌切除、肝不规则切除、甲状腺切除、肢体坏死截肢、马蹄足矫形、开放性腹部外伤救治、植皮、膀胱造瘘、巨大子宫肌瘤摘除、剖宫产结石摘除等手术,抢救了无数例重危病人,中国医生成为毛塔患者的福音和生命的保险锁。为此,毛塔总统和毛塔卫生部多次为中国医疗队队员授勋,表彰他们在毛塔期间的出色工作,感谢他们为毛塔医疗卫生事业的发展所做的贡献。

中国医生治病救人的对象极为广泛,因此很多被救治的对象多年后仍

---

① 《中国朋友好》,《援外医疗队通讯》1996 年第 5 期。

惦记着中国医生,中国医生的故事在毛塔民间被传为美谈。2017年11月,当中国第三次"光明行"义诊专家在毛塔行医时,一位名叫卡卡·迪亚罗(Kaka Diallo)的65岁老人带来了一张50年前与中国医疗队医生交往的照片,引起了轰动。50年前,老人的一位好朋友发烧,身体不适,当地人认为情况不好,很有可能会丧命。这位朋友怀着撞运气的心态来到中国医疗队看病,医生给她拿了药,她怀着试试看的心情按照指示吃了医生给的药,很快就退烧并完全康复了。半个世纪后,老人听说中国医生在"光明行"义诊中为毛塔眼疾患者做手术,她请求中国医生救治她几乎失明的双眼。手术进行得非常顺利,手术后老人激动地说:"太棒了,手术进行得太快了,当我还在紧张、焦虑的时候,医生就让我坐起来了。"[1]这样的特殊情缘几乎每天都在发生。前中国驻毛塔大使武东曾听过这样一件事情:"毛塔国民议会议长布伊利勒曾亲口向我讲过,他小时候家住内地,离首都很远,医疗条件很差,有一次头部受重伤,是中国医疗队的医生给他做了手术,挽救了他的生命。"[2]中国医生救治的不仅仅是毛塔的达官贵人,更多的是平民百姓,因此中国医疗队获得了普通老百姓的认可与支持。

第二,中国的医疗卫生援助为毛塔提供了医疗卫生的硬件基础设施,为毛塔民众看病就医提供了物质可能。

中国在毛塔援建了3所医院,位于塞利巴比的塞利巴比医院、位于首都努瓦克肖特的中毛友谊医院和位于基法的基法医院,在同一个非洲国家援建3所医院是中国援助史上少有的情况。中国援建的医院是毛塔接诊量最大的国家级和地区级医院,负担着首都和首都以外地区最为重要的医疗接诊任务。塞利巴比医院是中国医疗队在毛塔中西部驻扎的重要驻地。以前当地没有医院,中国医疗队的医生只能在帐篷内看病做手术,后来,中国在20世纪80年代为当地建设了塞利巴比医院,这里很快成为中西部最为重要

---

① 《半世纪的缘分——听毛塔老人讲述中国医生的故事》,中华网科技,2017年11月28日,http://m. tech. china. com/redian/2017/1128/81593. html,2019年12月20日访问。

② 武东:《情深义重"光明行"(大使随笔)》,《人民日报》,2017年2月13日第3版。

的医疗中心。中毛友谊医院是毛塔最顶尖的医院,其接诊量占全国接诊量的52%。中毛友谊医院也是全国规模最大、设备最先进、科室最齐全、技术最领先的国家级医院,在毛塔有着极为广泛而深远的影响力。基法医院是首都以外最大的地区级医院,主要为首都以外,特别是中东部交通不便地区提供医疗服务。中国援建的3所医院改变了毛塔民众多年来无处就医、无处看病的历史,缓解了毛塔医疗落后的情况。2016年8月5日,中国援毛塔基法医院(即基法医疗中心)正式移交。基法医院拥有150张床位、200名工作人员。毛塔卫生部部长布巴卡尔说:"基法医疗中心的建成和移交是毛里塔尼亚卫生领域的一件大事,也是当地人民的福祉。"①

　　医院的建成改善了当地民众的就医条件,也为很多高精尖手术和实验室操作创造了合格的条件,特别是无菌的环境。拥有了医院的毛塔民众不必到国家医院通宵排队挂号候诊,宽敞的候诊和就诊环境让患者和家属不用在烈日下候诊。中国所提供的医疗设备也大大提高了毛塔病患的就诊质量,为毛塔患者争取了宝贵的救治时间。中毛友谊医院的院长告诉我们:"医院充足的病床避免了住院病人躺在走廊上,产科诊室和产床的配备齐全让产妇不再把孩子生在地上,中国所提供的CT机确保了病人不用辗转到邻国做CT检查,中国所提供的先进的检验设备和检验试剂正在大力帮助医生提高诊断水平,最大限度地减少误诊,保证患者生命质量。"②基法医院是毛塔中部地区设备最齐全的一家医院,基法及其附近的患者不再需要颠簸几百千米赶到首都去看病,或者到邻近的摩洛哥或塞内加尔看病,不仅节省了开支,省去了患者舟车劳顿的痛苦,而且在当地就诊帮助患者争取了宝贵的抢救时间。

　　第三,中国援建的国家公共卫生研究院完善了毛塔的国家卫生体系,在实践中培养起毛塔的首批公共卫生专家。

　　中国为毛塔建设了毛塔国家公共卫生研究院,并向研究院提供设备,坚持几十年派遣公共卫生专家。这是中国在非洲国家建设的第一个公共卫生

---

①　刘水明、韩晓明:《救死扶伤铸友谊丰碑》,《人民日报》,2016年8月25日。

②　对中毛友谊医院院长的访问。

机构,毛塔也是中国最早派遣公共卫生专家的国家。中国公共卫生专家帮助毛塔开创了毛塔的公共卫生事业,发展起病毒检测、理化检测(食品检测、水质检测)、营养卫生和传染病防控等公共卫生专业。中国专家克服各种困难,深入数百千米,甚至数千千米的偏远农村和沙漠深处的城镇进行疾病调查和预防性卫生监测,为在毛塔开展卫生防病工作积累了大量科学资料,在食品卫生、环境卫生监测,寄生虫病防治和各种传染病的预防、控制工作中,都取得了突出的成绩。国家公共卫生研究院是毛塔国内唯一的一家公共卫生服务机构,在毛塔的医疗卫生事业中无可替代。

中国在援助中见证了毛塔公共卫生事业的发展和公共卫生领域本土人才的成长。研究院刚成立时,毛塔没有公共卫生方面的本土人才,因此,所有技术专家全部由中国派遣,援助队伍最多的时候达 30 人。为了改变毛塔没有公共卫生人才的现状,中国方面坚持在工作中培养人才,在常年的合作和互助中,中国专家以"传、帮、带"的方式传授毛塔当地医生公共卫生知识。经过多年的并肩共事和手把手教学,毛塔公共卫生各个领域的人才逐渐成长起来。在今天的毛塔国家公共卫生研究院里,除中国 5 名公共卫生专家为研究院提供技术方面的指导外,其他均为毛塔本土的公共卫生专家。在绝大多数的科室中,毛塔本土的公共卫生专家均能独立开展检测和研究,只有在遇到突发或者技术难度较大的问题时,才需要中国专家深度参与到毛方专家的工作中来,毛塔的公共卫生专家已经具备了独立开展工作的能力。

为了适应毛塔公共卫生最新形势发展的需要,中国还在调整公共卫生专家的派遣形式,以期为毛塔的公共卫生事业开辟新的领域和培养新的专业人才。随着食品安全问题在世界各国的凸显,毛塔决定开拓食品安全方面的公共卫生服务,为此,中国从 2016 年开始向毛塔每期派遣 1 名食品检测方面的公共卫生专家,帮助毛塔建立食品微量元素、重金属和农药残留等方面的检测体系,并在工作中帮助培养毛塔在食品检测方面的本土专家,为毛塔独立开展食品检测方面的公共卫生服务做准备。

拥有了国家公共卫生研究院后,毛塔实现了在公共卫生领域的自立,在传染病防控、生命质量监控、公共卫生质量跟踪和病毒检测等方面全面发力,力求保证毛塔全国范围内人民的健康安全。

　　第四,中国医疗队所提供的医疗服务充实了毛塔医疗技术队伍,提升了毛塔医疗的质量,提高了毛塔医疗服务的水平。

　　中国自 1968 年开始向毛塔派遣医疗队,现已向毛塔派遣了 33 批医疗队,共 870 多名医疗队员,为守卫毛塔民众的生命安全和身体健康默默地坚守和奉献了 52 年。中国医疗队充实了毛塔医疗机构的人才队伍,弥补了毛塔医疗人才之不足。第 31 批医疗队共接待门诊近 4 万人次,接收住院患者 8714 人,完成手术 8689 例,抢救危重病患 1725 人,接生新生儿 5083 人。此外,还完成 3.5 万多例麻醉、X 光检查、B 超检查、化验检查等,培训当地医务人员 138 人次。①

　　中国医生的到来正在有效地解决毛塔本土医生之短缺问题。根据 2016 年毛塔卫生部对全国医务人员的调查,全毛塔共有医务人员 800 多人,医生严重短缺。② 多年来,毛塔本土培养的医生屈指可数,中国医生的到来撑起了这些诊室。基法医院技术力量薄弱,手术主要依靠中国医生来做。而塞利巴比医院只有 30 多名工作人员,且多数没有经过正规培训,医院医疗条件简陋,而这家医院却承担着该地区 10 余万人的医疗、预防保健工作。③ 在毛塔,很多医院因为无法雇用到足够的本国医生,不得不聘请大量外国医生。毛塔国家医疗中心拥有病床 450 张,拥有大量来自法国、摩洛哥、塞内加尔等国的医生和护士。在毛塔国家医疗中心新成立的创伤外科中心有一个烧伤科,因为毛塔没有烧伤科的医生,中国医疗队的中医赵大夫是这个科室唯一的一名医生。面对毛塔没有烧伤科医生、没有任何治疗烧伤的药品的现状,为了尽量减少患者的痛苦,赵大夫为患者进行穴位按摩,并用中药调配药膏帮助治疗被烧伤的皮肤。

　　中国对毛塔的医疗卫生援助持续了半个世纪的时间,为几代人提供了医疗方面的保障,守护着毛塔人民的健康和生命。中国的医生持续关注每一个普通毛塔人的生、老、病、死,在人最需要帮助、最柔弱的时候一路持守,

---

① 刘水明、韩晓明:《救死扶伤铸友谊丰碑》,《人民日报》,2016 年 8 月 25 日。
② 对毛塔卫生部部长助理的访问,2017 年 4 月 20 日,努瓦克肖特毛塔卫生部。
③ 刘水明、韩晓明:《救死扶伤铸友谊丰碑》,《人民日报》,2016 年 8 月 25 日。

因此,中国医生与毛塔人结下的是世代的生死情缘。在毛塔卫生部,医院司的司长非常热情地接待了我们这群来自中国的客人,他非常友好热情地告诉我们,他就是在中国医疗队所在的塞利巴比医院出生,由中国医生接生的。后来,他在基法医院工作,担任院长,他的儿子又是出生在这家医院并由中国医生接生的。① 经过几代与中国医生的交往和互动,毛塔人将自己的生命放在中国医生的手中,认定中国医生是毛塔人民的健康守护神,中国医院和中国医生会一直在他们身边。中国人民的爱通过中国医生的心在一代代毛塔人心中流传,成为毛塔人民流淌在心中的情谊。

第五,中国医生关注毛塔民众最为常见和多发的疾病,最大限度地缓解病患的疾病痛苦。

毛塔地处干旱沙漠地带,因常年日照强烈、时间长且阳光反射率极高,毛塔民众各类眼疾患病率高达 1‰~2‰,各类重度眼疾成为困扰毛塔人民的常见病。白内障手术等眼科手术成为中国医疗队医生最为常做的手术之一,仅基法分队的眼科医生 2 年内就为 1000 多名白内障患者实施了手术,帮助他们重见光明。塞利巴比分队眼科医生尹星淑为当地病人实施小切口超声乳化白内障摘除人工晶体植入术,使一些 20 多年未曾见过光明的病人得以复明。②

为了帮助更多的毛塔患者重获光明,提高生活质量,中国方面从 2015 年开始开展了"光明行"活动,为毛塔眼疾患者排忧解难。2015 年 7 月,在中毛建交 50 周年之际,北京协和医院眼科专家在毛塔于 2 周时间内高效率地实施了 216 例白内障手术。2016 年 12 月,黑龙江省派遣了以眼科专家张长弓为组长的由 6 名医生组成的医疗小组在毛塔开展第二次"光明行"活动。中国医生以精湛的医术,不怕苦、不怕累的大爱无疆精神,在短时间内高质量地完成了 235 例白内障手术,为毛塔患者重新带来光明,成为毛塔民众的"光

① 对毛塔卫生部医院司司长的访问,2017 年 4 月 16 日,努瓦克肖特毛塔卫生部。
② 刘水明、韩晓明:《救死扶伤铸友谊丰碑》,《人民日报》,2016 年 8 月 25 日。

明使者"。①

中国"光明行"活动开展后,毛塔民众感到已经离不开"光明行"了。首次"光明行"活动负责人钟勇表示,"毛塔的白内障患者比预期的要多,且病情比较严重,难度大、技术要求高",因此,"光明行"活动的医务人员几乎每天都工作 10 小时以上,接诊量较大。② 在第一次"光明行"活动闭幕式上,中国驻毛塔大使武东在讲话中表示:"中国政府决定将本次活动所用的总价值达 370 万元的先进药械全部赠送给毛方,并在毛国家医院设立'中毛眼科合作中心'。未来将通过开展向毛派遣眼科医生、护士,设备维护,眼科技术交流与培训,义诊等多种活动,努力拓展新合作模式,进一步推动两国在卫生领域的合作。"③自此,中毛眼科中心成为"光明行"活动在毛塔的常设机构和中毛眼科医学交流的中心,这也是中非眼科合作所留下来的第一个永久性诊所,为"光明行"活动的常态化奠定了基础。④ 第二次"光明行"活动结束后,中国方面也将医疗器械和医疗物资捐给了中毛眼科中心。至此,中国共为中毛眼科中心捐赠了价值 1800 万元的物资。2016 年 7 月,第 32 批中国援毛塔医疗队专门为眼科合作中心配备了 1 名眼科医生、1 名麻醉师和 2 名护士。⑤ 因为对于医生和技术的高度需求,这里很快便成为毛塔眼科重症患者治疗的中心,前来就诊的病人均为毛塔其他医院无法诊治而转诊的重症患者。这里也成为国家中心医院业务最繁忙的科室,每天接诊人数在 500 以上,2 年多的时间共接诊 3 万多名患者,让数千名接近失明的眼疾患者解除

① 《驻毛里塔尼亚大使武东举行"光明行"总结会》,中华人民共和国驻毛里塔尼亚伊斯兰共和国大使馆,http://www. fmprc. gov. cn/ce/cemr/chn/sgzyhd/t1422891. htm,2019 年 12 月 20 日访问。

② 《中国援毛里塔尼亚白内障手术"光明行"活动启动仪式在毛首都医院举行》,中华人民共和国外交部,2015 年 7 月 28 日,http://china. huanqiu. com/News/fmprc/2015-07/7124242. html,2019 年 12 月 20 日访问。

③ 《驻毛里塔尼亚大使武东在"光明行"活动闭幕式暨"中毛眼科合作中心"挂牌仪式上的讲话》,中华人民共和国外交部,2015 年 7 月 31 日,http://www. fmprc. gov. cn/web/dszlsjt_673036/t1285403. shtml,2019 年 12 月 20 日访问。

④ 武东:《情深义重"光明行"(大使随笔)》,《人民日报》,2017 年 2 月 13 日第 3 版。

⑤ 武东:《情深义重"光明行"(大使随笔)》,《人民日报》,2017 年 2 月 13 日第 3 版。

了疾病痛苦，为他们送去了健康和光明，中国医生的精湛医术得到了毛塔政府和患者的高度认可。中国医生妙手回春的故事广为传播，毗邻的塞内加尔和马里等地的患者皆闻讯赶来求诊，中国医生不仅救治了大量毛塔当地患者，而且也为毛塔周边国家的患者提供了重获光明的机会。

眼科中心的中国医生开展了毛塔首例新鲜羊膜移植手术和首次中毛联合角膜移植手术等开创性工作，高难度的手术让大量患者重获光明，手术技术的大胆创新也让白内障手术成为每一个普通毛塔人都可以消费得起的手术。2015 年 7 月，眼科中心的患者萨利玛在摘下纱布时重见光明，她大声欢呼"感谢中国政府，中国医生"，"这是我第一次接触中国医生，他们非常优秀，我对他们的医术非常有信心"。① 2016 年 12 月，在第二批"光明行"义诊手术复明仪式上，一名当地白内障患者揭开蒙在眼睛上的纱布后，用刚学会的汉语激动地连声说道："谢谢！中国！谢谢！"②这发自肺腑的话语是中毛合作惠及两国人民最有力的见证。年轻的留美女博士张春巍放弃了大城市里的优厚待遇和优越条件来到这里，为中毛眼科中心带去了世界先进的"羊膜移植术"，为毛塔的眼疾患者移植羊膜，让他们重见光明。为了降低手术费用，张春巍研发的"羊膜移植术"让原本在欧洲需花费数千欧元方可完成的手术，在毛塔花费 50 美元便可完成，白内障手术不再为少数人所享有，而成为一个平民的手术，每一个普通家庭、普通毛塔患者都可以寻医问药。她的手术创新让每一个普通的毛塔患者从中获益。2017 年 7 月，张春巍被毛塔总统阿齐兹授予"总统勋章"，以表彰她在艰苦环境下不畏牺牲、开拓创新的精神。

第六，加强人力资源培训，为毛塔的医疗卫生事业培养人才队伍和后备力量，留下"带不走的医疗队"。

中国医疗队不仅是一支为毛塔民众送医送药的队伍，而且也是当地医疗队伍和医学院学生的"导师"团队。在与当地医务人员的共同工作中，中

---

① 《中国医生为毛塔百姓免费治疗眼疾》，新华网，2015 年 7 月 24 日，http://news.xinhuanet.com/world/2015-07/24/c_1116030323.htm,2019 年 12 月 20 日访问。

② 武东：《情深义重"光明行"（大使随笔）》，《人民日报》，2017 年 2 月 13 日第 3 版。

国医疗队队员们逐渐发现不少护理人员操作技术不正规、不熟练，无菌观念不强等问题，于是便通过交流、互动，以中国医生科学的工作作风影响他们，同时对当地医护人员进行技术指导，以此加强医护协作，提高医疗质量和医疗技术。在培训中，中国医护人员重点指导毛塔护士正规的操作技术，培养他们对疾病的认识能力，教授治疗药物的应用知识，并多次、反复辅导，不断强化。经过培训，在门诊工作的护士能对一般常见病、多发病做常规治疗。夜间急诊的护士能做一些应急处理，给诊断和治疗创造条件。放射科的护士能独自完成 X 线投照和 X 光片冲洗工作。正是这样的实践和培训，使毛塔本土的医护人员逐渐具备了独自开展工作的能力，并在实践工作中提高操作能力和操作水平。

除此之外，中国为了让毛塔自主培养自己的人才队伍正尝试着做出努力。中国在努瓦克肖特大学援建了医学院大楼、实验室和教学实验设备，为毛塔培养医学方面的人才提供了硬件支持，为毛塔基础医学方面的研究提供了后备保障。医学院大楼项目总建筑面积约 8730 平方米，工程于 2011 年 10 月 9 日正式开工，2013 年 1 月 21 日正式竣工，2013 年 11 月建成移交。医学院项目的建成，为毛塔医疗领域提供了更好的教学和科研环境，进一步改善了公共卫生条件，并为满足毛塔日趋增长的人力资源培训需求做出了巨大贡献。医学院建成后，努瓦克肖特大学医学院的招生规模进一步扩大，为毛塔培养了更多的医学方面的后备人才，成为毛塔医学人才的蓄水池和后备资源库。

第七，建水源地为首都民众提供安全的饮用水源，援排水项目为首都低洼地带居民创卫生的居住环境，降低了疾病传播流行的概率。

水是生命之源。20 世纪 70 年代中国援建的伊迪尼首都供水工程至今依然源源不断地为首都提供安全用水，尽管 2011 年毛塔的南水北调工程贯通，塞内加尔河的河水引入了努瓦克肖特，但伊迪尼供水工程依然为首都提供 20% 的日常用水，被当地人视为"奇迹"。

除了帮助毛塔人民找到荒漠甘泉，中国还在尽力为毛塔创造一个舒适、卫生的生活环境。建设中的努瓦克肖特雨水排水项目就是旨在把低洼地带倒灌的海水和雨季时来不及下渗的雨水收集起来，用泵站排入大西洋，为当地民众排忧解难，营造舒适洁净的生活环境，降低疾病的传播和流行概率。

三、中国援毛塔医疗队当前的困境

毛塔是中国医疗援助较早的国家，医疗队由黑龙江省派遣。经过52年的派遣，黑龙江省虽然经验丰富，但存在很多方面的问题和困境。具体可以从以下几个方面来概括。

第一，中国援毛塔医疗队面临着新时期的新转型。

中国援毛塔医疗队已有半个多世纪的历史，医疗援助成为一项传统的工作，而当前世界和中国的卫生事业在半个多世纪的时间里出现了飞跃性发展，与此同时，毛塔的卫生事业也有了巨大的调整和变化。在过去的30年时间里，中国医疗队在派遣模式和驻在国的工作方式上都有了显著的调整，如派遣的时间从3年改为2年再改为1年，甚至有了短期的高级别专家的派遣等。驻毛塔医疗队从最偏远、最荒凉的沙漠戈壁调整到几个主要的城市和地区大医院，医生所派驻的医院也在不断调整之中。所有变化与改革都是为了更好地应对正在快速变化的局势，让医疗队发挥更积极、更全面的作用。在外部世界和中国医疗事业快速发展的新形势下，医疗援助这项传统的工作如何深化改革，让派遣单位激励最好的医生"走出去"，如何在当地创造更好的条件，让这些优秀医生更充分地利用当地条件充分发挥自身专长，助力毛塔的医疗卫生事业等，都是新时期医疗队的全新挑战。

第二，医疗队员的语言沟通能力和文化上的差异给工作的开展带来障碍。

毛塔的语言主要是阿拉伯语和法语，当地民众多使用本土化的阿拉伯语。医疗队员在出国前接受过为期1年的法语培训，虽然具有了初步的日常沟通和工作沟通的能力，但是，绝大部分医疗队员并不具备顺畅地与当地官员和患者无障碍沟通的能力。仅有少数机构可以使用英语沟通，如中毛眼科中心，其主任西迪能够顺畅地使用英语交流，因此，留学美国的中国眼科专家张春巍可以自由与其交流。而其他的机构主要是通过法语或者当地翻译来沟通的。虽然医院的技术工作可以通过示范和语言来解决，但是医学理论和新技术的交流则无法通过单纯的示范和非一流的语言完成。因为翻译受到了翻译者自身知识背景等方面的影响,医学是一个技术性非常强的学科,最新的理论和技术方法本身就具有高度的专业性,翻译并不能做到最深层的沟通与交流,因此,交流的效果大打折扣。在医疗技术手段没有充分介入诊疗的毛塔,医学更多的依然是一种人学,需要病人与医生之间的无障碍沟通,需要中国医生与当地医生之间的深层技术合作,因此,语言能力依然是限制医疗队医生在毛塔开展更专业性工作的工具性障碍。

第三,毛塔的医疗水平与现代医疗水平之间有着较为明显的差异。

当代毛塔的医疗水平与现代医疗水平之间的差异主要包含以下几个方面:首先,中国和毛塔的医疗发展不处于同一发展层级上,这给中国医疗队队员提出了技术上的新挑战。在毛塔,手术一般为开放手术,内镜手术基本上没有医院可以开展。而国内的医院一般均在内镜下开展微创手术。由于长期不接触开放式手术,擅长微创手术的中国医生很难熟练地进行开放手术,这给手握先进技术的中国医疗队员提出了新的技术挑战。其次,中国国内的医学高度发达,医学专业分工越来越细,医生的专攻方向越来越精确,其关注的领域也朝着高精尖方向发展,因此,中国医疗队的医生所关注的领域相对狭窄。但是,毛塔的医学尚停留在使用内、外、妇、儿的分科方法的层面上,医生需要关注各科的所有疾病,在一些医生极度短缺的偏远地区,医生甚至被要求能够诊断所有科室的疾病。这对中国医疗队的医生来说是一个医疗视野和医疗基础方面的重大挑战。最后,毛塔医院医疗设备不全,检验设备极为简陋甚至缺失,挑战着中国医生的诊断能力。在毛塔,很多医院几乎没有医疗检验设备,很多疾病需要中国医生根据自身经验做出判断,如在缺少血检的情况下,中国医生如何通过经验做出正确的判断,怎样通过当地挑战性的工作,使自己在身兼数职中快速成长,这对中国医疗队的医生是一个巨大的挑战。

第四,中医的传统疗法并不为非洲民众所接受,因此,中国特色的医疗方法推广难度较大。

中国医疗队派遣了中医到毛塔开展针灸、按摩工作,但是,毛塔民众对中医疗法的接纳程度极为有限,导致如针灸、按摩等花费较少的医疗工作难以大规模开展。到2017年5月为止,还没有毛塔患者接受过中国中药的治疗。因此,现阶段,中国医疗队的中医更多地从事与中医相关科室的诊疗工作。如何利用中医知识,结合当前工作需要,创造性地将中医知识运用到当前的诊疗工作中来,是一个巨大的挑战。如中医被分配至创伤康复科室工作,如何将中医知识与当地的创伤康复疗法相结合,成为中医在一线工作中的全新挑战。与此同时,在现阶段,医疗队的中医如何通过已有的中医疗法,介绍和展示中国医疗文化的魅力,让更多的毛塔民众了解中国中医文化,为未来中医与毛塔当地阿拉伯医药的交流奠定基础,是一个关系到中毛医疗文化长期交流、沟通的重大问题。

第五,因生活环境巨变而带来的疾病和日常生活方式的挑战。

毛塔公共卫生条件极为有限,各类传染病多发,中国医疗队在工作中长期接触各类患者,增加了医疗队队员感染各类疾病的风险。中国医疗队的生活条件较差,沙漠地区气候恶劣,给医疗队队员的生活带来困扰。毛塔地处沙漠,常年高温少雨,干燥炎热,蔬菜、水果的供给严重不足。特别是在基法,受制于气候和水土等方面的原因,中国医疗队无法自种蔬菜和水果来解决日常之需,只能从 400 千米之外的首都努瓦克肖特采购,不仅耗时耗力,且供给不充足、不新鲜,这给医疗队队员的生活带来困扰,医疗队队员罹患便秘、痔疮和维生素缺乏等相关疾病的情况较多。同时,医疗队驻扎地的生活条件简陋,没有任何娱乐设施和娱乐活动,业余生活极为单调枯燥,网络信号不佳,这也加深了医疗队队员生活的艰苦程度。

第三节　新时期毛塔对中毛医疗卫生合作的期待

在中国长达半个多世纪的医疗援助中,中国和毛塔在医疗卫生方面有了长期的互动,双方在互动中增进了了解。随着中非合作论坛医疗领域相关合作举措的推出,以及毛塔成为中国"一带一路"倡议规划中的重点国家,毛塔对与中国的医疗卫生合作提出了更高的期待,期待中国在毛塔未来的卫生事业发展中扮演更为重要的角色。毛塔本土的医生成长起来振兴医疗卫生事业需要较长的时间,因此毛塔对于中国在医疗卫生领域的援助与合作寄予了非常高的期待。通过对毛塔卫生部各个部门的走访调研,笔者总结了毛塔方面对中国医疗卫生领域援助的新期待,主要包括以下几个方面。

第一,期待中国在对非医疗合作举措基础上,制定与毛塔的国别合作政策,带动中毛开展更有针对性的合作。

随着"中非公共卫生合作计划"和"健康丝绸之路"的建设推进,毛塔希望搭上中非合作的"便车",通过发展与中国的医疗合作关系,使毛塔获得医疗领域的提升与发展。近年来,随着与中国合作项目的增多,毛塔对中国的政策跟进很快,对中国卫生方面提出了更高的合作期待。毛塔卫生部部长助理表示,中国援建的国家公共卫生研究院帮助毛塔建立起国家的公共卫生体系,他希望借助中国当前的"中非公共卫生合作计划"带动毛塔公共卫生事业更上一个台阶,将中国卫生发展的经验嫁接到毛塔的卫生事业发展之中。毛塔在非洲的医疗领域中具有相当的特殊性。仅有410万人口的毛塔疾病种类繁多,但罹患特定疾病的人数相当有限,其他类似的非洲国家的特定疾病防控中心等难以在短时间内产生广泛的影响,因此,中非合作论坛推出的诸多举措毛塔无法争取到合作。鉴于此,毛塔希望中国能够根据毛塔医疗发展的特征和发展阶段,制定中国与毛塔的国别合作政策,在毛塔推出更具有可操作性的合作方略,帮助毛塔在医疗领域更好地借鉴中国的发展经验,借用发展资源,推动毛塔医疗卫生事业的进步。

第二,期待中国医疗援助关注的领域从全面铺开向专科专病援助调整。

随着毛塔卫生事业的发展,毛塔医疗人才的成长,毛塔国内的医疗基础性力量正在逐渐充实,医疗力量和医疗水平逐渐更新升级。经过独立后60年的建设和发展,毛塔的医疗卫生事业获得了长足的发展,首都和各大城市的本土医疗力量已成为医疗卫生行业的主流,普通的医务人员需求缺口逐渐减小,对外援医务人员的要求开始发生变化。具体如下。

一是医务人员的缺口从普通的医务人力资源短缺向高端的专科医务力量短缺转变。如毛塔的创伤外科中心需要富有经验的骨科医生、烧伤科医生、康复科医生等,毛塔的国家癌症医院需要富有经验的癌症影像诊断医生、癌症早期干预医生和癌症治疗医生等。

二是由于人口出生率持续攀升,毛塔对与孕产妇相关的科室有强烈的需求，包括妇科、产科、新生儿科和儿科等。毛塔的人口处于高增长时期，人口出生率较高，而国家的相关医疗配套设施远未赶上人口新增速度。2009年，毛塔的人口增长率高达 34.11‰，妇科、产科和儿科的医生人数严重不足，且现有的医生学历不高，医疗技术水平亟待提高。毛塔国家妇婴医院是全国最高级别的妇婴专业医院，但这里只有 20 名妇科医生、7 名产科医生、2 名儿科医生，人手严重不足。由于医生的经验不足和水平不高，产妇和婴儿的死亡率很高。在面对一些常见的儿童病，如早产、新生儿窒息、腹泻、疟疾、儿童骨折、脑部病变、营养不良等时，急需有经验的医生参与。这些医生通过一线工作和业务培训，来充实相关科室的医疗力量，提高诊疗质量。在毛塔国家妇婴医院，虽然有 2 名儿科医生可以轮换上班，但是当其中 1 名医生出国进修时，就会出现门诊或者住院儿科医生的空缺，新生儿若有突发情况将无法得到及时处理。

三是普通医务人员援助从资源集中的首都向条件较为艰苦的中小城市转移。在毛塔，本土的优秀医生基本上集中在各方面条件较好的努瓦克肖特和努瓦迪布，而其他地区的医院医生则较为短缺。因此，毛塔的大城市医务需求从普通的医务人才向专科专病人才转变，普通医疗力量需求则日益向偏远的中小城市转移。

第三，期待中国开展更多富于经验的传染病防治援助和与毛塔的合作，让毛塔通过借鉴中国经验从而提高医疗事业发展的效率。

一是分享中国在某些传染病方面的防控经验。在中国医疗发展进程中，中国在疟疾、血吸虫、肺结核等传染性疾病的防控方面取得了较为显著的成就，毛塔希望与中国合作，更为有效地借鉴中国在这些疾病防控方面的经验，通过与中国合作开展传染病的专科诊治和防控，以建立诊疗和防控中心的方式，有效地复制中国经验，提高相关疾病的防控力度和防控效果，缩短探索毛塔防治方案的时间。

二是借鉴中国"赤脚医生"的经验，建立基层医疗保健体系。毛塔有阿拉伯医生，但是毛塔的阿拉伯医生在基层卫生中不占据主导地位，而零星分布的各级各类医院让毛塔的基层卫生很不健全，难以满足日益增长的基层民众的日常医疗之需。因此，毛塔希望与中国加强基层医疗手段方面的合作,借鉴中国基层中医和"赤脚医生"的经验,让毛塔医疗中的民间力量在医疗卫生体系中发挥更重要的作用。

第四,期待中国在毛塔的医疗设备维护方面做更多的工作。

援助医疗设备如何维护是普遍存在于国际医疗援助中的一个关键性的问题。在国际对非医疗援助中,医疗设备的援助较为常见,但医疗设备的维护问题是国际援助中较棘手的瓶颈难题。在中毛友谊医院,绝大部分设备都是中国提供的,医院的设备处处长告诉我们,这些设备在医院开诊时都是当时最为先进的设备,但是经过一段时间的使用和运转后,很多设备先后出现了各类问题。有些问题是当地的医疗服务公司能够检修排除的,但绝大部分问题凭借毛塔的技术力量无法解决。因而,很多先进设备在使用一段时间后便被扔在仓库里不再使用,这严重影响了医疗设备的使用效率。

在对中毛友谊医院的实地考察中,我们发现,医疗设备使用、维护方面的问题主要包括以下几个方面:一是医疗设备的功能不全,影响医疗诊断的精确性。如在 X 光机房,X 光机拍出来的照片有颜色,有时候会影响医生的诊断。二是医疗设备长期缺乏维护和保养,只能发挥部分功能。中毛友谊医院的两台 X 光机,由于缺乏专业的维护、保养,新机在使用一段时间后就陆陆续续丧失了一些功能,如今这两台机器虽然还在工作,但都只能用最简单的功能了,其中一台 X 光机拍脸部的功能在使用一个月后甚至就完全不能工作了,毛塔国内的维护人员无法提供专业的维修。三是由于医疗设备的某些故障,工作效率严重受到影响。中毛友谊医院的 CT 机也是当时非常先进的设备,但是 CT 机的更新换代速度很快,维护人员只能进行简单维护以确保设备能正常工作,因此,这台 CT 机虽然仍然在工作,但经常出现问题和故障。操作 CT 机的工作人员对我们抱怨说,因为机器很老了,工作效率很低,所以医院里的很多同事都不愿意来这里与他一起工作。考虑到 CT 机的工作效率,医生则尽量避免开 CT 单用于影像诊断。四是由于毛方对医疗设备的了解甚少,简单的故障无法排除,或者耗材用完后便将设备闲置。在基法医院,医院所有设备均为中国援助。其中,一台美国产的 CT 机运转良好,但由于中国援助时附赠的胶片用完了,而医院无法及时购买到胶片,导致设备闲置。实际上,中国医疗队的医生一再与医院协商,该设备没有故障,只需要从生产该设备的美国公司购买配套的胶片即可恢复运转。但是,医院在耗材的后续购买上要经过毛塔医药相关部门的层层审批,手续极为烦琐,因此,机器闲置很长时间后胶片依然没有能够得到供应。

在非洲的医疗卫生事业中,医疗设备的维护是一个普遍性的难题。从全非洲的范围来看,医疗设备几乎没有非洲产品,都是从世界其他国家进口的。因此,医疗设备维护方面的问题较为普遍。在调研中,毛塔卫生部医院司的司长坦陈,"维护是个很大的问题"。可以说,在毛塔,所有援建的医院设备维护都是一个很让人头痛的问题。毛塔的很多医院都是国际援助的,国家医疗中心是法国1966年援建的,国家心脏病专科医院是科威特援建的,国家结核病医院是意大利援建的,这些国家在援建了医院,提供了设备后,一般在设备一年质保期到期后不再提供后续设备维护方面的服务,设备的维护工作均由毛塔本国的设备维护公司承担。对于新建的基法医院的设备维护工作,该司长表示非常担忧。他表示,他们希望中国在提供设备的同时,能够提供维护设备的全程服务,不希望设备在出现故障后就堆在仓库里积灰。

毛塔的相关管理部门希望通过商业合作,而不是援助的方式来解决设备的维护问题。考虑到援助方的采购单位与维护单位不是同一单位,向采购方寻求维护服务非常不切实际,因此,医院司的司长告诉我们,如果能够为医院的设备提供及时而可靠的服务,切实解决医院设备使用和维护中的问题,那么他们愿意向相关公司支付使用和维护的费用,将这一服务以打包的形式承包给相关技术公司。但是,毛塔方面的想法是,希望同一家公司能够负责所有设备的维护和管理。负责非洲地区设备检验和安装的迈瑞工程师刘思洋表示,医疗设备的维护问题是一个广泛存在的问题,其原因较为复杂,不能归咎于中国援助的不当。一是因为非洲的医疗技术普遍落后,缺乏懂得相关维护知识的人员,因此,必须从医疗设备的生产国派出专门的人员来进行专门的维护;二是非洲医疗设备的采购量不大,非洲国家生活条件较为艰苦,医疗设备公司一般不会在非洲国家设置专门的人员长期驻守,而通常会在医院报告设备故障后再派遣人员前往参与维护;三是各个设备公司之间的设备技术和配件各不一样,因此,设备公司之间不具有相互维护的可能性,这就增加了各个设备公司派遣专门技术人员的难度。

第五,期待中毛在医疗学术研究领域的更多专业与实质性合作。

毛塔在公共卫生方面的数据整理、公布和研究落后,这影响到国际社会对毛塔公共卫生方面的信息获取,以及相关援助计划的制订。为了顺利获得国际社会在卫生方面的援助,毛塔急需展开对公共卫生方面的相关研究。在公共卫生研究院,中心主任告诉我们,世界卫生组织等国际机构都有意向向毛塔提供卫生方面的援助,但是,毛塔虽然会有相关的数据,但没有办法拿出公共卫生领域的研究报告。当前他们只做检测获取数据,并不会根据国内的情况对这些数据进行进一步的考察、分析,更没有专门的研究人员对这些数据展开研究并形成研究报告。但现实是,专业性的权威研究报告不仅可以让毛塔的卫生情况为外界所悉知,而且也是国际援助考虑的重要依据。

毛塔希望中国在建设努瓦克肖特大学医学院的基础上,开展深入的医疗卫生方面的科研合作。努瓦克肖特大学医学院书记在访问中表示,中国援建了医学院的大楼,但是,学院不仅希望拥有大楼和实验室等硬件设施,而且还希望通过中国和毛塔在医学学科层面的实质性合作,推动毛塔医学的进步,通过软件建设来提升双方合作的高度和层次。目前,在医学院的实验室里,中国提供了60%的设备,在院长看来,提供实验设备为学术合作的开展提供了良好的基础。"我们不仅希望有完善的实验设备,更希望有实质性的基于实验而进行的学术合作。"

毛塔希望通过中国和毛塔医学教师之间的交换,加强中国医学研究者对毛塔疾病的关注和研究,同时加强毛塔医学研究者对中国先进的医学技术的掌握,使双方在交流中推动学术方面的合作。努瓦克肖特大学医学院共有教师92人,主要有公共卫生和传染病两个专业方向。努瓦克肖特大学医学院2016年第一位研究生毕业,目前共有33名博士生,经过多年的本硕博学习,才能获得博士学位。这些学生都关注毛塔当前最严重的疾病,以便更好地服务于国家的医疗卫生事业。[1]

---

[1]　对努瓦克肖特大学医学院书记的访问,2017年4月。

　　中毛之间医生的互换和对毛塔医生的培训可以提升毛塔的医疗技术，更新毛塔医生的医疗知识。努瓦克肖特大学医学院的很多课程是没有专任教师的，因此，努瓦克肖特大学聘请了大量来自突尼斯、摩洛哥或法国的教师，他们每年到毛塔从事短期的课程教学和合作研究。毛塔还与西班牙开展合作，合作招收研究生，老师和学生到对方的学校开展培训交流，等等。医学院书记希望中国能够与毛塔交换医学方面的教师，将中国捐助的设备用起来，让中国的援助发挥更大的作用，培养更多毛塔本土的医学人才，推动毛塔医学的发展。

　　第六，期待中国在医疗卫生人力资源方面的援助形式更丰富。

　　在毛塔医学人才的培养方面，毛塔有了更高的期许。从毛塔国家的卫生发展战略上看，毛塔正在大力推动医疗人力资源建设，期待中国援助更多集中于人力资源的培训上。2015 年，毛塔出台了《国家卫生发展纲要》，未来5 年毛塔的医疗卫生事业发展重点推动人力资源建设。在对毛塔卫生部部长助理的访问中，部长助理表示，毛塔卫生各部门正在围绕医疗人力资源建设而展开工作，希望中国能够给予毛塔医生、医学学生更多学习、培训的机会，以提升其自身的素质。另外，还希望中国相关部门能够给予毛塔更多相关研习的进修机会。

　　毛塔期待人才培养能够成为一种更有效激活中国援助的重要途径和方式。在国家公共卫生研究院，中心主任带我们查看和讲解实验室里中国援助的每一件医疗设备，其中有一些设备是毛塔急需使用，但其医务人员并不会使用的。他表示，非常希望中国能够提供更多的机会，让中国援助的每一个设备都能够由毛塔医务人员来操作和使用，确保这些设备在毛塔的公共卫生事业当中发挥更为重要的作用。

　　培训不仅是国家储备人才的方式，也是普通毛塔人报效国家、回报社会的重要途径。在访问中毛眼科中心时，一群在中毛眼科中心上课的努瓦克肖特大学医学院的学生围住了我们。他们表示，从网络和中国老师那里了解到，中国有着日新月异的医疗知识和医疗技术，他们希望我们能带他们去中国学习先进的医疗知识和医疗技术，这样才能更好地为毛塔的患者提供力所能及的救治。

第四节　中国对毛塔医疗援助的未来思路

随着中国"健康丝绸之路"的推出,毛塔既是中国在卫生领域的传统友好伙伴,也成为"一带一路"倡议下的重点国别,医疗应该成为未来中国和毛塔合作的潜在领域,医疗援助也应该能够在未来的中毛合作中发挥更为基础性的作用,以撬动更广泛的领域和产业。考虑到毛塔卫生方面的新发展和新需求,以及中国对外卫生合作的新战略和新形势,中国可以从以下几个方面开展对毛塔的医药卫生方面的援助和与毛塔的合作。

第一,在中非合作论坛约翰内斯堡峰会的政策框架内,制定符合毛塔卫生发展需要的中毛医疗卫生合作的国别方略。

中非合作论坛约翰内斯堡峰会上提出的中非"十大合作计划"中有一项"公共卫生合作计划",中国结合毛塔当前医疗卫生方面的发展新形势和新需求,与毛塔卫生部一起共同制订中国毛塔医疗合作计划,并以此作为未来一段时间内中国和毛塔医疗合作的纲领性文件,配合毛塔医疗发展战略。根据毛塔民众在医疗方面的最新需要和最新诉求,确立适合毛塔国情和医疗基础的针对毛塔的医疗合作方案,确保中国推出的医疗合作方略能够充分落地,惠及毛塔百姓。充分利用"一带一路"倡议的政策侧重,让"一带一路"成为"健康之路",将中国医疗卫生技术和医疗卫生发展经验带入毛塔,让每一个毛塔人受益于中国经验,让中毛在卫生领域的合作造福于每一个毛塔人。

第二,在继续派遣医疗队的基础上,增派专科医生,增建专科医院和专科诊室。

当前的毛塔正走在快速专科化和专病化的道路上,为了应对这一趋势,中国在毛塔援建专科医院和专科门诊,派遣毛塔需要的专科医生。毛塔现在正在建设各类专科医院和专科诊疗中心,如癌症医院、创伤外科中心、心脏病专科医院等,中国则根据毛塔的发展需求为这类医院的建设和医院人才队伍的充实提供援助,完善这类医院的建制,用专业化的人才帮助提高诊疗水平。

中国正在充分借鉴已有专科中心援助中的经验，将专科援助的经验进一步推广至更多的疾病领域。目前，中国可以借鉴中毛眼科中心的建设经验，在毛塔国家级的重要医院援建专科诊室，针对性地治疗影响毛塔人民生活水平和生活质量的专门性疾病，如糖尿病、风湿和类风湿性关节病、痔疮、外伤等，这些疾病在中国有较成熟的中医药治疗方案，有望帮助毛塔人民解除疾病困扰，提高生命质量。

针对毛塔医疗机构中科室专家短缺的现象，中国医疗队有针对性地派遣相关领域专家，如做心脏搭桥手术、骨折手术、腔镜手术的医生等，做到既能补充当地医疗力量之不足，又可以充分展示中国先进的医疗技术和中国专家的医疗水平，为未来双方合作提供可能。

第三，将人才培养与援助项目的维护相结合，培养当地急需的医疗人才。

一是中国医疗队与毛塔专科医生的培训相结合。这就需要提高中国医疗队医生的派遣层次和专业水平。医疗队的医生既是医生，也是毛塔当地医生的指导老师，他们定期为毛方医务人员开展技术培训，传授先进的医疗理念和医疗技术，确保与毛塔医生在共同工作中加强技术切磋。

二是中国专科医生的设置与毛塔医学院学生的培训相结合。中国派遣的专科医生需要增加一项工作内容，就是在承担专科医疗援助服务之外，承担努瓦克肖特大学医学院学生的实习指导任务，让毛塔医疗新生代能够通过接触中国医疗技术，获取更多来自外部世界的新技术和新信息。

三是中国所提供的给予医学生奖学金的专业与毛塔的医疗设备维护专业相配套。每年中国向毛塔提供 10~15 个奖学金获得者名额，接收毛塔学生到中国留学，其中就有医学专业的学生。根据毛塔国内对医疗设备使用和维护的实际需求，设置定向面对中国援助的医疗设备维护的专业方向，让留学生接受相关的原理和技术培训。回国后，留学生从事中国援助毛塔的相关医疗设备的维护工作，确保中国援助在毛塔的医疗卫生事业中发挥更加积极的作用。

第四，为毛塔医疗人才提供更多的培训进修的机会。

医学是一项需要不断精进技术和更新知识的学科,人才的培训进修是医疗机构关注的永恒主题。近年来,毛塔对于医疗人才进修培训的关注力度不断增强,人才培训和进修提升是《毛塔卫生发展纲要(2015—2017)》的一项重要内容,为此,中国对毛塔的医疗援助可从以下几个方面适当增加培训进修的机会。

一是增加对毛塔医疗卫生方面的管理干部的培训,让毛塔的卫生管理人员具有制定长远卫生发展目标的视野和眼光,为毛塔的卫生发展制定出具有国际视野的发展纲要。在过去几十年间,中国医疗卫生事业的发展经验和强有力的卫生发展举措,可以为毛塔的卫生事业发展提供有益的借鉴。因此,卫生管理干部的培训有助于毛塔制定出更符合毛塔发展需要的卫生方略。

二是增加对毛塔急需的专科人才的培训。毛塔的眼科、妇科、产科、儿科、心脏外科等科室的病患人数多,而国内医生严重不足,医生进修极为不便,中国可适当加强对相关科室医生的进修与培训。

三是增加对医疗设备使用和维护的培训。毛塔接受国际社会的医疗设备援助较多,但很多设备因使用和维护不当而造成性能不佳甚至被废弃,这造成援助设备和其他物资的严重浪费。因此,可适当增加医疗设备使用和维护方面的人才培训,以提高医疗设备的使用效率,延长设备的使用寿命。

四是加强对毛塔新兴医学学科的人才培养。随着毛塔卫生水平的提高和卫生行业的升级,毛塔成立了很多新兴的医学学科,如新生儿科、营养类疾病科、癌症专科等,而这类专科医生在毛塔极为紧缺。中国的医疗人力资源培训可适当向培养这些专科人才方面倾斜。

五是增加对难度较大、需求量较大的学科的支持力度。随着毛塔卫生水平的提高,对外科医生的要求越来越多,且对手术的要求也越来越高。因此,中国可以在专业性的外科医生的培训中给予适当的倾斜,如大力培养能实施新生儿的手术、骨科手术、微创手术、腔镜手术等方面的人才。

第五,中毛可加强医疗学术合作,推动毛塔医疗研究的进步,让毛塔的医疗问题赢得更多国际关注。

毛塔在医疗领域的学术研究极为有限,这在限制医疗卫生技术发展的同时，也让外部世界无法及时掌握毛塔医疗领域的最新情况，影响国际援助的准确配给。未来中国和毛塔的医疗学术合作可从以下几个方面开展。

其一，跟踪毛塔每年在卫生行业的新举措与新进展，并如实公布相关行业动态和最新数据，为毛塔争取更多的外部援助创造条件。

其二，利用已有援助平台，开展医疗方面的技术合作。中国与援建的努瓦克肖特大学医学院、毛塔国家公共卫生研究院等机构合作开展毛塔流行病学的调查和研究，通过专项课题研究的方式，合作开展毛塔流行病和传染病方面的医疗技术合作，探讨适合毛塔的医疗合作路径。与此同时，通过合作，提高医疗行业内人员的素质，确保医疗援助机构及其设备得到较好的使用和维护。

其三，建立与毛塔传统医疗机构的学术联系，开展形式多样的中毛传统医药合作。开展中医和毛塔传统医学之间的学术合作和学术交流活动，以此也能拓展中医的视野和领域。开展中医药药材和毛塔传统医药间的对接与合作。毛塔较好地集成了阿拉伯传统医学的药典，是"西非传统医学联盟"的建设者和传承者，有着深厚的阿拉伯传统医学基础。阿拉伯传统医学与中国中医有着较多相似的地方，中毛可以探索更深入的传统医学交流合作，种植和销售药材、开发中成药等。

第三章　中国对毛塔的农业援助

第一节　大漠戈壁中的农业奇迹

毛塔是一个传统的农业国家,农牧业大约吸收了毛塔全国 47% 的人口。然而,毛塔的农业效能极为低下,农业的 GDP 贡献率只有 25%。[①] 根据《2017 年毛塔经济》的数据,2017 年,"毛塔的经济是由矿业和农业部门主导",农业 GDP 占 GDP 总量的 24.1%,从事农业人口占据了全国就业人口的 50%。[②] 毛塔的可耕地面积很小,0.5% 的领土适合耕种,38% 的领土适合放牧,4% 的领土为森林所覆盖。[③] 长期以来,毛塔的粮食问题并没有暴露,因为大批的农民从不购买粮食,然而,随着城市化的推进,粮食自给率堪忧,粮食供给紧张的问题逐渐凸显。1999 年,毛塔的谷物自给率只有 35%。754 千米的海岸线让毛塔成为世界上渔业资源最丰富的国家之一,渔业收入仅次于矿产出口收入,渔业部门成为重要的经济部门。[④]

[①] "Mauritania-Agriculture", Nations Encyclopedia, http://www.nationsencyclopedia. com/economies/Africa/Mauritania-AGRICULTURE.html[2019-12-20].

[②] "Mauritania Economy 2017", ITA, http://www.theodora.com/wfbcurrent/ mauritania/mauritania_economy.html[2019-12-20].

[③] "Mauritania Overview", World Bank, http://www.worldbank.org/en/country/ mauritania/overview[2019-12-20].

[④] "Mauritania-Agriculture", Nations Encyclopedia, http://www.nationsencyclopedia. com/economies/Africa/Mauritania-AGRICULTURE.html[2019-12-20].

一、中国对毛塔农业援助的概况

毛塔是中国农业援助的重点国家,早在 20 世纪 60 年代中国就开始向毛塔提供农业援助,并在中国对外农业援助中创造了若干纪录。第一,水稻农场的生命力经久不衰,示范带动作用明显。从 20 世纪 60 年代开始,中国就开始筹划为毛塔援建姆颇利农场,经过 5 年的建设和运营,一所现代化的机械农场姆颇利农场于 1972 年建成移交毛方,经过 40 多年的经营,姆颇利农场的种植面积不断扩大,逐渐形成了以姆颇利农场为中心的水稻种植区域,目前姆颇利农场所在的罗索一带成为毛塔最重要的粮食生产基地。第二,中国在毛塔建设了 2 个农业类的技术示范中心,彰显了中国对毛塔农业发展的高度重视。2015 年 2 月,中国援毛塔农业技术示范中心建成移交。2016 年 6 月,中国援毛塔畜牧业技术示范中心建成移交。在一个沙漠国家建设 2 个农业类技术示范中心,这在中国对外农业援助史上极为少见。这样的定位并不是因为毛塔的农业条件优越,实际上,无论是种植业还是畜牧业,毛塔的基础条件均不佳,由此可见,中国对非洲国家农业援助的定位,并不是以援助非洲农业最发达和最有潜力的国家作为样本来示范,而是以非洲最需要发展农业和最渴求农业技术的国家来做农业示范。

二、中国在毛塔农业援助中的努力

在中国介入毛塔农业援助的半个多世纪的时间里,毛塔的农业实现了长足的发展,中国在帮助毛塔粮食增产增收和民生改善上做出了卓越的成绩。在这一过程中,中国在农业援助上所做出的努力主要表现在以下几个方面。

第一,因地制宜,帮助毛塔发展优势农业和特色农业。20 世纪 60 年代,毛塔的粮食自给率较低,为了帮助毛塔开发农业,提高粮食自给率,中国农业援助专家沿着塞内加尔河水源充足的绿色地带开荒拓土,建设了 1000 公顷的姆颇利机械化农场,年产稻谷 2500 吨,对发展毛塔的粮食生产,在塞内加尔河流域推广水稻种植方面做出了重大贡献。2014 年,中国在该农场附近援建了中国农业技术示范中心,带去了最新的农业技术、农业信息和农业发展的经验,提高了农业产量,提高了毛塔国内的粮食供给率。在姆颇利农场和农业技术示范中心的带动下,今天的罗索已经成为毛塔最重要的种植农业区域,毛塔人民谷物类粮食的自给率达到70%以上。为了充分发挥毛塔传统优势产业畜牧业,2013年,中国畜牧业专家来到气候和水土都非常适合畜牧业发展的瓦德纳嘎(Ouad Naga),建成了畜牧业技术示范中心,改良了当地牛的品种,改善了牛肉品质,提高了畜牧业生产总量,切实带动了毛塔畜牧业的增产创收。

第二,水源利用,开发和完善农业的基础设施建设,实现从刀耕火种向灌溉农业的转型。在毛塔,水的高效开发和利用是开发农业的关键。为了充分利用罗索相对丰沛的降水,中国农业专家在塞内加尔河边修建了大型的防洪堤和排水灌溉工程,改写了毛塔农业靠天灌溉的历史,不仅为援建的姆颇利农场提供了丰沛的水源,而且为姆颇利农场周围的其他农场提供了充分的灌溉水源,带动了一整片区域农业的发展。在畜牧业技术示范园区,为了充分利用丰富的地下水源,中国农业专家打井修建水塔水渠,根据不同的作物分区建设了滴灌系统、喷灌系统,通过农田水利设施的建设高效利用了有限的水源,短短的3年时间,畜牧业示范中心便从一片荒漠变为一片生机盎然的绿洲。

第三,技术创新,研发新品种,投入新技术,为农业发展插上科技翅膀。新品种的研发和引进,拉动了农业产量的提高和粮食自给率的提升。姆颇利农场的农业专家从中国国内带去杂交水稻种子,种出的水稻产量比当地品种高出1倍多。在农业技术示范中心,为了应对灾害性鸟害,农业专家发现了一种芒刺很长的水稻品种,将之杂交到当地的水稻品种当中,成功地解决了困扰毛塔水稻种植多年的问题,确保了"颗粒归仓"。新技术的投入解决了毛塔农业发展中的关键性瓶颈,带动了农业质量和产量的双重提升。在畜牧业示范中心,农业专家引进100头高产荷斯坦或蒙贝利亚基础母牛,与当地牛配种繁育出新的适合当地气候水土、肉质优良、口感适合出口的新杂交牛品种。为了确保牛肉质量和牛奶产量,示范中心还投入专项资金研发、培育出蛋白质含量在20%以上的苜蓿等新的高端饲草料,解决了毛塔枯草季节动物掉膘减产甚至大量死亡的传统难题。

第四，人才培养，提升毛塔农业发展的专业技术水平。毛塔农业传统匮乏，农业人才高度缺乏，加上受教育水平较低，当地农民掌握的生产技能较少，人才的培养和农业技术的传授成为农业发展中的重要障碍。为了切实帮助毛塔养殖农户掌握先进的生产技术，畜牧业示范中心将拥有不同技术基础的人员进行分层次、分项目培训，培养毛塔畜牧业技术推广人员和重点养殖农户，手把手教授当地农民牧草种植、水肥管理、病虫草害防治、牛羊养殖、疫病防控、奶牛配套养殖、冻精配种、饲料调制等实用生产技术。考虑到学员技术起点较低、接受技术能力差的特点，示范中心采取了多种方式来教学和实习：一是在示范和服务中心养殖基地进行现场教学和实习；二是项目实施单位和当地畜牧业农技人员到私人牧场进行现场指导和演示；三是通过当地畜牧业技术推广体系，开展实用基础技术培训。受训学员纷纷表示，这些技术有充分的针对性，可以较为便利地运用到养殖实践中去。通过这样的努力，毛塔第一批真正掌握了一定畜牧业饲养技术的专业技术人员逐渐成长起来，他们有望成为毛塔未来农业发展中的技术中坚力量。

第五，高远定位，发展生态农业和循环农业，探索农业的可持续发展之路。在制订农业援助计划时，中国专家通过科学规划，合理利用各类资源，确保各个环节中的代谢物和废弃物能够进入下一轮循环，保障生态环境系统的良性转化。在畜牧业技术示范中心，试行生态农业和循环农业，寻求畜牧业发展中的生态保护和各类资源的合理利用。通过示范沼气工程技术，改变毛塔传统的粪便和农业废水废料的处理方式，推动生态农业和循环农业的发展。建立太阳能能源系统，既充分利用沙漠地区丰富的太阳能资源，又改善毛塔农村缺电的现状，确保农业机械运转时的清洁能源供给。示范中心发展"种植—养殖—加工"的高效、生态、循环、节能农业生产模式，同时开发其他产业，进行日光棚蔬菜生产试验等一系列相关产业的高效循环工作。畜牧业示范中心使用生态工程技术，推广"牛—粪肥—地"模式，发展太阳能能源和循环农业，走可持续发展道路。

第二节　沙漠之国的农业概况

一、毛塔的农业条件

塞内加尔河是毛塔的母亲河,塞内加尔河流域南岸的狭长地带是毛塔种植业、畜牧业最发达的地区,也是毛塔种植业最为集中的区域。毛塔虽然是一个农业国家,但农业发展极其落后,农业基础极其薄弱。因为农业效能极低,农业和畜牧业的从事者占据了全国 47% 的劳动力,其对 GDP 的贡献率却仅达 GDP 总量的 1/4。然而,农业是这个国家非常重要的生产部门和经济部门。绝大部分的农民依靠自给自足的农业生存,虽然农业产量很低,不够日常口粮,但农民从不购买食物。除塞内加尔河流域外,毛塔的种植业并不发达,但是,因沙漠绿洲和沙漠草甸的广泛分布,毛塔是一个畜牧业资源较为丰富的国家,牛和绵羊是牧民饲养的主要牲畜。1975—1980 年,畜牧业从业人口占据该国人口的 70%,农业从事人口只占 20%。[1] 除了农业和畜牧业,毛塔的渔业资源非常发达。毛塔拥有 754 千米的海岸线,洋流汇聚使得毛塔成为世界上渔业资源最富有的地区之一[2],因此,渔业成为该国继采矿业后的第二大经济收入来源。[3]

从气候上看,毛塔的农业发展条件并不优越。毛塔属于热带沙漠气候,终年干旱少雨,仅有的降雨量分布严重不均,不仅地域分布不均,季节分布

---

① "Agriculture in Mauritania", PediaView, https://pediaview.com/openpedia/Agriculture_in_Mauritania[2019-12-20].

② 世界五大渔场:北太平洋渔场、东南太平洋渔场、西北大西洋渔场、东北大西洋渔场、东南大西洋渔场。毛塔受到自北向南的加那利寒流、自南向北的本格拉寒流和处于二流之间的赤道逆流的影响,渔业资源非常丰富,属于西北大西洋渔场中渔业资源较为集中的区域。

③ "Mauritania-Agriculture", Nations Encyclopedia, http://www.nationsencyclopedia.com/economies/Africa/Mauritania-AGRICULTURE.html[2019-12-20].

也不均。根据降雨量的多少，毛塔季节大致可以分为三季：6 月至 10 月为雨季，10 月至第二年的 3 月为寒冷季节，3 月至 6 月为炎热干旱季节。

从农业发展潜质来看，毛塔的农业潜力区分布极不均衡，可耕地和灌溉土地集中在少部分地区。毛塔南部的戈尔戈尔、吉迪马卡、布拉克纳和特拉扎拥有 12％ 的国土面积，却占据了全国 59％ 的可耕地和几乎所有灌溉土地，是全国农业最为集中的区域。[①] 毛塔的作物生产极大地受到地理状况和水源供给的影响。农业主要集中在南部沿塞内加尔河北纬 18 度和北纬 20 度之间的区域。根据区域和灌溉潜力毛塔农业生产可以分为 4 种种植系统：雨养种植、灌溉作物、水淹作物和绿洲。雨养种植作物与降雨量的关系非常密切，年均差异很大，主要的农作物为高粱、小米和玉米，以及豇豆、西瓜、花生、玫瑰茄等。虽然雨养种植是这个国家最主要的生产途径，但雨育作物仅覆盖毛塔粮食年均需求量的 13％～30％，其生产的 80％ 的粮食作物供国内消费，对国内生产总值的贡献不明显且呈逐年减少的趋势。灌溉作物正在日益成为毛塔种植业的主要发展方向。由于毛塔国内的灌溉业迅速发展，近年来塞内加尔河河谷地区的灌溉面积大幅度增大。灌溉作物的发展壮大虽然提高了粮食产量，但由于加入了一些现代技术而增加了污染风险，如开始使用化肥和杀虫剂等，此外，目前灌溉作物主要为水稻，还包括一些淡季作物，如高粱、玉米和园艺作物等。水淹作物主要是利用塞内加尔河及其支流的可浸区、水坝和堤坝以上的水域、地形凹陷而形成的。这种形式的农业现在受到马纳塔利水电站开通后实施的水管理规则的影响。这种类型的农业种植的主要作物是高粱和玉米，传统上有西瓜和豇豆的混合种植等。毛塔的绿洲则因椰枣而闻名，椰枣树主要分布在阿德拉尔、塔岗、阿萨巴和 2 个 Hodhs 盆地地区。[②] 除了椰枣，绿洲的主要产品还包括园艺作物、苜蓿、小麦、大麦、高粱和豇豆等。全毛塔的椰枣林总面积为 1 万公顷，其中包括尚未

---

① "Mauritania", FAO, http://www. fao. org/ag/AGP/AGPC/doc/Counprof/mauritania/mauritania. htm[2019-12-20].

② "Mauritania", FAO, http://www. fao. org/ag/AGP/AGPC/doc/Counprof/mauritania/mauritania. htm[2019-12-20].

结实的椰枣树和不结实的公椰枣树,年产椰枣约 6 万吨,每年的 6—8 月为椰枣的盛产季节,大约有 2 万人依靠种植椰枣为生。[①] 然而,毛塔的椰枣生产效率较低,虽种植面积居世界第 6 位,但椰枣产量只占世界总产量的 0.3%。[②]

二、毛塔的农业生产情况

毛塔是传统的农业国家,因地处撒哈拉沙漠,常年干旱炎热,土地严重沙漠化,农用工业落后,农业基础薄弱,国家经济困难,农业科技水平较低,可耕地、水源地有限,粮食供求形势十分严峻。热带沙漠性气候的毛塔境内终年高温少雨,年平均气温约 25 摄氏度。毛塔除沿海和塞内加尔河沿岸气候较湿润外,大部分地区气候炎热,干旱少雨。全部国土分属 3 个气候区:北部和中部为撒哈拉气候区,年降雨量不足 100 毫米;南部和东南部为萨赫勒气候区,年降雨量达 100~400 毫米;西部塞内加尔河流域为苏丹·萨赫勒气候区,年降雨量达 400~700 毫米。因为毛塔西边濒临大西洋,东边是撒哈拉大沙漠,海洋信风和陆地信风交替光临,是毛塔自然气候的重要使者。每年12 月至次年 6 月为毛塔的旱季,受到沿海区域凉爽海洋信风的影响,风力很大;7 月至 11 月为毛塔的雨季,回归线以北的地区多灼热的陆地信风,即哈马丹风,高温干燥;回归线以南的地区多热带季风,可以带来高温与降水。各地季节间和昼夜间的温差很大,内陆气温为 17~50 摄氏度,沿海为 12~40 摄氏度。这些都影响了毛塔的农业分布。毛塔的农业区域相当有限,种植业区只限于塞内加尔河流域年均降雨量在 400 毫米以上的狭长地带。[③]农业产区主要集中在塞内加尔河流域的戈尔戈尔、吉迪马卡、布拉克纳和特

[①]　Mohamed Abderrahmane. "Mauritania's Date Palms, Cultural Heritage and Means of Survival", IPS, Aug 21, 2012, http://www.ipsnews.net/2012/08/mauritanias-date-palms-cultural-heritage-and-means-of-survival/[2019-12-20].

[②]　Moulay Hassan Sedra. "Date Palm Status and Perspective in Mauritania", *Date Palm Genetic Resources and Utilization*, 2015, p. 326.

[③]　"Agriculture in Mauritania", PediaView, https://pediaview.com/openpedia/Agriculture_in_Mauritania[2019-12-20].

拉扎等省。① 畜牧业主要集中在南部年降水量较少的布拉克纳、阿萨巴、东霍德和西霍德,这4个省拥有全国89%的牛、87%的羊和59%的骆驼。② 大西洋沿岸海滨,因渔业资源丰富,则分布着大大小小的渔场。

从粮食生产供给与需求情况来看,毛塔的粮食严重不足,粮食自给走过了漫长的发展道路。20世纪60年代,毛塔民众约有一半可以实现粮食自给。受20世纪70年代经济停滞的影响,政府部门不得不将更多的精力聚焦到更为核心的领域,对农业和畜牧业的投入减少。1968—1973年和1983—1985年的两场严重旱灾的降临,导致毛塔农业和畜牧业的产出在经济中所占的比重逐渐下降。20世纪60年代,农业和畜牧业GDP占GDP总量的35%~45%,1970—1986年,这一比重降至28%。③ 在旱灾更为严重的1983—1985年,谷物的产量急剧下降,只能满足毛塔全国总需求的3%~5%。④ 1998年,为了增强毛塔国家农业的抗风险能力,毛塔政府开始制订国家农业安全战略计划,通过提高私人投资和发展灌溉增加粮食供给。⑤

巨大的谷物赤字只能依靠商业进口和国际粮食援助来填补,美国是毛塔最重要的粮食援助者。在毛塔缺粮最为严重的时期,粮食援助大约占毛塔所能获得的谷物总量的61%。此外,政府通过商业进口大约可以提供20%的粮食,面粉业等私营业主提供约13%,当地生产供给约5%。此后,随着气候的改善,毛塔的粮食生产逐渐恢复,到1986年恢复到正常生产水平,年均产量为26万吨,大约可满足全国30%的粮食供应,但粮食需求的缺口依然非常巨大,毛塔不得不长期依靠大量进口补充国内粮食之不足。⑥

目前,毛塔的粮食供给情况已经出现了较高水平的改善,根据世界粮食

---

① 李广一:《毛里塔尼亚 西撒哈拉》,社会科学文献出版社2008年版,第70页。
② 李广一:《毛里塔尼亚 西撒哈拉》,社会科学文献出版社2008年版,第72页。
③ "Mauritania：The Rural Economy", *Library of Congress*, June 1988.
④ "Mauritania：The Rural Economy", *Library of Congress*, June 1988.
⑤ "Mauritania-Agriculture", Nations Encyclopedia, http://www. nationsencyclopedia. com/economies/Africa/Mauritania-AGRICULTURE. html[2019-12-20].
⑥ "Agriculture in Mauritania", PediaView, https://pediaview. com/openpedia/ Agriculture_in_Mauritania[2019-12-20].

组织的统计数字,毛塔人均粮食供应量从 1970 年的 106.3 千克上升至 2013 年 172.1 千克,粮食供给增加 60％以上,人民日常生活供给和营养状况有了明显的改善。① 虽然毛塔目前粮食供给尚较为充足,但是因为粮食供应链比较脆弱,所以粮食不安全的问题一直存在,成为困扰毛塔社会的重要的非传统安全问题。21％的 5 岁以下婴幼儿遭受着营养不良的威胁,26.8％的人口在旱季面临着粮食紧张局面。大比例的粮食依靠进口的总体局势让毛塔的粮食较大程度地受到国际市场粮食价格的影响,因而缺粮的慢性隐患犹在。② 此外,由于灌溉农业发展程度较低,毛塔的农业较大程度受到气候的影响,降水较多的年份丰收,而干旱来临时则减产歉收,国家粮食储备能力较差,毛塔可能随时遭遇粮食方面的重大安全问题。虽然毛塔政府采取各种措施增加粮食生产,但毛塔农业依然受到气候等方面的严重影响。此外,日益增长的人口将增加的粮食消耗殆尽,粮食短缺的问题成为毛塔长期以来一直致力解决而至今难以解决的重大经济难题。

毛塔是一个有着悠久畜牧业传统的国家,畜牧业是该国极端重要的生产部门。然而,毛塔牛羊养殖仍以自然牧养为主,每逢旱季,牛羊因严重缺乏饲草料而大量掉膘甚至死亡。如此循环往复,毛塔的牛羊出栏率大大降低,产肉性能差。作为一个畜牧业国家,毛塔的牛羊肉价格较周边其他国家高出 30％～50％,因此,利于畜牧业发展的优势条件并没有在帮助提高毛塔人民生活水平上发挥更加明显的作用。此外,毛塔与畜牧业相关的配套产业发展严重滞后,如饲草料的种植、畜牧医药、牲畜配种、牛羊的屠宰及牛羊肉的深加工等领域并没有得到充分的发展,因此,畜牧业的产量和产出质量都较低。

除了农业和畜牧业,毛塔的渔业也非常发达。毛塔沿海水域是世界上鱼类资源最丰富的区域之一,因此,渔业是毛塔国民经济的支柱产业,国家

---

① 参见《世界数据图册》,Knoema, http://cn.knoema.com/atlas,2019 年 12 月 20 日访问。

② "Mauritania", WFP, http://www1.wfp.org/countries/mauritania[2019-12-20].

外汇收入和国家财政预算的很大一部分都源于渔业。[①] 渔业是该国继采矿业后的第二大经济收入来源，《2017年毛塔经济》的研究发现，"捕捞约占预算收入的25％"[②]，渔业发展潜力巨大。

第三节　姆颇利农场

一、姆颇利农场概况

在毛塔南部塞内加尔河北岸的罗索，有一个大型机械化农场——姆颇利农场，这里是毛塔最重要的水稻生产区。姆颇利农场是中国早期援助毛塔的水稻种植项目，1967年开始开垦，由江西省农业厅负责承建，1972年竣工，随后移交。沿着塞内加尔河水源充足的平坦绿色地带，农场共占地1000公顷，其中3个区共630公顷由中国专家组具体负责，以国营农场的形式进行管理。[③]

姆颇利农场位于毛塔降雨量最多的区域，其所在区域每年5—10月为雨季，11月至次年4月为旱季，终年高温，年均气温30摄氏度，年均降雨量250～650毫米。因降雨量中等，姆颇利农场具备种植水稻的条件，当年援建该农场时便将其定位为水稻农场。为了充分利用塞内加尔河的河水和当地降雨，中国在姆颇利农场建设了大型排灌设施，为水稻农场提供灌溉水源。该水利工程至今依然发挥着重要的作用，姆颇利农场和周围II区农场的重要灌溉设施，确保了姆颇利农场和周围农场1000多公顷土地的用水。[④]

姆颇利农场与塞内加尔的重要水稻产区隔河相望，因此，两者在水土、季节和气候上有相当大程度的相似之处，为此，中国援毛农业专家充分借鉴

---

① 李广一：《毛里塔尼亚　西撒哈拉》，社会科学文献出版社2008年版，第74页。

② "Mauritania Economy 2017"，ITA，http://www.theodora.com/wfbcurrent/mauritania/mauritania_economy.html[2019-12-20].

③ 朱克绍：《我在毛里塔尼亚工作两年多》，《九江日报》，2014年6月5日。

④ 朱克绍：《我在毛里塔尼亚工作两年多》，《九江日报》，2014年6月5日。

塞内加尔水稻种植的品种和农时等,采取 7 月份播种,次年 3—4 月收割的方式。姆颇利农场一带因地势平坦,土地辽阔,具备较好的机械化作业条件,因此,农场设计为机械化农场,从耕地、耙地、整地到播种和收割皆采用机械化一条龙耕作方式。为此,农场拥有各式各样的农业机械,并附设机修车间、碾米车间、水利灌溉设施和畜牧场等设施。[①]

农场所在区域高温潮湿,最初引进了中国台湾的耐高温抗旱的水稻品种,生长期较短,平均亩产 500 斤左右。姆颇利农场每年产稻谷 2300 多吨,稻谷收割干燥后送往农场的碾米厂,加工成大米运往毛塔全境。后来,中国专家发现,杂交水稻也非常适合这一带的气候水土,便以此进一步提高了粮食产量。中国派往姆颇利农场的农业技术专家、德安县农业局副局长、高级农艺师胡华珍,曾从国内带去杂交水稻种子,试种 2 亩后发现杂交水稻不仅长势喜人,而且产量很高。收获时平均亩产 1200 多斤,比此前引进的水稻品种高出 1 倍多。[②] 中国农业专家开辟的水稻农业和所种水稻获得高产的新闻在当地引起了不小的轰动,很多人慕名而来,参观队伍络绎不绝,中国的杂交水稻获得毛塔政府官员和当地农民的一致称赞。沙漠上的绿洲农场也引起了毛塔附近国家的关注和重视,农场建成后,毛塔政府总不忘记向来访的外国政要介绍并驱车几个小时前往参观。

姆颇利农场的建设成功,对发展毛塔农业和粮食生产,以及在塞内加尔河流域大面积种植水稻做出了重大贡献。[③] 姆颇利农场建成后,这里每年出产水稻 2500 吨左右,为解决毛塔人民的吃饭问题做出了重要贡献。"毛塔人民表示,中国人给我们带来了粮食。毛国政府盛赞姆颇利农场是两国友谊的象征,是非洲人民解决粮食问题的典范。"[④]

---

① 朱克绍:《我在毛里塔尼亚工作两年多》,《九江日报》,2014 年 6 月 5 日。
② 朱克绍:《我在毛里塔尼亚工作两年多》,《九江日报》,2014 年 6 月 5 日。
③ 朱克绍:《我在毛里塔尼亚工作两年多》,《九江日报》,2014 年 6 月 5 日。
④ 耿庆英、朱天:《改革的春风吹绿了沙洲——援毛里塔尼亚姆颇利农场的改革效应》,《国际经济合作》1989 年第 2 期。

二、姆颇利农场在经营中所遇到的主要困难和问题

在远在千里之外的他乡沙漠经营水稻农场，困难之大可想而知。毛塔虽然是一个农业国家，但农业基础极端薄弱，农业基础设施和农业技术几乎处于零起点。农场所在的罗索终年高温，水稻病虫害较少，但土壤盐碱化、草害和鸟害非常严重，这严重危害了水稻的生长和收获。姆颇利农场的中国农业专家通过以下几个方面的努力来克服农业生产中的重重障碍，确保了正常的水稻耕作。

第一，在塞内加尔河岸边建设大型的水利设施，解决农场的灌溉问题。毛塔的农业一直是靠天灌溉，降雨量不足，加上没有任何人工的灌溉工程可以将可资利用的水源利用起来，因此，农业迟迟发展不起来。中国的农业专家来到这里后发现，罗索一带虽然降雨尚可，且背倚塞内加尔河，但因为当地没有建设任何人工灌溉工程将塞内加尔河的水源利用起来，所以农业一直没有任何起色。中国农业专家决定克服困难建设人工灌溉工程，将塞内加尔河雨季的丰富水源储存起来，用于发展灌溉农业。在建设灌溉水渠的过程中，当地砂石、水泥、钢筋和建筑设备全无，农业专家从国内千里迢迢运来了水泥、钢筋等建筑基础材料，在塞内加尔河的北岸建立了大型的水利灌溉工程，将塞内加尔河的河水引至姆颇利农场，并在农场内建设了引水渠，将水引至农场供粮食生产和农民日常生活之用。这项水利工程成为毛塔农业发展史上第一个大型的水利灌溉工程，且影响至今，当前罗索种植业中的灌溉工程就是在这一工程基础上扩展而来的。[①]

第二，对盐碱化土壤用大量淡水进行冲洗改良，使之适合淡水稻生长。罗索离大西洋很近，高温干燥，土壤的盐碱化程度较高，很多地方的土壤在水分蒸发后凝结出一层白白的盐霜，作物无法正常生长。为了改善土壤的盐碱化状况，中国专家采用大量淡水浇灌冲洗的办法，将多余的盐分清洗出来，淡化土壤中的盐分，为水稻种植提供了良好的土壤基础。[②]

---

① 蔡玲明：《姆颇利农场改革记》，《国际经济合作》1991年第8期。
② 蔡玲明：《姆颇利农场改革记》，《国际经济合作》1991年第8期。

第三，设法清除疯长的杂草，解决威胁粮食生长的草害。罗索一带常年高温，非常适合各类植物的生长，因此田间野草生长的速度较快，没有及时除草的地方很容易长满野草，水稻种植后很快就会被野草覆盖。野草与刚刚生长出来的水稻幼苗抢夺阳光和养分，严重影响了水稻的生长。如果不做恰当处理，水稻的生长速度难以赶上杂草的生长速度。由于杂草生长速度惊人，如果仅仅采用人工除草的方式，那么除草的速度也无法赶上杂草生长的速度。为了消除草害，中国专家尝试多种除草方法后逐渐发现，只有采取人工除草和技术除草相结合的方法，方可尽量减少杂草对水稻的影响。于是，中国专家在播种前灌一次水，待野草发芽后拔除，然后再耕耙，在除过草的土地上播种水稻，有效地减少了杂草的数量；同时，在水稻生长期间内，农业专家加强田间的管理，定期人工拔除各种野草；到了水稻快要成熟的后期，当野草再次长出来后，在野草较多较集中的区域，再雇用工人人工拔除杂草。[①]

第四，通过各种方法赶走鸟类，解除鸟害。据农业专家介绍，非洲的自然环境较好，各类野生鸟类很多，且大数量群居。每当粮食成熟的季节，每天都有成千的鸟，主要是麻雀，它们从四面八方飞向稻田，远远地看过去就像一大群黑压压的东西铺天盖地而来，落在即将收割的稻田里，一会儿的工夫，麻雀就吃饱飞走了，而稻田里的水稻却被吃掉了一大半，所有的付出都化为乌有。为此，中国农业专家曾采取人工驱赶的方式来驱赶，即在罗索四五十摄氏度的艳阳下，拿着稻草人或者长长的飘旗在田间晃动，赶走来食的野鸟。但人力有限，且效率不高，无法有效地将鸟赶走，还增加了农业专家的工作负担。为此，农业专家还采用了敲锣、放鞭炮、放土铳等方式，用巨大的响声将鸟吓跑。但是，由于毛塔的生态环境较好，适合各种鸟生长栖息，以上措施只是暂时抑制了鸟类的危害，无法从根本上解决鸟害的问题，因此，鸟害至今依然是困扰农场水稻生产的重要问题之一。

---

①　蔡玲明：《姆颇利农场改革记》，《国际经济合作》1991 年第 8 期。

三、姆颇利农场经营中的几度改革

除了农业技术方面的问题，姆颇利农场在经营中也遭遇了诸多难题。在农场经营过程中，中国和毛塔方面在经营理念上有着较为明显的差异，在中国农业专家撤出农场前，中国农业专家能够主导农场的运营，但当中国农业专家撤离后，农场经营理念上的偏差便很快影响了农场的经营。1972年农场竣工移交给毛塔方面管理时，农场稻田总面积642公顷，农场的生产资料充足，土壤肥沃，制度严明，农场经营很快步入正轨，单产稳定在4吨/公顷以上，是毛塔粮食市场上的重要生力军。①农场建设完成且生产稳定后，根据双方合同，中方将农场交给毛方自主经营。

然而，在毛塔自主管理农场后不久，农场便因管理水平严重下降而出现了粮食生产严重减产的问题，导致生产难以为继。出现这种情况主要有以下几个方面的原因：第一，在农场的日常管理中，中国专家追求产量而不过多估算成本和拘泥于程序，但毛方管理人员不同，他们严格遵循先预算后开支的财务原则。经营农场需要进行详细的经费开支预算，从购买种子、肥料、农药到购买农机零配件、雇劳力、抽水等日常农事都要事先书面报告，待批准后才能在预算的限额内实施。因此，出现了农场需要与农场管理之间的明显断层，农场管理观念的偏差严重制约了农场发展的步伐。第二，中国专家撤走后，农场的机械设备逐渐老化，毛方的维护和管理无法跟上。姆颇利农场是一个机械化农场，水稻生产的每一个环节都需要施行大机器作业，但是，在毛方接管农场时，农场农业机械维护方面的本土专家并没有独当一面的能力，当农机出现故障时，无论故障大小，本土的农业专家都无法自主排除，大量农机只好停止工作堆放在原地。很多机械因常年停止运转又无专人日常维护，在高温酷热中快速氧化、老化甚至损毁。第三，因农业经验不足，农场管理人员没有能力自主应对随时可能来临的自然灾害和突发情况，如降雨量的减少和病虫害等，最终导致农场运营日益艰难，难以为继。②

---

① 蔡玲明：《姆颇利农场改革记》，《国际经济合作》1991年第8期。
② 蔡玲明：《姆颇利农场改革记》，《国际经济合作》1991年第8期。

以上农业管理方面的问题让毛方管理人员应接不暇,无力解决和应对,农场出现了粮食产量的逐年下降、粮食种植面积的逐年减小等问题,随即开始出现严重亏损迹象。

毛塔政府强烈呼吁和请求中国农业专家重新回到毛塔,帮助毛塔维护和巩固姆颇利农场的援助成果。为响应毛塔方面的急切请求,中国方面积极回应。中国专家以参与管理,而非此前的协助管理的模式,重新进驻农场,与此同时,中国方面再次投入必要的资金和物资来配合农场的改革复兴,以解农场的燃眉之急。1981年,在中国农业专家的精心管理和维护下,姆颇利农场成功实现扭亏为盈,粮食产量再次提升至农场初建时的设计产量。[①]

然而,和其他中国专家参与管理的援助项目一样,经过一段时间的运营,这种援助项目的参与管理合作运营模式的弊病很快暴露,再次威胁到农场的生产和经营。中国专家参与管理虽然可以在当时解决某些管理中的问题,但没有能够解决姆颇利农场管理中的痼疾,农场严重连年亏损的局面再次出现。在管理合作中,虽然中国专家参与了管理,但是他们"并不具有农场的决策权,无法改变农场的资金管理体制,无法在短期内提高农场技术工人的技术素质,更无法更新改造农场老化的机械设备等,这个高度机械化的国营农场与当地较低水平的农业生产力严重不相适应,农场的衰落无法避免"[②]。最终,中国专家虽然通过参与管理的方式让农场起死回生,却没能帮助农场避开毛塔管理人员在决策中的误判和农业决策效率低下的厄运。1985年,农场的"亏损额高达1700万乌吉亚(相当于人民币85万元),不仅吃空了我国提供的生产流动资金贷款,而且固定资产折旧资也所剩无几"[③]。

正当姆颇利农场深陷亏损泥潭中时,中国国内的农村改革取得成功,这给非洲农业援助项目的改革提供了改革的思路和启示,通过再一次全新的

①　蔡玲明:《姆颇利农场改革记》,《国际经济合作》1991年第8期。

②　蔡玲明:《姆颇利农场改革记》,《国际经济合作》1991年第8期。

③　耿庆英、朱天:《改革的春风吹绿了沙洲——援毛里塔尼亚姆颇利农场的改革效应》,《国际经济合作》1989年第2期。

改革,姆颇利农场再次获得了生机。改革开放后,中国的"联产承包责任制"在中国农村取得成功,迅速解决了中国农村和农业中最为突出的吃饭问题。在这一经验的启示下,中国专家提出了一个关于姆颇利农场的大胆的改革设想,即将农场的土地全面整治后划为小块,分给当地农户自主经营。正在痛苦中摸索的毛方采纳了中方的建议,与中国方面达成双边协议,将小块土地分配给农户经营。姆颇利农场的这项改革实施情况如下。

第一步,整治农田,这项工作由中国方面提供。中国的农业技术人员全面整治和维修农场的水利灌溉渠道、农业机械器具、农田道路和各项生产生活设施。"按毛政府要求,把农田划分成每块不超过 0.8 公顷的田块;装修涵管、清淤加固,改善农田的生态环境,创造良好的生产条件。"①

第二步,由毛塔方面主持进行土地分配。1987 年,经毛方农业部批准,由中方将农场土地由原来每块 1 公顷,改成每块半公顷,无偿分配给需要土地的农民耕种。②"毛方成立的姆颇利农场土地分配委员会负责制定土地分配方案和管理制度。经过分配,当地村庄、学校、部队,以及被精简的农场工人等共 700 户分得了土地,其中农民所得土地占 81.7%,户均得地 0.5 公顷。"③

第三步,由中国方面跟踪管理和提供后续技术服务。土地分配给农民后,中国方面主要负责跟踪管理,并提供农业技术方面的指导和服务。中国专家的主要任务是指导当地农民如何在水稻地里种植水稻,他们主要通过田头指导,试验示范,技术培训及产前、产中和产后服务等方式,全面跟踪农民种植水稻的每一个环节,为他们在种植上提供完善细致的生产技术方面的服务和现场指导。

经过全方位的改革,姆颇利农场成效明显,农场再次起死回生。姆颇利农场的经营发展实践表明,这项改革措施具有较强的社会适应性,改革后农场获得了良好而持续的经济效益和社会效益。1988 年,农场的经营状况便

---

① 蔡玲明:《姆颇利农场改革记》,《国际经济合作》1991 年第 8 期。

② 朱克绍:《我在毛里塔尼亚工作两年多》,《九江日报》,2014 年 6 月 5 日。

③ 蔡玲明:《姆颇利农场改革记》,《国际经济合作》1991 年第 8 期。

全面回升，改革带动农场走出了经营亏损的低谷，一个已 20 多年的老援助项目重新焕发出蓬勃的生机。

1988 年，姆颇利农场的粮食产量明显提高，农民收入增加，农场逐渐走出了经营困境。在农场第二区共有 224 公顷土地，这里的水稻当年总产量达795.2 吨，平均单产为 3.55 吨/公顷，比上年增长 11%。根据这一单产，扣除水费、机械收割费、运输费及种子、肥料购买费（第一年不收费）等开支后，尚有相当于人民币 2240.55 元的盈余。农场的丰收提高了农场的效益，成功帮助农民增产增收，之前难以收回的排灌、机械、代耕等方面的生产费用均成功收回。①

经过此次整治，水利设施重新灵活运转，灌溉系统的排灌能力大幅提高，农田水资源的流失和浪费得到有效治理，水能使用效能全面提高。经过中国专家的维修和更新，各项农机具油耗大幅降低，效能明显提高，节省了农田和农业机械的日常开支。②

此次改革还帮助农场改变了经营管理观念，农场职能从农业经营管理向农田服务转变，不仅精简了农场职能和农场人数，减轻了负担，而且活跃了农场管理人员的经营思路，农场还增加了为农场外提供机械等有偿服务。农场场外有偿服务的拓展，为农场附近单位提供了修筑道路、建设水库、修筑地基和装卸货物等社会服务的大型机械，让农场的技术和机械效能充分外溢，产生了良好的社会效应。通过这一系列的改革举措，姆颇利农场再一次迅速走出了低谷，在毛塔的土地上迸发出活跃的生机。③

---

①　蔡玲明：《姆颇利农场改革记》，《国际经济合作》1991 年第 8 期。
②　蔡玲明：《姆颇利农场改革记》，《国际经济合作》1991 年第 8 期。
③　蔡玲明：《姆颇利农场改革记》，《国际经济合作》1991 年第 8 期。

第四节　农业技术示范中心

一、中国的农业援助与毛塔农业的进步

姆颇利农场的援建不仅为毛塔提供了一个发展农业生产的案例和范本,更为重要的是,它开启了毛塔建设农业基础设施和实行灌溉农业的新篇章。此后,毛塔在水利灌溉工程实施和农田基础设施建设,以及种子供给等方面有了根本性的改善。在很长时间里,毛塔国内仅能自主生产全国谷物需求的15%,农产品和食品进口占进口总量的72%[1]。直到1999年,毛塔的粮食依然大量依赖进口和外援。通过姆颇利农场的经营和发展,毛塔政府认识到,塞内加尔河谷可以成为一个重要的水稻生产区域,也可以成为毛塔解决粮食问题的重要方向。因此,毛塔政府在20世纪90年代后期开始引进大规模的发电和灌溉方面的项目,全面支持农业领域的发展。同时,为了推动毛塔的农业发展,世界银行也在塞内加尔河流域支持一项灌溉计划,旨在帮助毛塔恢复在塞内加尔河沿岸的11000公顷耕地,并促进作物种植的多样化。1998年,为保障国家的粮食安全,毛塔政府制定了国家农业长期发展战略,促进农业方面的投资和引进相关灌溉系统等以发展农业。[2]毛塔政府一系列的农业投入,让姆颇利农场避免了撂荒的命运,不仅得以顺利经营和维持下来,而且种植区域的面积还在逐渐扩大,姆颇利平原逐渐地成为毛塔种植农业的核心区域。在过去的30年间,毛塔的水稻种植面积和水稻产量实现了快速的增长(见表3-1)。从水稻种植面积来看,毛塔的水稻种植面积从1985年的3615公顷扩展至2015年的57104公顷。从水稻的产量来看,

---

① 《毛里塔尼亚经济状况概述》,2011年7月19日,驻毛里塔尼亚使馆经商处,http://mr.mofcom.gow.cn,2019年12月20日访问。

② "Mauritania-Agriculture", Nations Encyclopedia, http://www.nationsencyclopedia.com/economies/Africa/Mauritania-AGRICULTURE.html[2019-12-20].

产量从 1985 年的 16264 吨上升至 2015 年的 293219 吨。中国早期在毛塔的
农业援助,帮助毛塔开发了国家最为重要的种植农业,开启了毛塔粮食的自
给之路。

表 3-1 毛塔 30 年种植水稻的面积和水稻产量(1985—2015 年)

年份(年)	水稻(吨)	土地(公顷)
1985	16264	3615
1995	45400	15144
2005	67533	18154
2015	293219	57104

资料来源:毛塔农业部调研材料(希德翻译)。

二、农业技术示范中心的建设情况

中国在姆颇利农场建设中的屡次介入,决定了中国将是毛塔农业发展
中的一个重要而特殊的国家。中国农业援助在毛塔的几次尝试和几度成
功,也让中国积累了大量在毛塔农业实践的经验。毛塔成为中国农业援助
的一个特殊国别。2009 年在中非合作论坛第四届部长级会议上通过的《沙
姆沙伊赫行动计划》指出,中方计划在非洲国家建设农业技术示范中心。经
过各方努力,毛塔争取到了建设农业技术示范中心来发展农业的宝贵机会。
2011 年 7 月,中国和毛塔在努瓦克肖特签订了中国政府援毛塔农业技术示
范中心项目议定书。双方议定,"为了改善粮食安全现状,提高毛塔当地人
民的生活水平,中国政府在毛塔建设一个占地 50 公顷的农业技术示范中心,
中心将建于布拉克纳省姆巴涅县。建设内容包括:办公楼、培训中心、生产
车间、生活用房、农作物试验田、生产和灌溉装置示范田、田间道路和灌溉设
备用房。中心主要承担农业研究与开发、技术培训等任务"[1]。具体说来,中

---

① 《中国援毛里塔尼亚农业技术示范中心项目签订议定书》,驻毛里塔尼亚使馆经
商处,2011 年 7 月 19 日,http://mr. mofcom. gov. cn/article/zxhz/sbmy/201107/201107
07652444. shtml,2019 年 12 月 20 日访问。

国援毛塔农业技术示范中心有 3 项职能：一是开发当地的粮食产品；二是种植粮食作物，为解决毛塔的粮食问题贡献力量；三是向毛塔展示中国先进的农业技术和农业科技，培养毛塔的农业技术队伍。

此后，中国和毛塔方面马不停蹄地展开了合作建设的工作。2012 年 11 月 23 日，在距首都 400 多千米的布拉克纳省姆巴涅县，中国援毛塔农业技术示范中心项目举行奠基仪式，农业技术示范中心项目正式落地实施。项目的实施单位为黑龙江省牡丹江市燕林庄园科技有限公司，项目合作期为 3 年。

经过 3 年的紧张建设，2015 年 2 月，项目实施单位燕林庄园科技有限公司完成了项目建设任务。2015 年 2 月 16 日，中国驻毛大使武东与毛塔农业部部长穆克塔尔分别代表中毛两国政府签署中国援毛农业技术示范中心交接证书。建成后的农业技术示范中心由行政办公楼、禽类一体养殖屠宰中心、农作物试验田三部分组成。武东大使在交接仪式上表示，农业技术示范中心的建成，是中国和毛塔农业技术合作的重要成果，"对提高毛塔农业和粮食生产水平、提升农业研究与开发水平、技术培训及农业可持续发展发挥积极作用"①。农业技术示范中心的建成标志着毛塔拥有一艘农业方面的"技术航母"，它能够为毛塔提供粮食生产方面的技术和研发队伍，提高毛塔的粮食产量，应对当前较为突出的粮食安全问题，同时培养农业技术方面的人才，为毛塔农业的持续发展储备农业技术人才，让毛塔的农业发展走上技术发展之路。

移交后的农业技术示范中心将很快进入 3 年试运营期。根据双方协议，在试运营期内，中国方面继续通过无偿援助的方式，确保农业技术示范中心的正常运营，主要方式有派遣技术专家，采购农用物资，开展实验研究，培训毛方技术人员。2015 年 12 月 18 日，中国驻毛大使武东与毛经济事务和发展部部长赖斯就中国承担援毛塔农业技术示范中心技术合作运营项目签署

① 《驻毛里塔尼亚大使武东出席中国援毛塔农业示范中心交接仪式》，中华人民共和国驻毛里塔尼亚伊斯兰共和国大使馆，2015 年 2 月 16 日，http://www.fmprc.gov.cn/ce/cemr/chn/jmwl/t1238651.htm，2019 年 12 月 20 日访问。

换文确认书,在援毛农业技术示范中心试运营技术合作项目下,中国政府将派遣 11 名专家对中国援农业技术示范中心项目进行为期 3 年的技术合作运营工作。① 试运营期是一个非常重要的合作阶段,承担该项目的中方企业将在 3 年试运营期间与毛方共同探索一条可持续发展的道路,这就意味着在试运营期结束后中国政府方面的援助资金将全部结束,农场将通过探索自主发展的道路,以实现自负盈亏。② 技术合作期开始后,中国方面"计划逐步开展水稻、玉米、蔬菜、菇类的引种及实验,示范肉鸡、蛋鸡规模化养殖技术,推广沼气利用、农业肥料再利用、立体化养殖等生态农业和循环经济理念"③。

三、农业技术示范中心的影响

毛塔农业技术示范中心在探索毛塔农业自给的道路上做出了有益的尝试,为毛塔当前和未来农业的发展奠定了坚实的基础,为毛塔创新农业的发展营造了良好的环境。具体说来,其影响主要可以从以下几个方面来探讨。

第一,增加了毛塔国内的粮食供应,提高了毛塔粮食的国内供给比例。

为了解决和应对粮食安全问题,毛塔政府采取了很多措施,包括扩大灌溉面积、广推新的作物品种、调动农学院年轻毕业生的积极主动性等,这些措施是以训练小农、为大规模生产引入机械化、保证农产品价格稳定、确保农业生产的可持续性为核心的。这些措施的推出,为毛塔农业的发展奠定了良好的基础,农业技术示范中心的建成,有效地集合了这些措施所能产生的能量,其技术支持让毛塔农业发展的若干现实条件得以孵育和转化。具体说来,一是农业技术示范中心增加了种植农业的种植面积,提高了粮食总产量。农业技术示范中心的粮食进入毛塔粮食市场,有助于增强毛塔粮食

---

①　《中国和毛里塔尼亚两国政府就援毛塔农业示范中心项目技术合作运营等项目办理换文确认》,中华人民共和国商务部,2015 年 12 月 24 日,http://www.mofcom.gov.cn/article/i/jyjl/k/201512/20151201217719.shtml,2019 年 12 月 20 日访问。

②　对毛塔农业技术示范中心总经理的访问。

③　《中国驻毛里塔尼亚大使武东在与阿齐兹总统共同为我援毛农业技术示范中心竣工剪彩仪式上的讲话》,中非合作论坛,2015 年 6 月 4 日,http://www.fmprc.gov.cn/zflt/chn/jlydh/t1270101.htm,2019 年 12 月 20 日访问。

的自给能力,稳定粮食市场价格。① 二是农业技术示范中心探索高产的新品种,并增大新品种的推广力度,广泛种植适合当地环境的高产品种,通过高科技的农业技术手段提高粮食单产,提高农业效率,增强毛塔粮食的自我供给能力。

农业技术示范中心所提高的不仅仅是粮食的总产量,还有粮食的产出能力,因此可以说,农业技术示范中心让毛塔拥有了源源不断产出粮食的能力。正如中国驻毛大使武东在农业技术示范中心技术培训班的开幕式上所说的:"示范中心和培训班将会产生持久和深远的影响,因为它们可以帮助毛塔人民改善农业技术,更好地实现粮食自给。给人面包,可让他充饥一天;教人耕作,可让他充饥一生。"② 毛塔在粮食方面的抗风险能力相当差,每逢出现旱灾或水灾等自然灾害时,毛塔的粮食储备就会触及警戒线甚至引发饥荒,因此,当农业技术发展到一定水平,毛塔拥有充分的粮食储备,且在危机发生后拥有粮食替代产品时,毛塔才能真正具备在粮食方面的抗风险能力。

第二,培养了毛塔国内的农业技术力量,为未来农业的持续发展提供了技术储备。

农业技术的匮乏和应对农业生产突发情况的经验欠缺,是毛塔当地农业生产发展的重要障碍。农业技术示范中心的技术培训和技术示范就为当地从事农业技术实践的农民和农业专家提供了活样本,可以让他们随时请教和随时参照。2011—2012 年,为了促进就业,政府推广了一项新的农业就业计划,即为 125 名未能实现技术就业的毕业生提供农业技能的基础培训,并给每人分配一块 1500 公顷的土地,这块土地位于塞内加尔河的姆颇利平原,用于种植粮食作物,在促进就业的同时振兴农业。"姆颇利平原就是中国原援助项目姆颇利农场所在地,也是中国农业技术示范中心所在地。一

---

① 对毛塔农业技术示范中心总经理的访问。
② 《驻毛里塔尼亚大使武东在中国援毛农业技术示范中心农业技术培训班开班仪式上的讲话》,中华人民共和国驻毛里塔尼亚伊斯兰共和国大使馆,http://www.fmprc.gov.cn/ce/cemr/chn/sgzyhd/t1408024.htm,2019 年 12 月 20 日访问。

名名叫 Salem Merrakchi 的小麦种植户在接受《卫报》记者采访时说,那些拥有农业技术方面指导的农民能够获得更好的收成,他希望获得技术方面的指导从而获得更好的收成。而他的困难主要是小麦种植知识不足、动物糟蹋及除草剂等基本农药物资的缺乏等。"①

对于处于当前技术阶段的毛塔农业从业人员来说,技术培训和技术服务极端重要。毛塔不是一个有农业传统的国家,农业技能方面的基础非常差,农民基本上不具备独自操作的技术基础。因此,技术的培训和技能的提升对当前毛塔农业的发展极为重要。在姆颇利平原上有一名名叫 Rabia Mint Zeidane 的农民,她是努瓦克肖特大学的一名经济学毕业生,通过毛塔国家振兴农业计划得到了姆颇利平原上的一块土地,目前经营状况良好。她坦承,她的耕作大大受益于国家的农业培训项目。② 因此,农业技术的掌握对于毛塔农业从业人员具有充分的必要性和重要性。为了让更多的毛塔农业从业人员掌握充分的农业技术,农业技术示范中心举办了各类技术培训和实习,帮助毛塔农民全面提升农业技术方面的基础水平。农业技术示范中心举办从农机具使用到农业田间作业的各类技术培训班,确保不同技术基础的农业从业人员都能够掌握,同时农业技术示范中心还注重毛塔农民实际操作能力的培养,增加农业技术在毛塔农业实践中的运用。此外,农业技术示范中心也为罗索农学院的学生提供了实习的基地和技术指导老师,为他们掌握基于实践的技术提供了良好的条件,提高了技术的应用性。③

第三,新品种的研发和新技术的投入,为当地农业探索更多的选择。

在毛塔农业发展的历史上,曾经出现过农民因技术障碍、粮食减产而抛耕弃种的情况。20 世纪 80 年代,因为害虫、小麦脱粒方面的技术障碍和气

---

① "Mauritania Makes a Fresh Attempt to Boost Agriculture", theguardian. com, https://www. theguardian. com/global-development/2011/sep/02/mauritania-attempt-boost-agriculture-farming[2019-12-20].

② "Mauritania Makes a Fresh Attempt to Boost Agriculture", theguardian. com, https://www. theguardian. com/global-development/2011/sep/02/mauritania-attempt-boost-agriculture-farming[2019-12-20].

③ 对中国援毛塔农业技术示范中心的访问。

候方面的不确定性等,毛塔的粮食产量剧减,甚至无法满足生计,很多毛塔当地的农民放弃了自己的灌溉土地。由此可见,在毛塔,提升农业技术已迫在眉睫。

为了克服当地农业的技术障碍,农业技术示范中心加大了新品种的研发和新技术的投入力度,通过高科技解决毛塔农业发展的痼疾。罗索的农业发展中一个重要的问题是鸟害,这在毛塔的农业发展中也是一个非常普遍的问题,严重地危害和制约了当地的农业生产。据农业技术示范中心的农业技术专家介绍,在收获的季节,当天边飞来一群黑压压的鸟后,不一会儿工夫稻田里就是一片狼藉,这片稻田就几乎颗粒无收,一年的劳动就此归零。无论是中国援建的姆颇利农场,还是姆颇利平原上的当地农场,此类问题始终没有得到彻底解决。为了解决危害毛塔农业发展多年的鸟害,农业技术示范中心开始研究和探讨新的水稻品种。最终,农业专家发现了一种水稻芒很长的品种,鸟在吃到这种水稻时喉咙就会被卡住从而无法吞咽,如此即可防治鸟害。这一品种现已研发成功,准备在当地推广使用,希望能缓解农业中的鸟害状况。[①]

为了生产出更加适合罗索高温气候的高产水稻品种,示范中心与湖南农业大学的袁隆平团队建立了合作伙伴关系,共同开发适合毛塔气候和水土的杂交水稻新品种。研发出毛塔当地的杂交水稻品种和适合毛塔气候水土的高产水稻品种,提高水稻亩产和粮食总产量,成为当地农民的全新愿望,也成为毛塔解决人民吃饭问题、带领农民脱贫致富、确保国家粮食安全的一个重要希望所在。

此外,农业技术示范中心还在探索农业经济种植和养殖的路径,如水果蔬菜的种植和肉鸡的饲养等方面的技术,这些都为当地农民提供了更丰富的发展选项。

四、农业技术示范中心的困难

当然,虽然毛塔农业技术示范中心的农业专家来自中国重要的粮食生

---

① 对中国援毛塔农业技术示范中心的访问。

产基地黑龙江,掌握世界上较为先进的农业前沿科学知识与技术,但是在异国他乡的沙漠性气候中种植粮食作物,依然障碍重重。归纳起来,在毛塔当地发展农业面临的问题主要有以下几个方面。

第一,缺乏农业传统,农业发展的水文和气候档案材料不足。在对当地农民的访谈中笔者了解到,农民最担心的除了鸟害等方面的问题,还有因气候和降水不稳定而带来的病虫害。毛塔没有农业传统,历史上对于气候和水文方面的记录不足,种植农业没有规律可循,这就可能引发一系列不明的种植风险。如因气候的快速变化和降水的严重不均,病虫害的方式和种类非常多样化,当地并没有对病虫害的种类和可能出现的气候进行记录和研究。虽然中国援毛塔农业技术示范中心的专家在国内有常年的农作经验,但是,毛塔的气候与中国的气候天差地别,温带气候条件和水土条件与毛塔的沙漠性气候和水土有着天壤之别,农时也就会有非常大的差异。中国的农业技术专家不得不凭借丰富的农作经验,结合在当地的种植体会,重新编制毛塔农业病虫害方面的相关资料,为当地农民的耕作留下了宝贵的参考与借鉴资料。

第二,缺少与农业相配套的附属产业,如农药、化肥等方面的产业。草害是制约毛塔农业发展的重要因素之一。根据专家的介绍,田间的野草经常一夜之间就长起来,且长势比庄稼还要好。但是,毛塔不生产化肥、农药,除草剂需要从国外进口,因此除草害部分的花费特别高,而且手续烦琐,时间成本也非常高。老鼠也是危害庄稼生产、影响粮食丰产的重要威胁。但是毛塔采用的是机械式灭鼠方法,没有针对性的杀鼠剂来灭鼠,因此,田间的老鼠成灾,危害庄稼生长。20世纪80年代时,毛塔南部的农业发展受阻,很多农民抛弃了原有的灌溉土地,其主要的原因就是农业科技投入较少,无法解决作物的病虫害问题,没有化肥来实现粮食的增产和收入的增加,以及缺少专门的农业气象预报机构,可以持续不断地为农业提供气候方面的参考。[①] 目前，这一问题依然是困扰毛塔农业发展的主要问题之一。

第三，农业技术基础较差，掌握难度较大。由于缺乏农业传统，毛塔没有传统的农业技术，也没有农业基础。绝大多数从事农业生产的人没有接触过农业，缺乏技术基础，甚至连基本的概念都没有。因此，零基础的农业从业人员给技术中心农业技术的推广带来较为明显的障碍。如在农业机械的使用上，当地农民不会使用拖拉机，也没有播种的经验，更不会将开拖拉机与播种联系起来，有时连教授也很多次都无法正确操作拖拉机；在农作物的栽种和收获时，当地农民因为没有相关的技术基础和实践经验，无法分辨种植的行间距等，经常出现种植过密或过稀的情况，严重影响作物的生长和产量。类似的问题每年都会出现，这些都让技术推广人员感到力不从心。

第四，农业技术研发和技术中心的年限设计出现冲突。农业技术研发是一个漫长的过程，农业专家需要经过不断的选种和比对，才能选出适合当地的高产品种，确保种植种子的基因优势。然而，在农业技术示范中心的援助协议中，农业技术示范中心的援建周期为3年，因此，3年后，承建农业技术示范中心的公司将进入技术合作期。也就是说，不管3年援建周期内的技术研发情况如何，3年后都将转入技术合作期，届时，中国政府将不再援助，转由这家承建公司自主经营或者转交毛塔方面自主经营。根据农业技术的研发周期来看，3年不足以完成优秀作物的选种工作；根据毛塔这类农业技术基础起点较低的国家掌握农业新技术的情况看，3年不足以让足够的农业从业人员掌握中国先进的农业技术。因此，3年的援建周期太匆促，不符合农业技术的研发规律和毛塔这类国家的人才成长规律，不能真正帮助毛塔选到最优秀的水稻品种，也不足以培养毛塔农业技术人才。

---

① "MAURITANIA: Fresh Attempt at Irrigated Agriculture", IPS, Aug 30,2011, http://www. ipsnews. net/2011/08/mauritania-fresh-attempt-at-irrigated-agriculture-2/ [2019-12-20].

第五节　畜牧业示范中心

一、毛塔建畜牧业示范中心的条件

毛塔被称为沙漠之国,沙漠面积占国土面积的80％以上,毛塔因此成为一个有着悠久畜牧业传统的国家,畜牧业在国民经济中占重要地位。毛塔保留的具有游牧特色的畜牧业生产总值占国内生产总值的14％,约占农业总产值的80％,而且畜牧业在农村地区的附加值达到70％以上。大规模的畜牧业在毛塔已有几个世纪的历史(牧主往往是资本雄厚的商人),但是,毛塔与其他北非国家不同,它几乎没有固定的大畜牧养殖场,只有小数量的畜牧养殖户,且畜牧业越来越向有水源的区域集中。[①] 随着近年来降雨量的不断增加,牧场资源和数量逐步恢复,农村人口外流放缓,牲畜饲养量持续增长。据毛塔农业部2011年的统计,全国存栏牛172万头、绵羊609万只、山羊914万只、骆驼137万峰和家禽500万只(主要为鸡)。主要畜禽数量较2010年均有小幅增长;牛、骆驼和绵羊/山羊的出栏率分别为11％、9％和28％。人均占有牲畜头数该地区是最高的。[②]

从总体来看,毛塔虽然畜牧业传统悠久、畜牧业资源丰富,但畜牧业发展依然非常落后。毛塔的牛羊养殖仍以放牧为主,每逢旱季,牛羊因严重缺乏饲草料而大量掉膘、减产甚至因饥饿而死亡。周而复始,牛羊出栏率大大降低,产肉性能差。作为一个畜牧业国家,毛塔的牛羊肉价格较周边国家高出很多,因此,畜牧业并没有在改善当地人民生活水平上发挥明显的作用。此外,毛塔与畜牧业相关的配套产业发展严重滞后,如饲草料的种植、牲畜

---

① 《毛里塔尼亚农业概况》,驻毛里塔尼亚大使馆经商处,2013年12月25日,http://www.agri.cn/V20/ZX/sjny/fz/201405/t20140526_3915811.htm,2019年12月20日访问。

② 中国援毛塔农业技术示范中心调研,2017年4月9日。

医药、牲畜配种、牛羊的屠宰及牛羊肉的深加工等领域没有得到充分的发展，因此，畜牧业的产量和质量都较低。

显然，毛塔的畜牧业发展状况与毛塔畜牧业在国家经济社会中所具有的地位是极不相称的。首先，作为一个传统的畜牧业国家，毛塔大力发展畜牧业有着充足的必要性。毛塔的肉类价格高于周边国家，影响到民众生活水平的提高。"毛塔肉类消费量近年来呈逐年下降趋势，尤以牛肉较为明显，这其中有食品结构变化的原因（近10年来鱼的消费量逐年增加），但牛肉价格逐年上涨也是一个原因（1990年200乌吉亚/千克，1995年500乌吉亚/千克，2002年800乌吉亚/千克）。根据1996年的一项统计，毛塔全年消费肉类73006吨。其中牛肉16215吨，占22.21%；羊肉38745吨，占53.07%；骆驼肉18046吨，占24.72%。全国年人平均消费肉类16.34千克。"①

其次，毛塔的畜牧业亟待技术和资金的投入。由于毛塔畜禽生产性能较低，毛塔的畜牧业产出较少。例如每头奶牛产奶量仅3～5千克，肉牛体重仅120千克左右，这样的产出比与世界畜牧业平均发展水平相比低很多。另外，由于畜牧业基础设施薄弱，畜牧业基本上为自然放牧，靠天养畜；由于降雨量导致草场产草量低下等，饲草料缺乏，满足不了牲畜营养需求，畜禽死亡率较高，成活率较低。有关畜牧业发展技术方面缺乏实验和适用性的研究，例如，畜禽改良研究基本为空白。

然而，沙漠戈壁上的毛塔是一个天然的牧场，有大片的天然草场，是发展畜牧业的天堂。中国援建的畜牧业示范中心选址建在瓦德纳嘎市，这里有着独特的发展畜牧业的优势条件，主要有以下几个方面。

第一，示范中心的地形地貌和地表植被适合发展畜牧业。示范中心建设地点位于首都努瓦克肖特东南方向约56千米处，属特拉扎省瓦德纳嘎市郊区，从希望大道（从首都通往内马，全长1200千米）向西南1.5千米起，向西南延伸5千米，宽2千米，总占地面积1000公顷，其中，110公顷为项目示

---

① 《毛里塔尼亚农业概况》，驻毛里塔尼亚大使馆经商处，2013年12月25日，http://www.agri.cn/V20/ZX/sjny/fz/201405/t20140526_3915811.htm，2019年12月20日访问。

范中心建设用地,890 公顷为可持续发展用地。地理坐标:北纬 17 度 55 分 47.40 秒,西经 15 度 28 分 48.28 秒。瓦德纳嘎市处于撒哈拉沙漠的西南边缘,西濒大西洋(离海岸线约 60 千米),气候干燥、酷热,最高气温 47 摄氏度,最低气温 14 摄氏度,年平均降水量 100～150 毫米。地表为大片的黄沙,西南—东北向的陇岗状沙丘和沙丘间的平坦洼地构成本区的基本地貌特征——主要为沙漠丘陵,地形起伏较大,南北高,中间低,南边有裸露的沙丘,向西北约 2 千米处有小村庄。地表植被覆盖率较好,主要植物类型为沙漠多年生草本植物,地表覆盖禾本科草,并有少量灌木。这一带土壤为沙土,土质疏松,原为当地的放牧地区,适合牛羊饲养。

第二,示范中心所在区域属于毛塔的畜牧业优势区域,有助于直接针对畜牧业发展中的技术短板发挥示范作用。瓦德纳嘎市的气候和水土非常适合畜牧业的发展,这里也是毛塔畜牧业优势区,有着发展畜牧业的良好基础和前景。当地居民主要从事畜牧业,全市人口 8.5 万,养殖户 2 万。养殖业收入为当地居民的主要生活来源。瓦德纳嘎全市范围内有存栏骆驼 37.5 万峰、存栏牛 15 万头、存栏羊 40 万只。因为良好的畜牧业基础,这里的畜牧业产业链也是毛塔国内最为成熟和齐全的。该市拥有 2 个行业协会、1 个家畜交易中心和 2 个乳品加工场。当地丰富的畜牧资源和良好的畜牧业发展基础,对示范中心建成后的产业化发展和商业化拓展具有重要的基础性作用。

第三,毛塔发展畜牧业能够与毛塔国家对畜牧业发展的规划展开有效对接。毛塔在瓦德纳嘎市当地建设了全国唯一的畜牧业技术示范中心,该中心从法国引进蒙贝利亚冻精,为周边牧民饲养的土种牛(非洲瘤牛)人工授精,两年内繁育杂交牛 100 多头,效果显著,深受当地群众欢迎。这为中国援建畜牧业技术示范服务中心开展人工授精提供了技术支持。

第四,畜牧业示范中心位于毛塔首都努瓦克肖特原有的水源地伊迪尼附近,地下水资源较好。据当地人介绍,这里的水井流量能够达到 20 吨/小时,当地潜水位埋藏深度约 20 米,地下水源极为丰富,具备发展畜牧业的有利条件。因为地处首都水源地附近,除了水源丰富之外,当地的水质符合饮用水标准,有利于产出高质量的牛羊肉,所以非常适合在这一地区发展大规模的牛羊饲养产业。当地是毛塔重要的畜牧业产业区域,在该区域建设示范中心,有利于针对毛塔当地最急需解决的牲畜饲养技术难题开展技术服务,提高当地畜牧业技术水平和生产能力,增加居民收入。同时,当地已有的丰富畜牧资源和畜牧业产业渠道,对示范中心建成后的产业化发展和商业化拓展具有重要的基础性作用。

第五,这一带的经济社会条件也有助于发挥示范中心的畜牧业技术示范和商业运营示范作用。畜牧业技术示范中心场址靠近希望大道,距离毛塔最大的城市努瓦克肖特较近,具备水、电、路、通信等基本的生产和生活条件。靠近首都,为运营期的市场销售和运输创造了有利条件,同时周边的土地规模适合可持续发展,有利于企业进行商业化运作并取得成功。与此同时,该区域是毛塔的畜牧业优势区,在畜牧业方面有着悠久的传统和良好的基础,既有利于充分发挥示范中心技术示范和服务作用,又有利于企业推进产业化运行,实现可持续发展。

第六,这一带交通便利,生产物资的运输极为方便。示范中心距离双车道柏油路的希望大道仅 1.5 千米,交通便捷。电力供应稳定,临近公路有毛塔城市供电线路,方便接入毛塔国内的交流电源,可确保示范中心的电力供给。从动物防疫的角度来看,这一地区周边 1.5 千米以内无居民点、养殖场、畜禽屠宰加工场,符合畜牧养殖和动物防疫要求。

第七,畜牧业示范中心的建设单位来自中国宁夏,宁夏与毛塔有着较相似的气候和水文条件,在畜牧业方面存在共同合作和相互借鉴的可能性。宁夏回族自治区境内有毛乌素沙漠、腾格里沙漠等,在沙漠种植方面及畜牧业养殖方面积累了一定的经验,奶牛头均产奶量位列全国先进省区,特别是利用节水灌溉设施在沙漠中种植紫花苜蓿等饲草料作物,规模化程度和产业化水平均较高。

二、畜牧业示范中心的主要内容

(一)畜牧业示范中心项目的主要内容

在畜牧业示范中心的规划设计中,示范中心发展的主要内容为:以奶牛养殖业为主,种植业为辅,沼气为纽带,发展"种—养—加""牛—沼—田"的高效、生态、循环、节能的农业生产模式,引进试验优良品种,示范推广中国热带沙漠地区的先进实用的奶牛饲养技术,提升毛塔奶牛养殖综合生产能力,不断提高其牛奶等乳品的自给率。在示范期内,示范中心的示范内容包括:高产奶牛标准化养殖;奶牛和肉牛改良;疫病诊疗和防控示范;饲草料种植加工示范;太阳能发电技术示范。

(二)畜牧业示范中心的建设进展及成绩

畜牧业示范中心完成了基础建设,现已进入技术合作期,主要的工作成绩如下。

1. 完成了示范中心的基础设施建设

根据示范服务中心的功能定位,目前建成了饲草料种植区、养殖示范区和办公生活区三个功能区,三区长 1830 米,宽 600 米,总占地面积 110 公顷。其中,饲草料种植区 99 公顷(含 29 公顷隔离带),养殖区 9 公顷,办公生活区 2 公顷。办公培训楼 400 平方米,实验楼 200 平方米,住宿生活用房 640 平方米,道路停车场 350 平方米,供配电线路 1000 米,供水设施 1 套,车库门房 100 平方米,围墙 600 米,大门 1 座,景观绿化 2000 平方米。在中心一侧预留 890 公顷的可持续发展用地,在项目建设和技术合作期作为犊牛、青年牛和杂交试验牛的放牧地。

示范中心充分利用当地充沛的太阳能资源,建设了一座 6 千瓦离网光伏电站,年发电量 11.1 万千瓦时。利用毛塔境内相对丰富的光热资源发电,满足了示范中心生产、生活用电需求,实现了能源获取的清洁性和环保性。

2. 优良饲草料的试种和选种

毛塔的牧场均为天然牧场,但缺乏牧草,为了找到适合当地水土气候和示范中心牛羊品种的牧草,示范中心开始了饲草料的试种和选种。在饲草料种植区,农业专家在考察了以色列在非洲国家利用节水灌溉种植紫花苜蓿和玉米的实际情况,实地参观了苏丹尼罗河灌区紫花苜蓿和其他农作物的种植情况后,回到示范中心开垦 2 公顷土地试种饲料玉米、青储玉米和紫花苜蓿等农作物品种,这些与毛塔气候类似的畜牧业国家的饲草料种植经验帮助示范中心在种植上获得了成功。最后,专家选取了紫花苜蓿作为示范中心的饲草料。紫花苜蓿作为饲草料在当地种植有着较为明显的优势，它是一种蛋白质含量在 20% 以上的高效饲草料,有助于培育出高质量的牛羊肉,因此,示范中心选取紫花苜蓿作为未来饲草料种植的发展方向,推广大面积种植。为了提高产量,农业专家还对土壤进行改良,确保饲草料的品质和产量。

3.动物的饲养和优良品种的改良、杂交和选种

示范中心从他国引进 100 头高产荷斯坦或蒙贝利亚基础母牛,用来试验高产奶牛繁育、饲养管理技术。到 2017 年 5 月,示范中心购进了 100 头本地母牛(瘤牛),引进高产奶牛、肉牛冻精,应用人工授精技术开展杂交改良,通过对比分析,找到了适合当地气候和水土的肉质优良、口感适合出口的新杂交牛品种,并在示范中心推广养殖。示范中心将把品种改良,饲料配制,冻精生产,奶牛、肉牛高效养殖和饲养管理,机械化挤奶,疫病防控,肉牛育肥技术作为畜牧业的主要技术示范领域,将国际良种牛种质资源引到毛塔,通过人工授精技术繁育改良当地牛,提高毛塔奶牛、肉牛养殖水平和综合生产能力。通过先进技术的示范,推广良种牛种,配合科学化的饲草料供给技术,改变毛塔奶牛、肉牛养殖的落后状况,使奶牛、肉牛养殖成为带动当地农民增收、致富的主导产业和农业创汇产业。

4.畜牧业及其相关技术示范

在完成了动物实验研究选种和饲草料的实验研究选种后,示范中心进入全面技术示范的阶段。示范中心的技术示范包括以下几个方面:高产奶牛规范化养殖试验示范、疫病诊疗和防控技术示范、饲草料种植试验示范、饲草料加工调制技术示范、太阳能发电技术示范等。

三、畜牧业示范中心所发挥的作用

通过建立畜牧业科技产业园区,引进中国先进的、适用于毛塔畜牧业的高新技术成果,发挥其试验示范、辐射带动、产业集聚、产业孵化和培训教育等方面的作用,催化和带动毛塔当地的畜牧业发展,成就毛塔畜牧业发展航母,打造兼具毛塔特色和综合效益的现代畜牧业示范样板,带动更多的畜牧业农场和畜牧产业的协同发展。具体说来,畜牧业示范中心将技术转化为

当地生产力,提高当地农牧产品附加值,其所发挥的作用主要有以下几个方面。第一,培育出适合当地气候水土的饲草料,为牛羊养殖提供饲草料。在毛塔传统的养殖方式下,每逢旱季,牛羊都会因严重缺乏饲草料而大量掉膘甚至死亡,从而导致出栏率低和产肉质量低。饲草料的种植和改良是毛塔畜牧业发展的关键环节。示范中心紫花苜蓿的试种成功让毛塔首次具有了生产饲草料的能力,丰富了毛塔当地饲草料市场供应的同时,还提高了饲草料的质量。高蛋白含量的紫花苜蓿是动物极佳的饲草料,也是国际上公认的最适合养殖优质动物的饲料之一,其不仅可以以鲜草供给,还可以制成干草和科学配方的饲料,其大量生产和供应不仅可以提高毛塔饲草料的当地供给,还可以降低毛塔畜牧业对豆粕类蛋白来源的依赖。通过采用当地产鱼粉、玉米、作物秸秆、粮食加工副产品、高蛋白优质饲草和木本植物等,探索出基于当地资源特点的精饲料和全价饲料配方,满足当地牛、羊、骆驼不同生长期需求,使当地饲料逐步替代进口饲料。

饲草种植技术的成熟和推广,有助于提高毛塔畜牧业的产量和质量,降低枯草季节牛羊的掉膘率和死亡率,有助于帮助毛塔建立起全年均衡的畜牧业出产体系,稳定毛塔国内牛羊肉的价格。与此同时,畜牧区饲草料业的发展也减少了当前饲草料从罗索长途运输,甚至从塞内加尔等国进口饲草料的次数,保证了饲草料的当地供给,节省了时间和经济成本,减轻了长途运输给当地交通带来的运输压力,增加了牧民的经济收入,有助于切实提高当地民众的生活水平。

饲草料种植中所运用的农业技术有助于提升毛塔的农业技术水平,撬动畜牧业和农业等相关产业中的技术支点,带动行业性的技术革新。示范中心在饲草料种植中运用的节水灌溉技术和农作物轮作技术等有助于农牧民在掌握此类技术后于生产实践中进行推广运用,带动其他农牧业技术水平的全面提升。

第二,改良当地牛羊品种,提高牛羊的产量和质量。中国农业技术专家在牛胚胎移植、冻精生产及人工授精领域拥有技术优势,这也是带领中国肉牛产业向前发展的技术重点。示范中心将牛胚胎移植、冻精生产及人工授精技术引入毛塔,探索当地肉牛良种化进程。为了改善牛肉品种和牛肉品质,示范中心通过推广科学饲养方法和投入新品种,帮助毛塔生产出具有世界一流水准的牛羊肉,通过饲料的科学添加,饲养出口感和质量一流的牛羊,再加上清真的屠宰和处理方法,毛塔的牛羊肉有望成为人民餐桌上的优质选择。新品种的研发和投入,能够帮助牧民饲养出生长快、抗病力强、繁殖力旺盛的牛羊,提高肉牛肉羊的鲜肉出产率,增加奶牛奶羊的鲜奶产量,并提升所产的质量,供应当地市场和出口到国际市场,为当地农牧民增加收入。

第三,培植各类蔬菜瓜果,丰富毛塔人民的餐桌,助力粮食问题的解决。几亩试验田生机盎然、瓜果飘香。"这是我们改良过土壤的试验田,没想到庄稼能长得这么好。"示范中心总经理张洪恩对记者说,"毛塔人世代以放牧为生,一位前来参观的毛塔官员看到地里结出西瓜、甜瓜、黄瓜、南瓜等,忍不住感叹说:'我们的土地上竟然也能种出这么好的蔬菜水果!'"[①]

第四,试行生态农业和循环农业,寻求畜牧业发展中的生态保护和各类资源的合理利用。通过示范沼气工程技术,可改变毛塔传统的粪便处理方式,推动生态农业和循环农业的发展。示范中心以饲草料种植为切入点,带动当地饲草料生产,提高当地饲草料生产水平和自给率;以胚胎移植和冻精生产为切入点,推动当地肉牛奶牛改良的进程,提高牛肉品质和市场竞争力;发展"种植—养殖—加工"的高效、生态、循环、节能农业生产模式,逐步实现产业化经营,同时开发其他产业,进行日光棚蔬菜生产试验,等等,实现一系列相关产业的高效循环。

第五,举办研修班,向当地的牧民和畜牧企业提供畜牧业技术培训。根据中国和毛塔的政府间协议,示范中心每年举办各种培训班共4期,每期培训50人,经过3年的培训,共培训600人。培训班为受训学员提供畜牧业方面的基础知识,介绍畜牧业方面的先进技术和管理方法,提升毛塔牧民的畜牧业技术水平。借助园区的农业设施、先进的科学技术成果和科学管理模式,示范中心把中国畜牧业科技成果引入园区,促进农业技术人员与当地生产经营者进行面对面的交流,让当地的畜牧业饲养技术站在更高的起点上。

---

① 《中国务实项目推动毛塔经济发展》,《人民日报》,2016年9月17日。

　　由于当地人员受教育水平较低、掌握的生产技能较少,项目培训任务较重,示范中心决定根据项目实际需要进行分层次、分项目培训。培训的对象主要是毛塔畜牧业技术推广人员和重点养殖农户,以此带动当地养殖农户提升生产技术水平和生产能力。考虑到参加研修班的人员有不同的技术背景、技术基础,处于不同的技术应用环境,示范中心将培训分为三个层面:一是培训农牧部门的专业技术人员,包括当地农业科研人员;二是培训当地各项农业技术的带头人和骨干;三是培训直接使用农业技术的农户和养殖专业户。各项农业技术培训同时展开,按照生产季节的要求,培训过程以理论结合实践,加深受训学员对各项技术的理解,提高受训学员对各项农业技术的接受能力。培训的方式各种各样,包括举办培训班、讲座、新产品展示会、交流会,开展田间操作实践、实验室试验和进村入户现场技术指导,等等。

　　2016 年 10 月,在进入技术示范期之前,该示范中心就迎来第一批毛塔培训学员。示范中心配合农业部沼气研究所承办了"2016 年毛里塔尼亚沼气利用技术培训班",来自毛塔农业部沼气研究所和中国农科院的 10 多位专家亲自为学员授课,培训为期 56 天。对于示范中心来说,他们把技术培训视为一项任务,更视为一项责任,想方设法通过各种有效途径让学员们掌握更多实用技术。示范中心总经理张洪恩说:"将我们的先进实用技术传授给非洲朋友,让他们学得会、用得上,改变非洲相对落后的畜牧业和农业,是我们工作的重点和难点,也是我们肩上沉甸甸的责任。"①为了确保学员能够掌握实用技术,示范中心采取了多种方式来教学和开展实习:一是在示范和服务中心养殖基地进行现场教学和养殖场实习;二是项目实施单位和当地畜牧业农技人员到外省市进行现场指导和讲解;三是通过当地畜牧业技术推广体系,开展培训;四是结合毛塔有关方面的工作组织培训。培训具有充分的针对性,强化了毛塔畜牧业科技队伍的建设,带动了周边地区农民科学文化素质和科学养殖水平的提高。

　　第六,拓展毛塔畜牧业产业链,实现畜牧业养殖的产业延伸。畜牧业科技产业园区内,农业科技人员对引进的高新技术成果进行工程开发和市场

---

① 《中国务实项目推动毛塔经济发展》,《人民日报》,2016 年 9 月 17 日。

开发,使这些畜牧业高新技术成果在园区里孵化成适合市场需要的、技术上比较成熟的商品。同时,通过高新技术成果的转化和开发,园区的企业也逐步孵化成高新技术企业。畜牧业示范中心不仅是畜牧业养殖的示范中心,而且成为畜牧业全产业链开发的产学研一体化的技术园区,实现畜牧业产业的全产业链研发和全产业链发展,带动毛塔畜牧业从养殖业向畜牧产业推进。园区的产业集聚,有助于畜牧业从外部吸收大量资金、技术、人才和信息,推动园区的产业扩张和产业升级。

第四章　中国对毛塔的教育援助与文化交流

第一节　中国对毛塔的教育援助概览

在毛塔实现独立之前,毛塔境内几乎没有学校。法国殖民当局在毛塔建立了一套公立学校制度,"这类学校大部分都集中在塞内加尔河谷的定居居民中"。"二战"后,法国人曾在毛塔实验过创办"流动学校",向游牧民提供现代教育。① 在 1954 年,这种帐篷学校有 12 所,共有学生 241 名。比较稳定地享有教育权利的是极少数权贵阶层的后代,这部分黑人贵族的孩子被送往塞内加尔的一所学校学习,这所学校也是法国人在塞内加尔建立的。因此,对于毛塔普通民众来说,文盲率几乎接近 100%。

作为一个伊斯兰国家,毛塔有着悠久的伊斯兰教育传统。伊斯兰教育曾一度是毛塔年轻人受教育的主要形式。毛塔获得民族独立后,统治者很快认识到简单的伊斯兰教育的弊端所在,伊斯兰教育并不能培养技术人才,也无法培养出现代化的人才,不能为毛塔的发展输送其所急需的人才。因此,毛塔政府高度重视现代教育事业的发展,把提高全民教育水平作为实现现代发展的重要举措。毛塔当代教育建立在 3 个相互重叠的哲学基础之上:本土、伊斯兰和西方。本土意味着将年轻人培养成对当地社区有用的人,是由父母、兄妹、同龄人和传统教师提供的,被视为一种内在的功能性教育。伊斯兰表明了其价值观念中的宗教性,通过学习《古兰经》熟悉伊斯兰教义,

---

①　李广一:《毛里塔尼亚　西撒哈拉》,社会科学文献出版社 2008 年版,第 102 页。

培养尊重和传承伊斯兰信仰的毛塔人。西方则意味着毛塔的教育具有一定的开放性和时代性，接受经典的法式教育。

在教育的语言使用上，在独立之初，毛塔的教育系统采用法语教学，大多数学生来自有法国殖民教育传统的图库勒和沃洛夫地区，然而，独立后掌权的毛塔人拥有了绝大部分的技术和外交职位，大多数讲阿拉伯语的摩尔人认为自己处于不利地位。20 世纪 80 年代末，当时的军政府加快了阿拉伯语化政策，10 年后，80％的学校采用阿拉伯语授课。① 但是，经过多年的教育实践，人们发现，虽然法语为人所不齿，但法语人才逐渐地成为政治、经济和文化事业的人才主力，对法语教育的忽视带来了教育等领域的机会不平等现象，为此，毛塔政府将法语和阿拉伯语一起作为毛塔的官方语言。② 目前，毛塔的小学从二年级开始教授法语。

经过半个世纪的发展，毛塔的教育有了明显的改善，但依然非常落后。2008 年，15 岁以上的文盲率达 40％，基础教育的入学率为 73％。可喜的是，近年来，毛塔的教育状况改善迅速，入学率等迅速飙升。1997 年，男孩的小学入学率为 61％，女孩为 53％③，到 2012—2013 年，小学毛入学率上升至 97％。④

在初级和中级教育取得快速发展的同时，毛塔的高等教育也实现了高速的发展。2017 年，毛塔的高等教育资源相当有限，只有 1 所大学、3 所学院和 5 所技术学校。努瓦克肖特大学是毛塔唯一的一所综合性大学，学院包括国家行政学院、高等师范学院、高等科学院和高等伊斯兰学院。努瓦克肖特大学成立于 1981 年，2017 年拥有 8000 多名在校学生，拥有艺术、人文、法

---

① "Mauritania", Britannica, https://www. britannica. com/place/Mauritania/Economy[2019-12-20].

② 对努瓦克肖特大学经济系教师亚黑亚的访问。

③ "Mauritania-History & Background, Constitutional & Legal Foundations, Secondary Education, Higher Education, Administration, Finance, & Educational Research", Education Encyclopedia, http://education. stateuniversity. com/pages/971/Mauritania. html[2019-12-20].

④ "Education in Mauritania", Global Partnership, http://www. globalpartnership. org/country/Mauritania[2019-12-20].

律、经济、科学、技术，以及医学方面的学位授予权。在罗索有 1 个农业研究中心和 1 所矿业学校，以及一些专门的研究机构，这个国家正在持续地向培养更多发展所需要的技能人才方向转变。2012 年 11 月，阿齐兹总统发布了"科技和应急应用"计划，决定成立努瓦克肖特科技和医科大学，为毛塔提供科学和技术方面的人才，为该国实现经济的持续发展提供急需的科学和技术人才支持。2015 年，毛塔建立了一个高等教育和科研国家委员会，作为国家发展知识经济的一个组成部分。因此，2015 年也被称为毛塔的"教育年"，不久的将来，毛塔有望迎来高等教育方面的快速发展。①

即便如此，毛塔的教育资源仍严重不足，面临各方面极其严峻的挑战。概括起来，当前毛塔教育所面临的挑战主要有以下几个方面：其一，学生的毛入学率有了较大的改善，但失学率依然居高不下。根据世界银行的统计，毛塔 2012—2013 年度的小学毛入学率为 97％，但是失学率大约为 30％，特别是女性的失学率明显高于男性。不过，相比 2007 年 45.5％ 的毛入学率，已经有较大幅度的改观。② 其二，教育资源有限，教育机构无法发挥正常的教育功能。在偏远的农村，学校严重缺少教师，教学质量受到影响。学校的校舍年久失修，一到雨季就无法上课，桌椅损毁严重，严重影响正常教学活动的开展。其三，教育资源分配严重不均，高等教育资源与经济发展需要之间的匹配度不佳。毛塔在渔业、矿业、农业和石油等领域有优势，但是毛塔大学培养的人才多为人文、法律和翻译方面的人才。毛塔矿业发达，是非洲第二大铁矿出口国，矿业也是该国经济增长最主要的动力来源之一，其金矿、铜矿及石油资源丰富，在经济发展中占有很重要的地位。此外，毛塔所在的大西洋水域是西非最大的渔场，因此，毛塔拥有世界上最为丰产的渔业资源之一。此外，塞内加尔河沿岸还有着较为发达的灌溉农业。然而，面对这些支柱产业的人才需求，毛塔现有的教育系统没有办法培养出矿业、渔业

① Wagdy Sawahel，"New Initiatives to Boost Higher Education and Research"，University World News，May 8，2015，http://www. universityworldnews. com/article. php? story＝20150508153436879[2019-12-20].

② "Education in Mauritania"，Global Partnership，http://www. globalpartnership. org/country/mauritania[2019-12-20].

和农业等领域的人才，不能更好地协助这些行业的发展。[①] 在毛塔，只有一小部分的大学生选择数学、医学和工程等专业，绝大部分学生选择了文学、法律等专业，因此，大学毕业生的高失业率也成为高等教育表现不得力的一个重要原因。其四，高等教育质量严重落后。在毛塔，高端人才的流失现象非常严重。在高校，高端人才的流失带来了人才的短缺和科研教学的落后。在统计的 144 个国家中，毛塔的数学和科学教育排名第 123 名，技术教育排名第 123 名，研究机构的质量排名第 124 名，教育质量排名第 128 名，创新能力排名第 131 名，科学家和工程师数量排名第 139 名，大学和工业的合作质量排名第 141 名，高等教育与培训的质量排名第 141 名。[②]

　　中国有尊师重教的优良传统，"十年树木，百年树人"，教育是中国实现发展的起点与基础。对于毛塔这样一个一穷二白的国家来说，教育的重要性不言而喻。因此，在中毛的交往中，中国特别关注对毛教育方面的援助。中国和毛塔的教育合作很早就起步了，中国和毛塔于 1968 年 2 月签署了文化协定，早在 1975 年中国就开始接收来自毛塔的留学生，留学生主要学习医学、理工、港口管理、海洋生物、植物保护、农艺、外交及汉语等专业。[③] 中国对毛塔的教育援助形式多样，主要有以下几种形式：一是中国在努瓦克肖特大学设立汉语系，并在此基础上筹建孔子学院；二是中国接收来自毛塔的留学生，为毛塔留学生提供奖学金；三是中国和毛塔的大学建立科研方面的合作关系，共同推动科技学术的进步；四是中国在毛塔建设校舍和教学楼，夯实毛塔基础教育和高等教育的基础。

　　中国从 1989 年开始向毛塔派遣汉语教师，此后中国便开始了在毛塔 30 多年的汉语教学援助，为毛塔培养汉语方面的专业人才。中国接收来自毛塔的留学生也是中国向毛塔提供教育援助的重要形式。进入 21 世纪，中国

---

　　① World Bank, Islamic Republic of Mauritania, "Higher Education Project", Education Global Practice Africa Region, August 31, 2014, p. 1.

　　② Wagdy Sawahel, "New Initiatives to Boost Higher Education and Research", University World News, May 8, 2015, http://www.universityworldnews.com/article. php? story＝20150508153 436879[2019-12-20].

　　③ 李广一：《毛里塔尼亚　西撒哈拉》，社会科学文献出版社 2008 年版，第 123 页。

政府每年向 10~15 名毛塔留学生提供奖学金,这些留学生可以在中国获得相关专业的本科或研究生学历。中国在毛塔的教育基础设施建设方面的投入相当多,最主要的有阿拉法特区小学、利斯卓越学校二校(Lycee Excellencee II)和努瓦克肖特大学医学院。中国企业以承担社会责任的方式为当地建设学校等,承担了以一部分社会力量参与对毛塔的援助任务。在毛塔的三角洲公路建设过程中,承建该项目的中国企业为当地小学援建校舍,改善了当地小学生的学习环境。

第二节　努瓦克肖特大学的汉语教育

一、努瓦克肖特大学的汉语教学

中国在毛塔开展汉语教学已有 30 多年的历史。20 世纪 80 年代,随着中国和毛塔关系的日益紧密,毛塔在中国语言和文化方面的人才缺口较大,为了满足毛塔国内对汉语人才的需求,双方开始就设立汉语课堂展开了合作探讨。1989 年,中国和毛塔政府签署教育方面的合作协议,中国方面承诺帮助毛塔在努瓦克肖特大学设立汉语课堂,派遣中国教师到毛塔教授汉语。早期的汉语教学所有经费由中国政府提供,每年派遣 1~2 名汉语教师,学生学习 2 年汉语后毕业,随着学习汉语的学生人数增多,中国教师增加至 3~4 名。校舍是努瓦克肖特大学提供的,而汉语系所有的教学设备都是由中国方面安排,学生的招生和管理由努瓦克肖特大学负责。①

近年来,汉语学习随着中国影响力的扩大和毛塔学生对中国认识的深入而逐渐升温。早在 2006 年,汉语就成为努瓦克肖特大学学生的必修课。从努瓦克肖特大学学生选择汉语专业的情况来看,近年来汉语专业逐渐地成为努瓦克肖特大学新生的热门选择。在毛塔,大学新生在进行专业报名时有 5 个选择,过去每年有 20 多个学生选择汉语作为志愿专业,但近年来人

---

①　对努瓦克肖特大学汉语系老师的访问。

数逐年递增，从 20 多人增至 30 多人再增至 50 多人，到现在每年会有 100 多名新生选择汉语作为志愿专业，汉语成为努瓦克肖特大学最为热门的专业之一。而努瓦克肖特大学汉语系现有的师资每年最多只能接受 30 名新生入学。①

努瓦克肖特大学是毛塔唯一的大学，全毛塔最优秀的学生来这里学习，它也是毛塔未来社会精英的培养之所。毛塔人学习语言的能力很强，他们从小就在阿拉伯语、法语和当地土语的环境中受到熏陶，而努瓦克肖特大学的学生又是其中的佼佼者。因此，虽然努瓦克肖特大学的学生在进校之时基本没有汉语基础，但这些学生自身天资聪颖，当他们毕业时，汉语已经相当流利，听、说、读、写基本没有障碍。②

二、汉语给毛塔学生带来的影响

在教育体系中，语言的学习是一种工具的学习，但语言学习背后有着强大的文化和发展方面的内涵，因此，通过语言学习不仅能够让学生多掌握一种语言工具，还能让学生接触到这种语言所在的国家文化，以及接触到这个国家的发展及其背后的秘密。因此，汉语教学可以让毛塔学生在学习语言的同时，有机会接触中国文化、了解中国。目前，从努瓦克肖特大学汉语系毕业的学生一共有 180 多人，他们已经成为毛塔社会中的汉语沟通者和中国文化传播者，他们凭借汉语优势获得了较好的工作机会。汉语也在改变毛塔学生的工作和人生，具体说来，汉语学习对毛塔学生的影响主要有以下几个方面。

第一，从就业的情况来看，汉语学生的就业情况正在迅速改善。汉语的专业背景正在为努瓦克肖特大学学生创造丰富的人生机会，成为他们迈向更高人生台阶的重要阶梯。越来越多的中国企业走进毛塔，为毛塔汉语专业的学生创造更多的就业机会。随着中国企业扎根毛塔，汉语学生的就业机会正在迅速拓展，翻译、司机、公关、技术员等都是汉语学生经常选择的职

---

① 对努瓦克肖特大学汉语系老师的访问。
② 对努瓦克肖特大学汉语系老师的访问。

业。毛塔汉语系的毕业生认为,汉语给他们创造了非常好的通向高收入工作的机会和桥梁,是改变他们未来职业和人生命运的一个平台。

第二,汉语的专业背景也让毛塔的学生拥有了留学中国、亲身体验中国、亲自丈量中国的机会,开始一段与中国的特殊缘分。中国自 20 世纪 60 年代开始为毛塔学生提供奖学金,近年来,奖学金的名额也有所增加,从每年 1～2 个增加至每年 4～6 个再增至现在每年 15 个左右。中国正在逐渐成为毛塔学生出国深造的重要目的地国家,中国成为毛塔留学生越来越重要的选择。留学湖南大学学习国际贸易的班瑞德,于 2011 年获得国际贸易学士学位后继续留在中国的义乌,从事中国和毛塔间的贸易。在他的推荐下,2015 年,班瑞德最小的弟弟也来到中国留学,在河北大学学习中医和西医,希望毕业后回毛塔做一名医生。班瑞德还让弟弟和妹妹来义乌做生意,如今,他在义乌拥有了自己的商贸公司,开创了一番家族事业。从此,这个家族与中国紧紧联系在一起。

第三,汉语成为学生更深入了解中国的媒介,以此让非洲国家更好地了解外部世界的最新潮流和趋势,掌握世界发展大势,学习借鉴中国的发展经验,更好地指导非洲的发展实践。通过对学习汉语的学生的调研能够发现,现在非洲的学生学习汉语的目的不再是到中国留学,而是通过学习汉语了解中国的发展经验和发展趋势,以此来找寻本国的发展密码,实现国家的兴盛繁荣。浙江师范大学的留学生希德表示,来到中国后他发现,中国原来也是由一个很不发达的国家发展成现在的样子的,因此,中国的很多经验可以为毛塔所借鉴。他希望回国后从政,并把在中国学习到的发展经验运用到毛塔国内的政治治理当中,为毛塔人民的生活带来切切实实的改变。

第四,学生还通过汉语学习找到了适合自己发展的新机会。通过汉语学习,学生了解中国文化,了解中国当前的最新潮流,发现自己国家发展中的那些隐而未现的商业机会。如很多非洲学生了解到中国的义乌是世界小商品城,很多人会来到义乌做生意,将自己国家的特色商品介绍到义乌,并将义乌的小商品进口回本国,致富的同时又造福自己国家的大商人。义乌毛塔商会的副会长布巴卡(Med Maouloud)早年毕业于中国海洋大学,毕业后来到义乌,在小商品城发现了巨大的商机。他看到毛塔的农业正在迅速工业化，而毛塔不能生产农业机械，绝大部分的农机依靠进口，而中国的农机又便宜又实用，于是，他成为第一个将中国农机卖到毛塔的毛塔人，直接推动了毛塔农业的机械化，与此同时，他自己也由此成为闻名中国和毛塔的大商人。

三、孔子学院的设立

随着中国在毛塔影响力的扩大，以及汉语在毛塔社会就业中具有的优越性越来越明显，毛塔政府产生了设立更为专业的大型汉语教学机构的愿望，且随着中毛关系的推进，这一愿望越来越迫切和强烈，因此，设立孔子学院的话题被提上了中国和毛塔政府的议事日程。

在努瓦克肖特大学的汉语课堂，形式多样的汉语学习和文化交流活动正在为努瓦克肖特大学创造良好的培养汉语人才的氛围。中国和毛塔双方围绕着办好汉语系、学好中文而开展了紧密而频繁的活动，为学校营造了更好的学习氛围，为学生创造了更好的学习条件。2009 年，中国驻毛塔大使馆在了解到学校没有专门的汉语教室后，极力促成毛方提供专门场地，在中国教师的积极操持下，毛方建立了"努瓦克肖特大学汉语教研室"。为了创造更好的学习环境，中国大使馆还出资对其展开修缮，并提供了复印机、电视机、投影仪、电脑等教学设备，总价值约 1.7 万美元。[1] 为了激发更多努瓦克肖特大学学子学习汉语的热情，2011 年 5 月，中国驻毛塔大使馆向努瓦克肖特大学赠送了图书，用以开拓学生知识面，提高他们的汉语水平。[2] 2017 年3 月，中国驻毛塔大使馆代办王健赴努瓦克肖特大学，与汉语专业学生交流互动，并代表中国驻毛塔大使馆向中文班捐赠一批教学用具及有关中国文

---

① 《毛里塔尼亚努瓦克肖特大学开设汉语教研室》，中华人民共和国外交部，2009年 4 月 9 日，http://www.fmprc.gov.cn/web/zwbd_673032/wshd_673034/t556573.shtml，2019 年 12 月 20 日访问。

② 《中国驻毛里塔尼亚大使与当地高校中文班学生交流》，中国新闻网，2011 年 5月 24 日，http://www.chinanews.com/hwjy/2011/05-24/3062981.shtml，2019 年 12 月20 日访问。

化的 DVD 碟片。① 在如今的努瓦克肖特大学,身穿长袍、头着披巾的摩尔族男女学生会说普通话,唱汉语歌,聊中国文化,中毛文化的交融成为学校的亮丽风景。

随着中国毛塔关系的日益紧密,学校每年培养的 30 名汉语人才不再能满足毛塔社会的需要。努瓦克肖特大学汉语系的教学资源极端有限,其也在限制汉语人才的培养。如汉语系只有 1 名毛塔老师,加上中国派遣的 2 名汉语教师,全系只有 3 名教师。根据对汉语系的中国老师黄老师的访问可发现,中国老师的教学任务较重,每周的教学时数在 20 小时以上。为了完成这一巨大的工作量,即使在极端炎热的下午,也安排了汉语课程。实际上,下午上语言课的效果明显低于上午,但是,因为老师无法安排过来,很多课程只能安排在下午。

现代社会拥有现代的学习工具,但是,在努瓦克肖特大学汉语系,汉语学习依然停留在前一代的阶段。首先,汉语系的汉语教材严重短缺。虽然教师有教材,但并不是每一个学生都有教材,学生要使用教材只能从上一届学生手上借或者复印。其次,语音设备不能满足语言教学发展的需要。虽然教室里有电脑可以练习听力,但并不是每一个学生都有经济实力购买属于自己的电脑,而学校缺少语音室,学生无法通过网络来练习听力,也无法利用学校的语音室来锻炼听力,因此,学生借用他人电脑看中文电影来练习听力的情况较为多见。第三,学生没有足够的机会来进行汉语交流练习。语言是一种交流的工具,交流是学习语言的重要途径。在努瓦克肖特有很多中国人,但因性格、话语等方面的差异,学生们很难找到中国人来练习口语。汉语系学生西迪说:"我走进一家中国超市,想和老板聊天,但是一句你好之后,便没有了回应。老板有点害怕和我们聊天。"②

为了适应毛塔政治、经济和文化发展的需要,努瓦克肖特大学汉语系的

---

① 《驻毛里塔尼亚临时代办王健与努瓦克肖特大学中文班学生座谈》,中华人民共和国外交部,http://www. fmprc. gov. cn/web/zwbd_673032/nbhd_673044/t1444256. shtml,2019 年 12 月 20 日访问。

② 对努瓦克肖特大学汉语系学生的访问。

老师告诉我们,毛塔培养的汉语人才的规模与中国在毛塔的影响力很不相称,学校非常希望在汉语系的基础上建立孔子学院,以满足日益增长的中文人才需求,培养更多毛塔的"中国通",推动中毛关系的进一步发展。① 毛塔政府和中国政府经过长达数年的谈判和协商,决定在努瓦克肖特大学汉语系的基础上设立孔子学院。2017 年 4 月,努瓦克肖特大学与中国河北大学签署了合建孔子学院的协议,河北大学将在努瓦克肖特大学建设孔子学院,为毛塔培养汉语方面的人才,加强与中国政治、经济和文化等方面的交流与合作。目前孔子学院正在紧密的筹备之中。

四、对孔子学院的若干建议

中国与毛塔共建孔子学院的协议签署后,孔子学院在毛塔落地生根,毛塔学生最终实现了自由选择学习汉语的机会,这也将有助于更多的学生实现他的"中国梦"。从汉语教学走向签订孔子学院双边协议,中国和毛塔准备了 29 年,这在中国孔子学院的备建史上是耗时最长的,应该说,毛塔的这所孔子学院有望成为一所最为成熟的孔子学院,成为最有效的教授中国语言、传播中国文化的文化窗口。然而,毛塔又是一个极为特殊的国家,其人口数量和经济总量并不大,对特定人才的需求总量有限。因而,考虑到孔子学院的特殊角色和毛塔当前发展中的若干特点,并根据在毛塔实地调研中的若干发现,为了更好地建设这所孔子学院,笔者特提出以下几个方面的建议。

第一,孔子学院应将语言教学与中国文化传播相结合。

语言是文化的载体,光学语言不学文化不能学好语言,因此,孔子学院要从一开始就将语言和文化一起定位,让学生在学习中文的同时,更多地掌握中国的历史、文化。因为历史、文化也是深入理解中国这个国家,解读今天中国所取得的发展成就所必需的基础性知识,有助于提升毛塔整个社会对中国的了解,提升中国和毛塔间的相互认识。孔子学院的目标应该不仅仅成为一个汉语教学机构,而且更应该成为一个中国文化交流与传播的机构,其培养人才的宗旨是让每一个学生成为中非文化交流的使者,成为中国

① 对努瓦克肖特大学汉语系老师的访问。

文化的崇尚者和传播者,让中国文化在非洲大地上生根发芽、开花结果。

第二,孔子学院应分析当地教育市场的人才供给情况,培养当地市场需要的人才。

孔子学院不是一个独立王国,而是所在地高校教育的一个重要补充,其所担负的人才培养使命也应与当地高校的主流方向形成一定的互补和交错,这样才能避免加重某一领域人才过剩的情况,而补充某一领域人才的严重不足。毛塔大学毕业生的就业较为困难,主要是因为大学生的专业技能较差,不能适应用人单位的需求。国际货币基金组织 2014 年的一份关于毛塔的报告这样表示:"好的教育并没有更容易让人获得工作。失业率在受过更好教育的人群中更高,这反映了低质量的教育与教育之间并不匹配。"超过 80% 的大学毕业生获得了人文方面的学位,而这与以矿业、渔业和建筑业为中心的毛塔经济并不匹配。[①]

表 4-1　2014 年毛塔大学新生的专业分布情况

专业	人数(人)
新闻	35
农业	40
建筑	36
商业	164
法律	654
教育	192
工程	9
语言	155
文学	117
数学	115
生物医学	73

① World Bank，Islamic Republic of Mauritania，"Higher Education Project"，Education Global Practice Africa Region，August 31，2014，p. 15.

续　表

专业	人数（人）
物理	329
社会保障	577
畜牧	10
个服务	19
交通服务	26
电信	208

资料来源："Minitere De L'enseignement Superieur et De Recherche Scientifique"，Annuaire Statistique De L'enseignement Superieur 2014—2015，MESRS，p. 45.

表 4-2　毛塔在校生专业分布情况（2014—2015）

专业	总数（人）	女性（人）	总数所占比例（％）
农业	106	10	0.5
教育	538	77	2.7
工程、建筑业	484	53	2.4
文学	5996	1861	30.2
服务业	145	52	0.7
健康和社会保障	857	302	4.3
科学	3400	1034	17.1
社会科学、商学和法学	7977	2991	40.2
NR	359	106	1.8
总计	19862	6485	100

资料来源："Minitere De L'enseignement Superieur et De Recherche Scientifique"，Annuaire Statistique De L'enseignement Superieur 2014—2015，MESRS，p. 37.

随着经济的多元化，毛塔对于人才的需要开始出现了较为明显的专业化倾向。语言教学与专业教学相结合，让学生在掌握语言的同时，还具有一定的专业技能。然而，对于毛塔的关键经济部门，教育系统没有培养出既懂专业又懂语言的人才,来满足这些行业发展的需要。① 虽说毛塔本国在渔业、矿业、农业和石油业等方面有优势,但是它未能为刚从学校毕业的年轻人创造诱人的工作岗位,毕业生的专业多为人文、法律和翻译。位于努瓦迪布的宏达渔业公司很难聘请到既懂渔业捕捞又懂中文的毛塔员工,因此他们希望孔子学院能够培养出既懂中文又具有渔业方面的专业技术或者具备管理方面的技能的学生。② 同样的情况也存在于毛塔的矿业,包括金矿、铜矿和石油业等。此外,在畜牧业示范中心,前来应聘的人很多,但既懂语言又懂农业的人实在太少。③

　　当前的汉语就业市场并不仅仅需要专业的翻译,而且还要求就业者具有专业方面的技能,因此,汉语专业的学生如果只会汉语而没有专业技能,那么在就业市场上也较难找到合适的工作。所以,当前孔子学院的教育目标不再是培养仅能够促进沟通的人才,而是要培养能够在第一线直接推进技术进步和技术合作的技能型人才。只有将当前孔子学院的语言教育与职业技能教育相结合,才能突破当前孔子学院教育中的瓶颈,培养出真正切合毛塔当地经济与社会发展需要的人才。

　　实际上,国际社会在对毛塔进行教育援助时已经开始考虑毛塔教育结构中的问题。世界银行在毛塔有两个项目,一个是 1500 万美元的高中教育项目,另一个是 1600 万美元的技能发展项目。它们都旨在通过提高劳动力对市场需求的反应和完善体制框架来提高技术和职业培训的相关性和效率,这两个项目的共同点是帮助培训机构实现现代化和保证项目的质量。与此同时,世界银行建立了一个私营部门培训机构的管理框架,促进满足企业需求的援助方案的制订。2015 年 3 月,世界银行批准了 1130 万美元的额外援助资金,用于使用技术的开发和推广。④

---

　　① World Bank, Islamic Republic of Mauritania, "Higher Education Project", Education Global Practice Africa Region, August 31, 2014, p. 1.

　　② 对毛塔宏达渔业公司的访问。

　　③ 对中国援毛塔畜牧业示范中心的访问。

　　④ "Mauritania Overview", World Bank, http://www.worldbank.org/en/country/mauritania/overview[2019-12-20].

第三，孔子学院应提高所培养的人才的社会适应性，培养中国企业所需要的人才。

毛塔的劳动力市场充斥着低劳动技能的劳动力，这与日益多元化的经济发展之间出现了明显的匹配不良。根据世界银行的数据，毛塔 2013 年的失业率为 31%，其中 25 岁以下的年轻人口失业率高于 25 岁以上的人口失业率。[1] 首都努瓦克肖特占据了劳动力市场所有雇佣者的 25%，而政府部门是最大的雇佣方，特别是对大学毕业生而言，更是如此。就业不足的一个最重要的原因在于毕业生所获得的技能与用人单位所需要的人才要具备的技能之间出现了断层。

懂得汉语的人才的主要就业渠道是中资公司，因此，孔子学院的专业设置需要考虑更多当地中资企业的专业人才需求，提升孔子学院人才的社会适应性和就业率。孔子学院不能仅仅培养以汉语为专业的学生，更要培养将来能到中国相关的公司就业，或者到与中国公司合作的公司就业的具有专业背景的学生。因此，孔子学院可以招收更多具有矿业或农业等方面专业背景的学生，以更好地满足中国企业的用人需求。[2] 目前，中国企业在毛塔涉足的主要行业包括农业、矿业、基建业和渔业，孔子学院的教学可加强与中国企业的互动与交流，增加学生对中国公司用人的认识与了解。目前，毛塔政府在努力通过改革的方式让更多的学生选择适应经济发展需要的专业。2015 年，毛塔政府推出教育改革计划，规划建立矿业学校等，培养科技方面的高级人才。计划目标是让学生的专业从文学调整到科学、技术及贸易，具体是把科学、技术及贸易的专业选择率从 2011 年的不足 10% 增加至 2020 年的 30%。年轻人失业率高对毛塔来说是一个非常巨大的问题，在 15～24 岁的城市青年中，男性的失业率是 50.8%，女性的失业率是 69%。[3]

---

[1] "Mauritania Economy 2017", ITA, https://theodora. com/wfbcurrent/mauritania/mauritania_economy. htm[2019-12-20].

[2] World Bank, Islamic Republic of Mauritania, "Higher Education Project", Education Global Practice Africa Region, August 31, 2014, p. 1.

[3] World Bank, Islamic Republic of Mauritania, "Higher Education Project", Education Global Practice Africa Region, August 31, 2014, p. 15.

第四,孔子学院语言教师的当地化和专业教师的企业化。

考虑到当前毛塔大学毕业生的就业难问题,孔子学院有义务为毕业生解决就业问题助一臂之力。如孔子学院一方面缺乏本地教师,另一方面汉语专业的学生找不到合适的工作,为此,可在孔子学院创造本地教师的岗位,将汉语教师的教职让优秀的本土汉语专业毕业生来承担,而中国政府派遣的汉语教师则更多承担传播中国文化和增强人才培养的针对性工作。孔子学院的专业课老师由当地有用人需求的中国企业承担,负责培养企业所需要的技术人才,这将推动孔子学院学生专业的适应性,与此同时,受聘中国企业的毛塔人也会拥有更深的中国文化背景,有助于中国企业在毛塔的运作,也有助于双方在沟通交流中增进了解,减少摩擦和误解。

第三节　留学中国

一、毛塔学生留学的主要情况

在毛塔,高等教育资源极为有限。全国仅有一所大学,即努瓦克肖特大学,现有学生 1.3 万人。师资力量严重不足,仅有 420 名教师,很多教师是由学校到国外短期聘请的。

由于国内的教育资源极为有限,越来越多的毛塔学生选择出国留学,以寻求更好的未来和发展机会。近年来,中国逐渐成为毛塔学生倾向选择的出国深造地(见表 4-3)。

表 4-3　2014—2015 年毛塔学生留学情况

留学国家	男性(人)	女性(人)
摩洛哥	591	106
突尼斯	240	25
塞内加尔	198	48
阿尔及利亚	181	15

续　表

留学国家	男性(人)	女性(人)
法国	61	13
埃及	9	1
苏丹	4	0
也门	1	0
土耳其	1	0
科特迪瓦	1	0
马里	1	0
几内亚	3	1
俄罗斯	2	0
斯洛伐克	1	0
中国	10	0

资料来源："Minitere De L'enseignement Superieur et De Recherche Scientifique"，Annuaire Statistique De L'enseignement Superieur 2014-2015，MESRS，p. 53.

由表 4-3 可见，毛塔学生留学最热衷的几个国家均是临近的非洲国家，分别为摩洛哥、突尼斯、塞内加尔和阿尔及利亚。留学生人数最多的是摩洛哥，约占据了所有留学生的一半。近年来，中国成为毛塔一个日益重要的留学目的地国家。2014—2015 年，毛塔派出了 10 名学生留学中国，但全部都是男生，没有女生。

然而，值得一提的是，表 4-3 中留学中国的数据并不完全准确，仍有一部分并没有被统计进来。数据中统计的是获得中国政府奖学金的学生的数量。实际上，中国向毛塔留学生提供奖学金的途径共有三种：一是中国政府奖学金；二是孔子学院奖学金；三是各个高校为非洲学生提供的奖学金。总体来看，中国向毛塔留学生提供奖学金的人数逐年递增，以 2017 年为例，中国共接受毛塔获奖学金留学生 37 人，毛塔学生在华留学生共有 155 人。[①] 造成毛塔政府数据统计误差的原因有二：一是毛塔教育部统计数据只报告

---

① 对毛塔留华学生会会长希德·亚黑亚·西迪的访问，2017 年 11 月 15 日。

由教育部首次推荐并录取的中国留学生数量；二是目前中国向毛塔留学生提供奖学金的途径日益多元化，除了传统的中国政府奖学金外，还包括孔子学院奖学金，即通过中国的汉语水平测试后，由孔子学院提供的奖学金，以及中国不同大学设立的奖学金，这种奖学金主要向在中国的毛塔留学生提供，如向本科毕业生提供奖学金用于攻读硕士学位，向硕士研究生提供奖学金用于攻读博士学位，等等。后两类奖学金不经由毛塔教育部申请和推荐，所以，其统计数据没有包括这两类奖学金人员。浙江师范大学是接受毛塔留学生较为集中的学校之一，2017 年共有 37 名毛塔留学生在这里学习。

二、留华学生的就业

在毛塔高等教育部，调研司的司长很遗憾地告诉我们，毛塔并没有做留学归国人员方面的就业调查，官方对于留学归国人员的跟踪不力。也就是说，官方的数据统计无法跟踪留学生的就业情况。因而，本研究的数据主要是通过访问正在中国和已回毛塔的留学生而获得的，受到样本选取的限制，可能影响其代表性。

通过留学中国，毛塔留华学生开始了与中国的一场特殊的缘分，其职业意愿上也充分显示了这种特殊性。通过对毛塔留华学生的随机访问，笔者发现愿意回国就业的学生仅占 20％，40％以上的学生都愿意留在中国继续学业或者就业，其中 40％左右的学生希望从事与中毛商贸相关的工作。而在愿意回国就业的学生中，绝大部分人表示愿意选择与中国相关的工作。由此可见，留学中国三年或四年，他们与中国建立了特殊的缘分，开启了一段与中国有关的特殊人生。

留学中国的经历成为他们人生中最璀璨的部分之一。毕业后在义乌工作多年的塔德姆，从事中毛间的商贸工作，后来回到毛塔。他对中国有着一份特殊的感情，因其汉语流利，了解中国文化，能较顺畅地与中国人交流，所以，他在中国驻毛塔大使馆找到了一份工作。他表示，回国后依然时常回忆在中国的经历，中国及在中国的岁月已成为他人生中最美好的回忆。他有很多工作机会，但最终还是选择了在中国驻毛塔大使馆的一份平凡的工作。

留学中国正在帮助毛塔人成就梦想，助他们走向人生的巅峰。现任毛塔卫生部部长助理艾哈迈德·西迪·艾哈迈德·迪埃早年留学于复旦大学，毕业后在毛塔公共卫生研究中心工作。回国后，他的工作内容也与中国息息相关。他在中国援建的公共卫生研究中心与中国援助人员共同工作，因此，他始终认为他与中国有着特殊的缘分。与此同时，他高度关注中国的发展，并尽可能地将中国在卫生方面的发展经验介绍到毛塔，希望中国成功的发展经验能够对毛塔的发展有所启示。

通过对回国工作的毛塔学生的调研可以发现，在中国的经历能为他们的人生提供更多的机会，为他们绚丽的人生画上绚烂的一笔。陈峰，毕业于中国地质大学（武汉），专业是石油工业技术。陈峰有点遗憾，他认为自己的专业在毛塔仍没有可实践的机会，不过他说，人们在罗索发现了石油资源，他的专业在未来将有大展拳脚的空间。陈峰本人性格活跃、活动能力强，受到中国企业的青睐，很多中国企业找他做翻译，并让他从事日常的公关工作。由于在中国企业工作，长期与中国人打交道，活跃于毛塔的各个政府部门之间，陈峰得到了很大的锻炼，他的特长也得到了充分的发挥。但陈峰告诉我们，现在的他依然有一个梦，那就是"虽然现在毛塔还没有开始加工石油，但是，只要有机会，他希望看到自己的国家能够自己加工石油，希望自己的专业能够有施展的空间"①。

然而，虽然绝大部分的毛塔留学生有一个"中国梦"，但并不是每一个留学生在毕业的时候都找到了与中国相关的工作。不过，在中国的经历为他们增添了人生的"软实力"，成就了他们人生的精彩，提升了他们思想的水平与层次。在我们的访问对象中，毕业于浙江师范大学的杉巴在留华学生中具有较大的影响力。从中国毕业后，他回到老家罗索。目前，杉巴的哥哥，罗索省的省长正在准备竞选毛塔新一届的总统。因此，杉巴成为哥哥竞选总统团队的重要成员，也是他哥哥的得力助手。杉巴说，在为竞选做准备的过程中，在中国学到的中国经验始终是他策划方案时最重要的创意灵感，他觉得今天的毛塔需要中国的经验，中国的经验有希望改变毛塔。他说："当

---

① 对毛塔留华学生陈峰的访问，2017 年 4 月 20 日，努瓦克肖特。

我把中国的一些经验做到方案中时,这些方案都是一流的,很受毛塔人欢迎。"①

　　留在中国工作的毛塔留华学生同样拥有不同于同龄人的精彩人生。来自毛塔努瓦克肖特的亚黑亚,1976 年出生,2000 年来到中国求学,从本科读到博士,2011 年获得上海复旦大学经济学院经济学博士学位。因精通阿拉伯文、法文、英文和中文,他被浙江师范大学非洲研究院看中,毕业后在这里从事了 3 年的科研工作,特别是从事北非国家与中国经贸方面的相关研究。他已在中外刊物上发表了多篇论文,成为中国研究非洲领域的重要外籍人士。亚黑亚因为了解毛塔和中国文化,同时精通多国文字,可以读懂很多中国研究者所不能读懂的资料,所以其研究频频引起关注。②

　　萨列姆于 2007 年来到浙江师范大学国际学院留学,2011 年从该院汉语国际教育专业毕业后留在中国,在金华职业技术学院担任阿拉伯语教师,并与他的中国女朋友,来自浙江师范大学外语学院的黄老师结为连理,开始了一段中毛间的异国情缘。在他们拥有了两个可爱的孩子后,他决定回毛塔发展,利用在中国打下的坚实理论基础和积累的实践经验,到毛塔开拓一番事业。2017 年 8 月,当他的事业逐渐步入正轨后,他把中国妻子和两个孩子接到了毛塔,这个中毛跨国家庭在毛塔开始了新生活。

　　从事中毛商贸的留学生则成为毛塔的大商人。中国对毛塔的需要和毛塔对中国的需要成就了他们的事业,让他们获得了成功的机会。来自毛塔的西德·穆罕默德于 1993 年来到大连海洋学院(今大连海洋大学)留学,发现了中国和毛塔之间的巨大贸易商机。之后,他来到中国义乌从事中毛商贸工作,成立了毛塔人在中国最重要的商贸公司,成为毛塔中国商会的会长。中国的经历,让他成为一个中国通,他曾说:"对于我来说,中国就是我的国家,我在这儿待了这么长时间,语言、文化、习俗方面都能适应和接受,

---

① 对毛塔留华学生杉巴的访问,2017 年 4 月 24 日,努瓦克肖特。
② 对毛塔留华学生亚黑亚的访问,2017 年 4 月 18 日,努瓦克肖特。

我现在不会离开中国。"①这些商人不仅创造了财富,而且还成为中毛关系的使者,增强了中国和毛塔的相互了解,让中国和毛塔日益紧密地联系在一起。

西德在成为中国毛塔商会的会长后,开始将自己从中国援助中所得到的关爱馈赠给更多需要帮助的非洲人。2016年9月,一名刚到中国留学的毛塔留学生出现了呕吐和发烧的情况,中国医院的医生判断可能为初来乍到,气候水土不适应所致,医生建议最好能够回国疗养一段时间。然而,这名学生家庭情况不佳,无法负担往返中国和毛塔的机票费用,西德决定为这名学生提供往返机票,让其回家休养一段时间后再来中国学习。② 在西德看来,他们的贫穷是暂时的,这也就意味着人生的窘迫也是暂时的,只要有人能够给予一点点的帮助,他们的人生前路便会豁然明亮。

西德所馈赠的爱并不仅仅给毛塔人,他还关心和关爱每一个在中国的非洲人,这种博爱精神曾经感动和温暖过无数在华非洲人。2017年4月,西德因交通事故意外去世,曾经得到他帮助的非洲人在他去世后以各种各样的方式纪念他,送别这样一位兄弟般的朋友和朋友般的兄弟。其中,一位来自索马里的在华非洲人和丹在朋友圈这样纪念他——他是一位"伟人","我知道他是很多人真正的父亲和朋友"。③

第四节　教育基础设施的建设

一、教育基础设施的援建

在教育援助方面,中国也充分发挥了自己在基础设施建设方面的优势,

---

① 《毛里塔尼亚商人:义乌是我的第二故乡》,国际在线,2013年7月8日,http://gb.cri.cn/42071/2013/07/08/6651s4174064.htm,2019年12月20日访问。
② 对毛塔留华学生会会长希德·亚黑亚·西迪的访问,2017年11月15日。
③ 索马里籍在华非洲人和丹的朋友圈,2017年4月9日。

帮助毛塔完善教育基础设施的建设。中国在毛塔的教育基础设施建设方面投入相当多,不仅建设了小学、中学的校舍,还参与了大学校舍的建设。中国注重各个阶段、各个水平层次的教育,目前建设的教育基础设施主要有 3 个:阿尔法特区小学、利斯卓越学校二校和努瓦克肖特大学医学院。此外,在教育基础设施的建设上,不仅中国政府参与进来,中国在毛塔的企业也积极地介入,援助的主体呈现多元化倾向,如三角洲公路建设过程中中国企业援建了当地小学的校舍等。

在毛塔调研期间,笔者走访了这几所学校,目前,这几所学校的基本情况如下。

(一)阿尔法特区小学

该学校位于努瓦克肖特市阿拉法特区,总占地面积达 5000 多平方米,在校学生 800 多人,各类教学设备齐全,教学质量名列前茅。该学校是因 2006 年第三届中非合作论坛北京峰会提出来的"八项举措"而建的。校舍于 2010 年竣工并投入使用,目前共有 8 个班,12 名老师。学校的校舍、课桌和老师办公室的办公桌、电脑、书桌,以及粉笔和一部分教具都是中国政府无偿提供的。

学生对于中国和中国人有着强烈的感情。当我们走进校园时,校园内的学生看到有中国人来访,就不断地向我们挥手致意。校长带我们参观了教室。当校长领我们走进一间教室时,所有的孩子都站起来鼓掌欢呼,校长告诉我们,学生知道学校是中国政府援建的,所以看到中国人便会热情高涨。学生非常热情地拿出他们的书包,告诉我们,书包是中国大使馆赠送给他们的。学校的校舍建设得坚固耐用,历经多年沙漠风沙的吹拂,依然保持得相当完好。教室内的设施状况良好,明显好于当地其他学校。虽然一些门因为使用过多有破损,窗户的玻璃有些也被打破了,部分课桌桌面污损,但并不影响使用,整体的状况好于当地一般学校。

在学校行政办公室里,我们发现来自中国的办公桌椅和电脑看上去依然很新。教学所使用的尺规、粉笔和黑板擦上写着汉字,一些学生的作业本封面也写着常用的"笔记薄"(Notebook)。校长告诉我们,这些办公桌椅、电脑和教学用品都是中国无偿赠予的。如果他们有教学用品方面的最新需要，只要与中国大使馆沟通，大使馆会尽快协调，从中国国内送过来。对于中国方面在援助中的积极配合，校长表示，虽然她很少与中国大使馆方面联系，但是大使馆非常关心学校的发展和老师、学生的情况，中国驻毛大使曾两次到学校访问，给学校赠送办公用品，给学生赠送书包等学习用品，学校的老师对中国充满着感激，学生则对中国充满着向往和憧憬。

（二）利斯卓越学校二校

利斯卓越学校是毛塔最著名的教育名牌，其大学录取率和学生的素质都为全毛塔最高水平。利斯卓越学校二校原本是第三届中非合作论坛暨北京峰会期间提出的为非洲国家建设50所小学中的其中之一，其性质与学校相同。学校共有3个地块、9间教室、1个计算机房、1间实验室、1个图书馆、3间办公室、3个男卫生间、3个女卫生间、1个行政办公室，占地面积8100平方米。时任毛塔总统阿齐兹非常重视青年教育，2010年10月，该校建成后，阿齐兹总统在参加学校的接收仪式时发现学校的校舍建设得非常好，就决定将这所学校改为中学，作为努瓦克肖特市最好的中学利斯卓越学校的分校，让更多努瓦克肖特优秀的中学生能够进入利斯卓越学校学习。因此，中国援建的小学的功能也由此发生了变化，学校成为当地的精英名校。作为中毛合作的重要成果，这所学校具备充足的条件成为未来中毛合作的重点基地，为毛塔注入软实力。

经过7年的建设和发展，利斯卓越学校二校的招生人数、教学质量和学校的影响力都与以前大不相同，已经在同时期新成立的学校中脱颖而出，跻身毛塔最顶尖的中等学府之列，成为培养毛塔社会精英的最重要的中等教育机构。2017年5月，笔者通过对利斯卓越学校二校调研，总结了以下具体发展状况。

第一，从生源来看，利斯卓越学校二校的招生人数在逐年递增。从2010—2011年的105人快速增至2015—2016年的301人，增加了将近200人，增长幅度为187%。具体的情况见表4-4至表4-10。

表 4-4　2010—2011 年学生分布情况

	班级分班			
	5C	5D	6C	6D
班级数量(个)	1	1	1	1
男生人数	20	12	14	16
女生人数	7	8	14	14
学生总数	27	20	28	30

2010—2011 学年,学校共有 4 个班级,共有学生 105 人,其中男生人数为 62,占总人数的 59%;女生人数为 43,占总人数的 41%。

表 4-5　2011—2012 年学生分布情况

	班级分班				
	5C	5D	6D	7C	7D
班级数量(个)	2	2	2	2	2
男生人数	46	16	12	11	13
女生人数	14	8	5	7	11
学生总数	60	24	17	18	24

2011—2012 学年,学校共有 16 名教师,其中 2 名为女教师。学生人数发展到 143,其中,男生人数为 98,占总人数的 69%;女生人数为 45,占总人数的 31%。

表 4-6　2012—2013 年学生分布情况

	班级分班				
	5C	5D	6D	7C	7D
班级数量(个)	2	1	1	1	1
男生人数	36	26	16	12	13
女生人数	17	3	4	7	4
学生总数	53	29	20	19	17

2012—2013 学年,在校学生共有 138 人,教师 16 名,其中 2 名为女教师。男生人数为 103,占总人数的 75%;女生人数为 35,占总人数的 25%。

表 4-7　2013—2014 年学生分布情况

	班级分班					
	1A	5C	5D	6D	7C	7D
班级数量(个)	2	2	1	1	1	1
男生人数	20	31	22	12	22	20
女生人数	6	6	5	8	2	5
学生总数	26	37	27	20	24	25

2013—2014 学年,教师人数增长到 17,其中 2 名为女教师。与此同时,学生人数增至 159,其中男生人数为 127,占总人数的 80%;女生人数为 32,占总人数的 20%。

表 4-8　2014—2015 年学生分布情况

	班级分班						
	1A	2A	5C	5D	6D	7C	7D
班级数量(个)	1	1	3	1	1	1	1
男生人数	28	19	72	21	7	19	19
女生人数	6	6	20	2	5	3	7
学生总数	34	25	92	23	12	22	26

2014—2015 学年,学校在校学生共有 234 人,其中,男生人数为 185,占总人数的 79%;女生人数为 49,占总人数的 21%。

表 4-9　2015—2016 年学生分布情况

	班级分班							
	1A 文学	2A	3A	5C	6C	6D	7C	7D
班级数量(个)	3	1	1	2	2	1	1	1
男生人数	54	26	19	24	39	11	18	10

续　表

	班级分班						
	1A 文学	2A	3A	5C	6C	6D	7C	7D
女生人数	42	5	6	14	19	8	1	5
学生总数	96	31	25	38	58	19	19	15

2015—2016 学年,教师人数扩展至 28,其中女教师 5 人,新增 1 名主任、1 名图书管理员、1 名研究主任。学生人数进一步增至 301,其中,男生人数为 201,占总人数的 67%;女生人数为 100,占总人数的 33%。

表 4-10　2016—2017 年学生分布情况

	班级分班							
	1A	2A	3A	4A	5C	6C	7C	7D
班级数量(个)	3	3	1	1	1	2	1	2
男生人数	67	40	26	13	24	24	29	22
女生人数	31	39	2	3	13	14	6	17
学生总数	98	79	28	16	37	38	35	39

2016—2017 学年,学校共有 32 名教师,其中女教师 6 名。学生人数增至 370 人,男生人数为 245,占总人数的 66%;女生人数为 125,占总人数的 34%。

第二,从该校的升学情况来看,利斯卓越学校二校的大学升学率几乎达到 100%,高居毛塔榜首。无论是 C 类学生还是 D 类学生,大学学校的录取比例都达到或接近 100%,特别是最近几年,每年的录取率均为 100%(见表 4-11 和表 4-12)。高升学率确保了该校能够吸引到毛塔最优秀的生源。据校长介绍,随着该校影响力的扩大,毛塔各个地区的学生都过来学习,由此可以推断,这所学校未来不仅仅是努瓦克肖特学校的中心,而且还可能会成为全毛塔中学中的典范。

表 4-11　数学类(C 类)学生高考情况

	2011—2012 年	2012—2013 年	2013—2014 年	2014—2015 年	2015—2016 年
报考人数	18	19	24	22	19
录取人数	18	18	24	22	19
录取率(%)	100	95	100	100	100

表 4-12　数学类(D 类)学生高考情况

	2011—2012 年	2012—2013 年	2013—2014 年	2014—2015 年	2015—2016 年
报考人数	24	17	25	19	15
录取人数	17	16	25	19	15
录取率(%)	71	94	100	100	100

第三,从该校的设备和校舍供给来看,利斯卓越学校二校为毛塔最优秀的中学生提供了优越的学习和生活环境,教室干净整洁,实验室宽敞整齐,卫生间洁净卫生,操场宽阔平坦。这些都非常有利于学生的学习和成长。

第四,该校受到了毛塔政府高层的高度重视。该校的副校长告诉我们,该校是时任毛塔总统阿齐兹亲自钦点改为重点中学的,因此阿齐兹总统对学校的发展给予了重视和关注,对该校有着非常高的期待,先后三次到访该校,高度评价该校的教学工作,并勉励学校在人才培养方面再接再厉。由此可见,学校有着较好的长远发展前景。

因此,利斯卓越学校二校虽然是一所中学,但其有着优质的生源和高升学率,且受到了政府高层的高度重视,毛塔的媒体也多次关注该校的教学和各类活动,所以这所学校能够得到重视和较多的外界关注,能够产生广泛的影响。

通过走访努瓦克肖特市内各国援助的学校和利斯卓越学校二校,以及实地访问和对各类学校校长和相关领导的深入访谈,笔者发现,当前利斯卓越学校二校的发展存在以下几个方面的问题。

第一,利斯卓越学校二校的生源逐渐扩大,但教室逐渐无法满足学校快速发展之需。在高中部,每个班从开始的 20 多人增加到现在的 40 多人,教室和课桌椅等均达到最高的使用限度,无法满足继续快速增长的学生之需。在初中部,因为校舍使用年代久远,设施较为破旧,绝大部分的学生都在使用破烂不堪的课桌椅,这严重影响教学工作的开展。初中部欲拓展生源,但因校舍破旧、课桌椅损毁严重而无法扩招。学校的校长告诉我们,教室的短缺在严重限制学校的发展。

第二,该校操场依然为沙土地面,扬尘严重。该校初中部和中国援建的校舍之间有一个面积较大的操场,但操场为沙土地,酷爱运动的毛塔学生在进行课后活动时常常飞尘满天,这与学生的运动热情极不相称,与学校在努瓦克肖特所具有的地位也不相称。运动中的学生们围住我们,表示渴望有一个宽阔的、更适合运动的操场。

第三,老校址的校舍破烂不堪,部分教学设备严重影响使用。教室的门被破坏得较为严重,无法关严;窗户遮光板的破损情况也很普遍且较为严重,透光度较高,光线刺激眼睛;部分课桌椅缺角少腿,甚至无法站立,严重影响学生使用;黑板破损严重,导致粉笔字迹模糊,影响上课质量;讲台上的存书柜损坏严重,特别是隔板不见踪影,影响孩子们存放书包和书籍等。

第四,中国援建的校舍使用和保护情况较好,总体环境舒适宽敞,墙面洁净平整。然而,经过几年的使用,也存在以下几点问题:一是中国式教室设计采用大玻璃窗采光,但当地日照强烈且沙地反射严重,且玻璃窗的透光性好,让学生难以睁开眼睛,严重影响师生的眼睛健康;二是玻璃较易破碎,而当地不生产玻璃,玻璃购买又较贵,这就导致打破后的窗户长期得不到修复,造成风沙吹进教室、窗外高热辐射严重等问题;三是缺少学生存放书包和物品的地方,当地教室都有一个存放书包和教学学习物品的储物柜,但是中国建设的教室没有这类储物柜,学生的书包和部分物品没有办法储存,只能随意堆放在课桌上;四是教室门采用的是中国教室常用的独开式设计方式,导致很多教室门被学生挤坏。

第五,该校的校舍为中国援建,但是校园里的中国特色并不显著。这主要表现在以下几点:一是中国援建的标志经多年风沙吹拂,已经模糊到不容易看清楚的程度,校园内和援助物资上没有有关中国的介绍,中国援建的课桌椅和办公桌椅也没有专门的中国援助标志;二是学生的文化娱乐活动空间较小,没有设立有关中国文化和中毛关系方面的宣传栏,无法让学生了解中国文化和中毛关系;三是学校虽设有图书室,但是图书室内并没有专门的与中国相关的书籍,更没有中文书籍,无法帮助学生建立对中国的初步认知;四是毛塔的中学教学中会涉及世界各国对毛塔的援助,虽然学校老师会讲到学校是中国所援建的,但学校没有专门的关于中国援建这所学校的介绍,因此,学生虽然知道学校的校舍为中国援建,但并不知道中国为什么要提供该项援助,以及中国是在什么计划下提供该项援助的。

二、相关政策建议

笔者于 2017 年 4 月走访了毛塔首都努瓦克肖特市内各国援助的学校和利斯卓越学校二校后发现,利斯卓越学校二校是全市生源最好的一所学校,办好这所学校能在毛塔青年一代最优秀的学生心中埋下中毛友谊的种子,为未来的中毛关系打下良好的基础。中学阶段是人一生中精力最充沛、记忆力最旺盛和思想开始萌芽的阶段,抓住中学阶段为中学生创造良好的学习和教育环境,有助于在毛塔青年一代中树立良好的中国形象,为未来中毛关系打下基础。当前,学校的发展需要来自外部世界的助力,笔者在实地调研和访谈学校领导的基础上提出以下几个方面的建议。

第一,中国大使馆每年派人去学校看望学生,为学校和学生带去中国的问候和信息。大使馆邀请利斯卓越学校二校的老师到中国大使馆参加有关中国文化的讲座,让老师们更加了解中国。派遣中国专家到利斯卓越学校二校为老师和学生们讲述中国的发展故事和中国在毛塔的故事,让老师和学生们更多地了解中国,潜移默化中加深学生对中国的印象。

第二,中国大使馆设立中国奖学金,为优秀学子提供一定数额的奖学金。大使馆的奖学金可以分为几种类型。一是考上重点大学奖学金,以此鼓励优秀学子勤奋学习、努力奋斗。二是中国夏令营奖学金,鼓励一部分有特长或在某些方面取得好成绩的学生到中国参加夏令营,到中国参观访问。三是鼓励性奖励,如在某一方面成绩突出的学生可以受邀到中国大使馆参观学习。这类奖励数额不大,却可以充分展示中国对他们的关心和关注,因此,这些都有可能会成为他们与中国结缘的特殊契机,在他们的心中播下一颗中国种子,以此展开与中国的特殊缘分。四是象征性奖励,如对某一特定领域获得荣誉的学生,赠予中国大使签名的奖状、明信片或中文书籍等,给予精神激励。与此同时,通过颁奖仪式或者与毛塔教育方面的联络协商,增加这类奖励的含金量,让其有机会成为学生高考或者到中国留学的加分项目,让中国奖学金成为毛塔教育界的一个重要品牌。

第三,设立中国文化长廊,讲述中国文化和中国的发展故事,让学生知晓万里之外的中国的飞速发展。利斯卓越学校二校的学生均为十几岁的孩子,十几岁是人生的黄金时期,也是记忆力和想象力最强的时期。向他们介绍中国文化和中国故事,在他们的心中埋下一颗中国种子,可以激发学生们对中国的期待与向往。

第四,为学校增建校舍,以满足学校扩招的需要。随着利斯卓越学校二校影响力的扩大,招生的规模也在逐年扩大,已有的校舍难以满足逐年增长的招生需求,教室和校舍供应紧张。初中部的校舍历经多年,破损严重,且课桌椅破坏严重,黑板油漆脱落,严重影响日常教学的开展。为此,中国方面可以考虑为利斯卓越学校二校增建校舍,一来可以满足招生规模扩大之需,让更多的毛塔优秀学子来这里度过他们的青春岁月;二来可以改善学校的教学环境,让更多的学生在宽敞明亮的教室里学习,让学生对中国心怀一颗光明与敞亮的心。

第五,学校的校舍设计应充分考虑当地的气候条件和文化习惯,让校舍设计更符合毛塔的风格。如窗户小一点,将玻璃窗户改为木板窗户,以适应沙漠地区风沙较大和日照强烈的环境;门开大一点,方便学生出入,减轻教室门的损伤;进门的讲台处设立储物柜,为学生提供存放书籍和文具的柜子。

第六,鼓励中国企业帮助学校建设一个标准操场,充实年轻学子的课余生活。毛塔人酷爱足球,虽然利斯卓越学校二校有足球场,但是学校没有举办过真正的运动会和足球赛。在现有操场的基础上,帮助学校改造沙土操场,为学生提供一个水泥操场,建设体育健身设施,丰富学生的课余活动。

定期举办以中国企业或者机构命名的全毛塔或全努瓦克肖特市的中学生足球联谊赛事，以提供球服、矿泉水或奖品等方式来宣传中国企业和中国机构，让毛塔学生在快乐中以包容的心态接纳中国。这类活动应定期举行，并逐步让这一赛事成为一个品牌，扩大其影响力。

三、努瓦克肖特大学医学院

为了满足努瓦克肖特大学快速发展的需要，努瓦克肖特大学决定在努瓦克肖特市郊建设全新的大学城，学校的主要院系迁往大学城发展。为了推动毛塔医学事业的进步，帮助努瓦克肖特大学发展，中国政府决定为其援建医学院，培养医学方面的人才。

该项目是使用中国政府无息贷款援建的，2011年，该项目由中国地质工程集团公司竞标成功，项目金额 7800 万元，大约占地 2 万平方米，建筑面积约 9000 平方米，援建的建筑包括教学实验楼、行政办公楼、阶梯教室、教师公寓、4 个实验区及附属设施等，大约可为 1200 名学生提供学习和实验场所。[①] 毛塔高等教育、科学研究部部长比赫表示，医学院项目的开工，标志着中国与毛塔在教育和卫生领域的合作进入了新阶段。[②]

2013 年 11 月，在努瓦克肖特大学的校园内，一幢雄伟而有阿拉伯特色的医学院大楼落成竣工，毛塔政府在这里举行了盛大的移交仪式。对于毛塔来说，医学院的建成是一件大事，时任毛塔总统阿齐兹，总理拉格达夫，总统府和总理府多名高级官员，高等教育、科学研究部部长等 10 余名部长参加了移交仪式。医学院成为努瓦克肖特大学新校园的 4 个学院之一，包括教学

---

① 《中地集团中标援毛里塔尼亚努瓦克肖特医学院项目》，中国节能，2011 年 6 月 29 日，http://www.cecic.com.cn/g820/s2902/t10805.aspx，2019 年 12 月 20 日访问；《张迅大使和毛里塔尼亚总理拉格达夫共同主持努瓦克肖特大学医学院开工仪式》，中华人民共和国驻毛里塔尼亚伊斯兰共和国大使馆，http://www.fmprc.gov.cn/ce/cemr/chn/sgxx/t772614.htm，2019 年 12 月 20 日访问。

② 《张迅大使和毛里塔尼亚总理拉格达夫共同主持努瓦克肖特大学医学院开工仪式》，中华人民共和国驻毛里塔尼亚伊斯兰共和国大使馆，http://www.fmprc.gov.cn/ce/cemr/chn/sgxx/t772614.htm，2019 年 12 月 20 日访问。

实验楼、行政办公楼、配套动物房、阶梯教室和教师公寓及一批教学实验设备等。[①] 毛塔高等教育、科学研究部部长比赫表示，"医学院项目的建成，将为毛医疗领域提供更好的教学和科研环境，进一步改善公共卫生条件，为毛塔培养紧缺的临床医学方面的人才贡献力量，并为满足毛日趋增长的人力资源培训需求做出巨大贡献"[②]。2015年5月，当医学院的装修完成时，医学院大楼正式启用。

医学院是毛塔唯一的一所培养医生的学院，也是毛塔最高的医学类学府，正在培养毛塔当前发展中极为短缺的医生。医学院现共有教师92人，2017年5月，共有博士和硕士研究生33人，2016年第一个硕士研究生从这里毕业。绝大部分学生都是因为看到毛塔的医疗卫生现状，怀着一颗报效祖国和人民之心来选择学医的，因此，这里的研究生均选择了毛塔最为严重的疾病作为研究领域和未来的发展方向，他们的论文也多选择公共卫生和传染病两个主要的研究主题，这也是当前毛塔最为重要而紧缺的专业方向。研究生毕业后，医学院的学生一般选择参加国家医学考试，获得国家认可的医师资格证后便可去医院做实习医生。也有一部分人则选择出国留学，摩洛哥、突尼斯、塞内加尔、德国和法国等是毛塔学生选择最多的留学目的地国家，当前，随着中国的影响力越来越大，也有越来越多的学生选择到中国学医。出国深造非常有助于精进医术，但是，绝大部分的毛塔医学类的留学生毕业后并不会选择回国当医生，因而毛塔的医学类人才的外流情况非常严重。[③] 但是，政府对此也束手无策。教育部调研司的司长表示，"现在国家对高端人才的流失也没有应对办法，因为政府没有出台相关的政策来吸引

①　《援毛里塔尼亚努瓦克肖特大学新校园医学院建设项目竣工移交仪式隆重举行》，中华人民共和国商务部，2013年11月29日，http://www.mofcom.gov.cn/article/i/jyjl/k/201311/20131100407210.shtml，2019年12月20日访问。

②　《援毛里塔尼亚努瓦克肖特大学新校园医学院建设项目竣工移交仪式隆重举行》，中华人民共和国商务部，2013年11月29日，http://www.mofcom.gov.cn/article/i/jyjl/k/201311/20131100407210.shtml，2019年12月20日访问。

③　对毛塔努瓦克肖特大学医学院书记的访问，2017年4月5日。

留学人员归国就业"①。

对于毛塔来说，医学水平的低起点决定了医学院的运转需要借助很多外界的支持。医学院现有的教师队伍不足以维持一个庞大医学院的运转，为了提高医学院的科研与教学水平，国际合作是医学院的重点工作内容。当前，医学院的合作国主要有突尼斯、摩洛哥和法国，它们主要通过派遣医生或专家过来进行短期的交流与合作，学校也通过外聘的方式聘请专家进行为期1~2个星期的交流，开拓教师和学生的研究视野，拓展其学术思维，提升学术眼光和境界，推动医学的研究与发展。此外，还有大量来自法国、西班牙等国的援助性的合作项目。每年，法国和西班牙等国家通过项目合作的方式来开展一些与毛塔传染病相关的研究，推动相关传染病的防治，西班牙目前已经开始了与医学院共同招收和培养研究生的计划。与西班牙的这项合作，直接推动了医学院研究生培养事业的发展。西班牙方面的研究生导师定期到毛塔与医学院的学生展开交流，对学生进行培训，指导学生的实验和研究。②

来自中国的援助是医学院最为期待、最为瞩目的援助。首先，中国为医学院建设了医学院大楼，让医学院真正拥有了自己的教学楼和实验楼。其次，中国为毛塔提供了医学院教室内的硬件和教学设备、实验室的实验设施和一部分实验材料，目前医学院共有4个实验室，实验室内60％的实验设施和实验材料是来自中国的。再次，中国开始考虑与毛塔就医学专业学生的交流展开合作。但是，这些援助依然不够，毛塔方面希望有更大力度的实质性合作，医学院的书记郑重地告诉我们，他不希望与中国的合作仅仅停留在冷冰冰的大楼建设上，而是希望进一步开展有血有肉的学术互动，并在此过程中双方都能获得共同成长的机会。

经过深入的调研，毛塔方面主要的合作意向有以下几个方面：其一，中国在传染病防治方面取得了巨大的成就，毛塔希望就传染病的防治与中国开展学术合作，将中国经验运用到毛塔，让毛塔在传染病防治方面取得进

---

① 对毛塔教育部调研司司长的访问，2017年4月5日。
② 对毛塔努瓦克肖特大学医学院书记的访问，2017年4月5日。

展,解民众疾患之忧;其二,毛塔希望与中国建立教师和学生的交换计划,
中国定期派遣中国的教师和学生到毛塔交流、学习,与此同时,毛塔派遣毛
塔的教师和学生到中国,以此促进双方的交流互动;其三,毛塔希望在医学
设备的使用和维护上能够与中国展开更有成效的合作。医学设备的使用
和维护是医学院的重要研究方向,但毛塔缺少这方面的师资,特别是缺少
懂得各类设备运转原理的专家,因此,毛塔希望中国在毛塔医学院开设这
类专业,以此推动相关研究的发展,并为毛塔医院设备的维护和管理提供
后备的专业人才,提高设备的使用效率和使用寿命。[①] 由此可见,毛塔方面
对于来自中国的援助与合作充满期盼,但是,他们并不是来者不拒的,他们
希望的是他们当前最需要的、脚踏实地的合作。在努瓦克肖特大学副校长
的办公室里,副校长拿出一大沓的合作协议说:"我们和世界上很多国家和
学校签署了合作协议,但是很多合作只是流于形式,并没有真正开展起来。
现在,学校对此类流于形式的合作协议的签署并不感兴趣,真正能够激起学
校兴趣的是务实的合作项目,只有将合作和交流落到实地,才是学校最需
要的。"[②]

---

① 对毛塔努瓦克肖特大学医学院书记的访问,2017 年 4 月 5 日。
② 对毛塔努瓦克肖特大学副校长的访问,2017 年 4 月 5 日。

第五章　中国对毛塔援助的公共工程项目

第一节　中国援助毛塔公共工程概况

一、中国对毛塔的公共工程援建情况

公共工程项目的建设是中国建设毛塔基础设施的一个重要组成部分，是中国为改善毛塔的公共基础设施而进行的市政工程和办公楼项目。毛塔时任总统阿齐兹在接受《21世纪经济报道》记者访问时承认："毛里塔尼亚首都努瓦克肖特的主要公共建筑就是在中毛合作框架下修建起来的。"[①]自中国早年向毛塔提供援助开始，公共工程援助就是援助的重要内容。20世纪60年代，毛塔总统达达赫第一次带领毛塔访问团访华，与毛泽东在会谈中达成了建设文化中心和青年中心的协议。中国随后在努瓦克肖特市援建了文化中心和青年中心，这两个援助中心至今仍是毛塔首都引人注目的亮丽风景线和重要地标性建筑。此后，当时拥有国际先进水平的、带有同声传译系统的国际会议中心建立起来，成为毛塔最现代化的建筑之一。20世纪80年代，中国在毛塔建设了奥林匹克体育场，丰富了努瓦克肖特市人民的体育生活，这也是当地人民锻炼身体和聚亲会友的重要场所。20世纪90年代，中国为毛塔援建了总统府和总理府。这些建筑都在毛塔的发展中扮演着极为

---

① 赵忆宁：《本世纪的中国与非洲　走进毛里塔尼亚（上）》，《21世纪经济报道》，2017年8月30日。

重要的角色。2008年,中国政府援毛塔政府办公楼项目启动,为毛塔两个重要的政府部门——外交部和对外经济合作部提供办公场所,改善办公环境,提高行政效率。

在这些公共工程移交毛方投入使用后,中国的援助并没有就此结束,中国继续承担这些项目的技术维护和技术合作使命,为这些项目提供技术方面的服务,确保其功能的正常发挥。直到如今,无论是20世纪60年代的老项目还是21世纪建设的新项目,中国的技术合作和技术维护援助工作仍在继续跟进,每年都会派遣专人维持这些项目的正常运转。

特别是针对老的公共工程项目,中国方面坚持"负责到底"的精神,即在这些项目严重老化、功能受限后,继续为其提供翻修和设备升级服务,确保其功能的正常发挥,这也是沙漠中数十年的老项目今天仍然"神采奕奕"的原因。经过20多年大漠的风沙吹拂,国际会议中心、总统府等老建筑的外部装饰和内部设备均出现不同程度的老化,2010—2011年,中国政府提供资金对国际会议中心和总统府从内而外展开了全面维修和设备升级换代工作。2017年,为了让奥林匹克体育场的各项功能能够正常发挥,中国政府承担了维修奥林匹克体育场的援助任务。这些传统的援助项目在中国的再度参与下,又重新焕发出蓬勃的生机。

二、中国援建公共工程的若干特点

公共工程是中国对毛塔提供援助的重要内容,也是中国向毛塔提供援助的一个重要的方向,这类项目具有以下几个方面的特点。

第一,公共工程援助项目投资较大,使用的年限较长,需要不断地在技术上投入方可确保场馆功能的正常发挥。中国在非洲建设援助项目与简单的工程承包不一样,纯粹意义上的工程承包一般会随着项目的结项而结束所有的工作,但公共工程援助项目的建设则更像是一场马拉松,援助伴随着公共工程项目建设使用的每一天。公共建筑是每天都在使用的,建筑物内部的设施和机器元件等会随着时间的推移而慢慢老化,特别是先进的仪器设备会随着时间的推移而需要不断地更新换代,因此,不仅建筑本身需要维护,内部的设施也需要不断地维护、更新和换代。为了确保这些建筑、设施和设备常用常新，每一项工程在移交投入使用后，中国政府都会派驻专门的技术维护队伍，对这些设施功能能够正常使用展开技术维护。在毛塔，无论是 20 世纪 70 年代援建的建筑，还是 20 世纪 80—90 年代援建的建筑，中国的技术维护一直都在跟进，一代又一代的中国技术维护人员来到这里从事技术服务和设备维护工作，确保这些公共建筑功能的正常发挥和使用。

第二，中国对公共工程的援助不仅包括建筑的建设本身，还包括了建筑的技术维护和内部设施的使用和更新等。由于毛塔的公共工程较少，可供开展大型和高端活动的场所较少，因此，建设这类场所对毛塔的政府和社会活动有着非常重要的意义。如奥林匹克中心虽然是一个体育场，但是这里是该国唯一的专业性体育活动场所，这里为毛塔提供了各类体育赛事所需要的场馆。与此同时，因场地宽阔，环境优良，这里还是各类群众集会活动的场所，是群众聚集和民间交流的重要场地，在社会活动的组织中发挥着重要的作用。奥林匹克中心移交使用后，中国的技术人员一直都没有离开，他们负责各类体育器械器材的技术维护和使用，负责夜间灯光的使用和维护，并对临时出现的场馆内小的损伤和体育器材的损毁进行及时维护，以确保体育场功能的正常发挥，确保体育赛事，特别是夜间体育赛事的灯光音响功能的正常使用，为体育运动员和观众创造良好的比赛和观赛条件。

第三，中国援建的公共工程项目建设完成后，援助并没有就此结束，而是由中国负责到底。因此，公共工程援助不是一场生意，它代表着中国对毛塔人民生活和社会建构的关心与关注，中国不仅需要在工程使用过程中随时跟进和不断投入，甚至还积极地参与翻修和再建工作，以确保这些重大公共工程项目正常运转。如在建设之时，国际会议中心配备了当时世界上最为先进的扩音系统和同声传译系统，但是，经过了 20 多年的使用后，国际会议中心的各类设备均出现不同程度的老化，很多设备损坏后不再有零配件可以更换，很多功能也基本不能使用了。因此，在国际会议中心移交 20 多年后，中国对国际会议中心进行了外立面的重新翻新、内部的重新装修和设备的全面更新，让国际会议中心从内而外闪耀着崭新的光芒。奥林匹克体育中心经过 30 多年的使用后，出现了外墙和阶梯损坏严重、灯光音响较老、跑道急需更新换代、球场内的排水系统需要重建、各类训练比赛场馆急需维护等方面的问题。为此,2017 年,中国政府对体育中心进行全面的维修,以确保体育中心运动功能的恢复和提升。20 世纪 90 年代援建的总统府,也于2011—2012 年,由中国政府重新翻修和更新了建筑的外立面和内饰,确保了总统府的外立面恢复如新和内部设备功能的正常发挥,提高了总统府的行政便捷性和舒适性,也提升了毛塔国家品位和国家形象。

第二节　中国援建的公共工程项目

一、总统府

该建筑物为中国政府于 20 世纪 90 年代末援建。总统府占地面积约为11774 平方米,总建筑面积约为 529 平方米,由总统府办公楼、水泵房、设备房和附属建筑组成。主建筑物总统府办公楼地上共 4 层,总建筑总高度约21 米,钢筋混凝土框架结构;水泵房和设备房为一层建筑,其中水泵房建筑面积为 100 平方米,设备房建筑面积为 180 平方米。

二、国际会议中心

国际会议中心是中国政府 20 世纪 90 年代初援建的重要项目,占地面积约 120580 平方米,总建筑面积约 9016 平方米,由国际会议中心办公楼、6 栋元首别墅、变配电间和水泵房组成。其中主建筑物国际会议中心办公楼地上共 3 层,总建筑总高度约 12.8 米,钢筋混凝土框架结构;变配电间和水泵房为一层建筑,建筑面积为 368 平方米。

三、政府办公楼项目

毛塔政府的办公条件较差,很多办公室的房间狭小,且相关的配套设施较差。在卫生部,一幢黄色的 5 层建筑是 20 世纪 70 年代所建,随着业务的增多,办公室内部只好用水泥砖临时隔为一个个小的办公室,裸露的水泥砖未经任何粉刷和装饰。为了扩大办公室室内面积,政府只好将办公室的墙往走廊上砌出来，这就导致办公楼的走道狭窄，只够一个人通过。随着经济的发展和社会的进步，政府办公条件的改善迫在眉睫。

在这一大的背景下，中国政府援毛塔政府办公楼项目于 2008 年 12 月 30 日开始动工建设，2010 年 8 月 2 日竣工验收合格。2010 年 9 月 23 日，中国驻毛塔大使张迅和毛塔住房、城市规划与领土整治部长伊斯梅尔·乌尔德·贝德·乌尔德·谢赫·西迪亚共同主持了中国援助毛塔 3 栋政府办公楼交接仪式并签署了交接证书。① 该办公楼项目主要包括 2 个地块。地块一上的建筑物为总理府及其附属建筑，地上共 3 层，高 14.7 米；地块二上的建筑物为外交事务及合作部、马格里布阿拉伯组织及环境直属秘书处及其附属建筑，地上共 4 层，高 18.6 米。② 地块一位于努瓦克肖特市中心东侧，东面为商业银行，南面紧邻古清真寺，西面为城市中心区，北面为电信办公楼，西北面为努瓦克肖特大学和总统府，占地面积 9976 平方米，建设内容为总理府办公楼、水泵房、2 个值班室、道路广场、围墙、大门等，建筑面积达 4550.7 平方米；地块二位于城市中心北侧偏西，东面为当地居民区，南面紧邻国际会议中心，西面为城市道路，北面为预留发展用地，占地面积 35044 平方米，建设内容为外交部办公楼、经济部办公楼、水泵房、2 个值班室、道路广场、围墙、大门等，建筑面积达 9482.1 平方米。③ 办公楼项目的建成，与努瓦克肖特市内其他的大型政府办公场所相连接，便利了政府办公和民众办事，全新亮丽的翻新建筑也成为努瓦克肖特市新的地标性建筑。

"外交部和经济部办公楼建筑设计采取沿围墙的西侧南侧 L 型布置一组建筑的形式，形成庭院式布局。在西南角处一组连廊连接构成整个对外形象的核心，西南角位置后退出城市空间。各自办公中段设置通过式的入口，道路环通，西南侧分别布置入口，北侧考虑为预留发展用地。2 栋部委的

---

① 《张迅大使出席我援毛里塔尼亚 3 栋政府办公楼交接仪式》，中华人民共和国驻毛里塔尼亚伊斯兰共和国大使馆，http://www.fmprc.gov.cn/ce/cemr/chn/xwdt/t755511.htm，2019 年 12 月 20 日访问。

② 李波、魏黎明：《走进非洲——援毛塔政府办公楼施工现场设计代表工作总结》，《工程建设与设计》2012 年第 3 期。

③ 对中铁四局毛塔分公司的调研。

办公楼组合布置,既考虑了各自的使用方便又兼顾了整体形象。主体墙面为浅黄色仿石涂料黑色横向线条分隔,墙裙采用深灰色仿石涂料,结合局部伊斯兰风格金属花饰及线脚纹样,凸显伊斯兰建筑文化。各自入口立面门头庄重大方。顶层立面设置造型窗口,转角部分连廊也采用3个造型洞口体现伊斯兰建筑的特色。主入口分别采用外凸和内凹形式的门洞。设置架空屋面隔热通风,适应干热地区的气候条件。"①

该建筑物为钢筋混凝土框架结构,入口设计宽敞的门厅,首层设置职工餐厅、仓库、档案厅,沿内走廊布置办公室。二层和三层也是通过内走廊组织交通,组成单元布置各个事务处所,并在适当位置设计休息场所、卫生间、开水间。部长和秘书长等重要人物的办公室设计出于私密性的考虑,安排在两端,并在其办公室附近设置部长和秘书长办公室,充分考虑布置的灵活性、办公的方便性及空间布局的合理性。

地块一的建筑为总理府办公楼,建筑设计采取依靠中部的城堡式柱体连接左右办公区的方式,"左右两侧分支分别倾斜15度,成八字布置,正好符合北侧弧形道路的折转趋势,造型舒展。围绕建筑设置车道,北侧为主入口,东侧设置次入口。主要入口前布置广场,同时两侧有满足需要的停车位"②。

为了充分展现毛塔政府办公建筑的伊斯兰风格和沙漠国家的特色,办公楼的建筑立面造型线条力求简洁严肃,手法朴素,内涵丰富,富于美感。在外立面的装饰上,融入伊斯兰建筑的半圆和开洞设计,入口采用开洞方式,里面装饰结合镂空金属花饰,严肃而不失活泼,在伊斯兰民族风韵中加入时尚简洁的线条。建筑兼具美观性和实用性,考虑到沙漠地带的高温酷热,建筑中部采用小方窗开洞,外墙配合大型柱廊与宽阔走廊,避免白天烈日的直接照射造成室温过高的状况,同时充分考虑到沙漠中日照强烈且热

① 李波、魏黎明:《走进非洲——援毛塔政府办公楼施工现场设计代表工作总结》,《工程建设与设计》2012年第3期。
② 李波、魏黎明:《走进非洲——援毛塔政府办公楼施工现场设计代表工作总结》,《工程建设与设计》2012年第3期。

浪袭人的特点，尽量避免过于强烈的阳光直射到办公室内，保持环境的自然雅静。

四、奥林匹克体育场

毛塔奥林匹克体育场位于努瓦克肖特市中心，系中国政府无偿援建的项目，由山东省负责援建。1975 年 12 月，山东省派遣了由 9 人组成的专家组，赶赴毛塔进行体育场建设方案的考察与设计，"其中土建、结构、水电方面的专家由上海华东设计院派出，通信、广播方面的专家由山东派出，官方翻译和业务助理由国家体委安排"[①]。建成的奥林匹克体育场于 1983 年 7 月 14 日正式启用，是毛塔迄今为止唯一的大型体育运动中心。宏伟的奥林匹克体育场成为努瓦克肖特市内重要的地标性建筑，同时也是毛塔仅有的大型体育设施，使用频率非常高，不仅用于举办各种类型的体育赛事，而且经常用于开展毛塔大型庆典活动和群众运动，在毛塔发挥着极为重要的作用。体育场承办了总统就职典礼、大型展销会及各类体育赛事，在毛塔政治、文化、体育生活中发挥着难以替代的作用。体育场不仅成为中毛友谊的标志，而且也成为首都民众生活休闲的重要场所。

围绕着援建的奥林匹克体育场，中国开展了丰富多彩的对毛塔体育事业的援助与支持活动。中国长期为毛塔提供体育物资方面的援助。2015 年 2 月 13 日，驻毛塔大使武东出席中国援助毛塔青年体育部体育用品移交仪式。"此次向毛塔政府提供一批体育用品物资，将使毛塔 13 个省运动俱乐部和中小学受益，进一步促进毛塔体育事业和全民健康的发展。"[②]对于毛塔年轻人来说，体育运动是他们最喜欢的消遣之一，但毛塔官方、民间极端缺乏体育用品，因此，中国所提供的体育物资在满足年轻人的体育运动需求，培养和增强他们的运动意识，改善中小学体育设施，增强学校的凝聚力等方面

[①]　周正：《七十年代两次公务出国的片段回忆》，《春秋》2012 年第 6 期。

[②]　《驻毛塔大使武东出席援毛体育用品移交仪式并陪同毛青年体育部长视察援毛奥林匹克体育场》，中华人民共和国外交部，http://www.fmprc.gov.cn/ce/cemr/chn/sgxx/t1238178.htm,2019 年 12 月 20 日。

有着重要的意义。

五、文化中心和青年中心

这是中国早期援助的项目,是毛塔的第一任总统达达赫第一次访问中国时中国和毛塔共同商讨的援助项目。1966 年 5 月,中国政府派遣文化代表团访问毛塔,双方商定由中国为毛塔无偿援建文化中心和青年中心,从此拉开了中国大规模援助毛塔的序幕。[①]

文化中心是一幢富有当地特色的威严建筑,集中了毛塔最为核心的文化机构。根据当地的建筑文化特色,文化中心朝四个方向设立出口,每一个大门代表一个文化机构,包括国家博物馆、科学研究院等文化机构。

为了确保这类项目适应当地的气候和文化,文化中心和青年中心是富于当地文化特色的庄严建筑,建筑的四周有着宽阔的走廊,走廊上整整齐齐地排列着很多自屋顶至地面的高大栏柱,看上去威严庄重。当地人称,这种风格是应在当地干旱的沙漠气候条件下遮阴和散热之需而设计的,有助于在光照强烈的时候避免阳光直射文化中心的主建筑,在气温升高的时候增加空气的通透性,有助于散热。

第三节　中国对公共工程项目的维修和技术合作

一、传统项目的维修

(一)国际会议中心的维修

在国际会议中心使用 20 年后,由于受毛塔自然风沙和烈日的严重侵蚀,会议中心的外观和内饰损坏较为厉害,相关设备老化较为严重。为了确保会议中心的正常使用,应毛塔政府的请求,2011—2012 年,中国政府承担了

---

① 　胡锦山:《非洲的中国形象》,人民出版社 2010 年版,第 181—182 页。

翻修和更新国际会议中心的援助任务。该项目由中国中铁四局集团有限公司海外工程分公司毛塔施工技术组负责，主要维修范围包括 18 间卫生间、1 层门厅、3 间空调设备间、2 间安全保卫及消防控制室、1 层 5 间办公室、1 个 100 人会议厅、1 个 50 人会议厅，维修的内容主要为拆除旧装饰和重新布置新装饰，增加玻璃隔断 2 个，更换所有外墙铝合金门窗 63 樘，提供液压维修梯，附属水泵房重新装饰，更换所有排水管道及配件、卫生洁具、恒压变频供水系统，更换部分线路和灯具、火灾报警系统、监控系统、5 套无线会议及同声翻译系统、空调自控系统（BA 系统）、发电机、配电柜，更换冷水机组、冷却塔、空调箱、管道及配件、控制柜和末端系统。6 栋元首别墅除结构外全面拆除和重新装饰。[1]

国际会议中心维修项目于 2011 年 7 月 6 日正式开工。维修项目的主要内容包括外立面翻新、更换国际会议中心空调系统、安装与更新 4 套同声传译系统和 800 人会议扩声系统等一系列设备。经过将近 16 个月的紧张施工，2012 年 10 月 29 日，维修项目竣工。2012 年 11 月 1 日，中毛双方在国际会议中心内焕然一新的 50 人会议厅举行项目交接仪式。[2]经过 1 年多时间的维修，国际会议中心的面貌自内而外发生了翻天覆地的变化，从内而外闪耀出崭新的光芒。维修后焕然一新的国际会议中心成为努瓦克肖特市民心中的骄傲，也成为首都重要的地标式建筑。

2015 年，阿拉伯联盟峰会召开，国际会议中心作为峰会主会场，承担起接待阿拉伯世界各国国家元首的重任。在此召开了阿拉伯世界最高级别的国际会议。会议期间，国际会议中心成功承接了密集的大小会议，为峰会的召开提供了优良的设施条件，维护了毛塔的国际形象，提升了毛塔在阿拉伯世界的声誉。[3]

为助力阿拉伯联盟峰会的成功举办，中国除了提供国际会议中心维修

---

① 中铁四局毛塔分公司提供的材料。

② 《中国政府援毛里塔尼亚总统府办公楼和国际会议中心维修项目顺利交接》，中华人民共和国商务部，2012 年 11 月 4 日，http://www.mofcom.gov.cn/aarticle/i/jyjl/k/201211/20121108417441.html，2019 年 12 月 20 日访问。

③ 韩晓明：《毛塔开阿盟峰会中国来帮忙（手记）》，《环球时报》，2016 年 7 月 28 日。

服务,以及技术服务外,还在其他方面提供了配套服务。"华为同当地最大的运营商合作,为峰会提供有力的通信保障,为做到万无一失,在会前多次实地测试,确保信号强度和覆盖范围符合要求;20辆豪华宇通大客车在会议中心门外排成蓝色长龙,专门运送参会代表团成员;还有荣威轿车,成为接待峰会嘉宾的座驾"①等。在毛塔重要的国际任务面前,中国政府和中国技术工人给予了有力的支持,为毛塔重大国际会议的成功举办提供了坚强的后盾。

2016年,中国政府再度提供一轮无偿援助资金,主要用于为国际会议中心提供内部装饰,更换严重老化的设备。该项目由中铁四局承建。2016年11月26日,驻毛塔大使武东与毛塔住房、城市规划与领土整治部部长阿迈勒共同出席国际会议中心二期维修项目交接仪式并签署交接证书。② 目前,装修一新的国际会议中心正以全新的姿态开始承担新的使命。

（二）中国政府援毛里塔尼亚总统府办公楼维修项目

总统府办公楼项目是和国际会议中心维修项目同时进行的援助维修项目。总统府是20世纪90年代建成的,随着使用年限的递增和自然的侵蚀,尤其是持续高温和季节性风沙的侵袭,该建筑物损坏严重,且已经落后于时代,设备正在加速老化。为了确保总统府的正常使用和功能的升级换代,2010年,中国政府决定重新帮助毛塔翻修和更新该建筑。本项目由中国中铁四局集团有限公司海外工程分公司毛塔施工技术组负责承建,主要维修内容为更换总统府办公楼金属屋面、部分室内吊顶、部分灯具和配电柜、稳压柜、火灾报警系统,更换风机盘管18台、卫生间通风器25台,更换麦克维尔中央空调风冷机组、循环泵、管道及配件,更换恒压变频供水设备,增加不锈钢水池,提供液压升降机,重新装修附属水泵房和设备房,等等。

总统府办公楼维修项目于2011年7月6日正式开工,在中国和毛塔方

---

①　韩晓明:《毛塔开阿盟峰会中国来帮忙(手记)》,《环球时报》,2016年7月28日。

②　《驻毛里塔尼亚大使武东出席援毛合作项目交接仪式》,中华人民共和国外交部,2016年10月27日,http://www.fmprc.gov.cn/web/zwbd_673032/wshd_673034/t1409012.shtml,2019年12月20日访问。

面的密切配合下，项目得以顺利推进，经过将近 16 个月的紧张施工于 2012 年 10 月 29 日竣工。2012 年 11 月 1 日，中毛双方在国际会议中心内维修一新的 50 人会议厅举行项目交接仪式。① 总统府办公楼的维护和进展情况得到了毛塔各大媒体的广泛关注。

2016 年，中铁四局承建了为总统府办公楼提供内部装饰的援助项目，资金由中国政府无偿提供。2016 年 11 月 26 日，驻毛塔大使武东与毛塔住房、城市规划与领土整治部部长阿迈勒共同出席中国援毛里塔尼亚总统府办公楼和国际会议中心二期维修项目交接仪式并签署交接证书。②

(三)奥林匹克体育场维修

1983 年投入使用的奥林匹克体育场是毛塔人民重要的举行体育赛事和开展群众运动的场所，因投入使用了多年，很多设施已十分陈旧，部分设备在多次维修后仍无法继续使用，楼梯、座位、跑道和场馆其他设施等严重老化，电力系统和下水系统等均因使用时间过长而时常瘫痪，严重影响了体育场功能的发挥。为了让奥林匹克体育中心各项体育设施功能完备，在体育赛事和群众运动中高效地发挥基础场馆的作用，为这些赛事和运动提供更好的后勤服务设施，应毛塔方面的强烈吁求，中国政府决定对奥林匹克体育中心进行全面的维护，再次对奥林匹克体育中心开展新的援助。

2015 年，时任总统阿齐兹访华，与习近平主席在会谈中共同规划中毛双边关系的长远发展，中国应允了阿齐兹总统的请求，同意帮助毛塔完成毛塔奥林匹克体育场维修项目，为毛塔青年体育事业的发展助一臂之力。③ 之

---

① 《中国政府援毛里塔尼亚总统府办公楼和国际会议中心维修项目顺利交接》，中华人民共和国商务部，2012 年 11 月 4 日，http://www. mofcom. gov. cn/aarticle/i/jyjl/k/201211/20121108417441. html，2019 年 12 月 20 日。

② 《驻毛里塔尼亚大使武东出席援毛合作项目交接仪式》，中华人民共和国外交部，2016 年 10 月 27 日，http://www. fmprc. gov. cn/web/zwbd_673032/wshd_673034/t1409012. shtml，2019 年 12 月 20 日访问。

③ 《驻毛里塔尼亚大使张建国在援建毛里塔尼亚奥林匹克体育场维修项目开工仪式上的致辞》，中华人民共和国外交部，2017 年 7 月 16 日，http://www. fmprc. gov. cn/web/dszlsjt_673036/t1478084. shtml，2019 年 12 月 20 日访问。

后,相关工作马不停蹄地开展。2015 年 6 月,中国向毛塔派出了由 7 名技术专家组成的奥林匹克体育场维修项目可行性考察组,对体育场维修项目进行可行性的考察。在考察组充分了解体育场运营现状和毛塔的维修期待后,考察组得出考察结论——体育场维修项目可行。2015 年 9 月 14 日,中国和毛塔两国政府签署了援毛塔奥林匹克体育场维修项目的换文。2016 年 11 月 29 日,驻毛塔使馆经商参赞陈骏麒和毛塔青年与体育部秘书长穆罕默德·乌尔德·瓦尔·乌尔德·阿布迪分别代表中国商务部和毛塔青年与体育部签署援毛塔奥林匹克体育场维修项目实施协议。[①] 经过近 2 年时间紧锣密鼓的筹备,2017 年 7 月 15 日,中国援建毛塔奥林匹克体育场维修项目举行开工仪式,由上海建工集团负责承建。该项目是对原体育场项目的维修,工期 18 个月,总建筑面积 20039 平方米。[②] 在施工过程中,上海建工克服了工地电压不稳、清真寺未与工地隔离、垃圾场缺失、排污管线设计不合理等影响项目施工、进展、安全和未来使用的问题。此次维修有助于提高场馆的使用效率,丰富毛塔人民的文化及体育生活,为中毛友谊开启新篇章。

二、技术合作

无论是奥林匹克体育场,还是政府办公大楼,都有相当多的灯光、音响和内部的机器元件需要进行日常的保养和定期的检修,很多器械都有特定的维护程序和维护要求,一部分仪器和配件是有使用寿命的,因此,这类援助项目投入使用后,日常的保养和维护非常重要。毛塔的专业技术基础极差,国内几乎没有可以参与这类项目维护的技术工人,因此,与中国在其他国家的同类援助项目一样,中国采取与毛塔方面签署技术维护合作合同的形式,从中国国内派遣专门的专业技术人员进行维护,帮助这类项目正常

---

① 《援毛里塔尼亚奥林匹克体育场维修项目签署实施协议》,驻毛里塔尼亚使馆经商处,2016 年 12 月 1 日,http://mr.mofcom.gov.cn/article/jmxw/201612/20161202007789.shtml,2019 年 12 月 20 日。

② 《驻毛里塔尼亚大使张建国出席中国援毛奥育场维修项目开工典礼》,中华人民共和国驻毛里塔尼亚伊斯兰共和国大使馆,https://www.fmprc.gov.cn/ce/cemr/chn/sgzyhd/t1478202.htm,2019 年 12 月 20 日访问。

运转。

在毛塔的政府办公楼投入使用后，中国政府承担了该政府办公楼的技术维护工作，援助进入了技术合作阶段，合作项目于 2011 年 9 月 23 日开始一直持续至今。技术合作的主要任务是对中国援毛塔政府办公楼项目所有设施的使用、检修、维护和管理进行技术指导，就地培训毛方技术人员，为毛方提供一批零配件、办公设备和生活物资等。当前的技术合作项目由中铁四局负责实施。

2013 年，中铁四局完成了国际会议中心的维修任务，移交后国际会议中心的技术合作工作由中铁五局负责实施，中铁五局派遣专人负责维护会议中心相关水电设备，使其正常运转。据中铁五局驻守毛塔的技术经理朱值宏介绍，在技术维护中，日常的工作就是检查相关水电设备和会议大厅各类设备的运转情况。当召开会议时，则需要提前检查会议设备，如扩音器、播放器、灯光和座椅等，如果有使用不便或出现技术故障的情况，则需在会议召开前协调、维修好。当连续几天召开高级别的会议时，则需要技术维护人员彻夜在办公楼内维修，以确保会议设备在会议期间的正常使用。

实际上，在参与技术合作与维护的过程中，中国技术人员需要不断地培养当地的技术人员，让当地技术人员成长起来，这样才能确保设备长时间的正常使用，设备性能的正常发挥。由此可见，技术维护和技术合作的过程也是一个技术传授和技术培训的过程，能够提高当地技术人员的技术水准。维修和装修后的国际会议中心使用的均为世界先进的同声传译设备，可以实现 5 种以上语言的同声传译，而这类设备在毛塔此前是没有使用过的。因此，为了教会当地维护人员使用这类设备，中国技术维护人员不得不手把手教授，直到他们完全掌握维护技术为止。因为当地技术人员的技术基础较差，加上语言沟通不是很顺畅，所以往往需要花费较长的时间才能让中国技术维护人员和当地技术人员配合默契。

教会当地技术人员使用和维护这些设备并不是说中国技术人员偷懒或者想要减轻工作量。因为即便在当地技术人员学会使用、维护这些设备后，中国的技术维护人员依然要全程参与会议设备的日常维护之中来。这主要基于以下几个方面的考虑。其一，中国技术人员全程参与维护，有助于确保各类会议的正常开展。一旦会议期间出现突发的设备故障,当地的技术力量可能不能解决,特别是当举办较大型的国际会议时,更是如此。因此,中国的技术维护人员需要一直坚守在援助项目的现场。其二,会议设备可能发生较不常见的问题和故障,当地的技术人员可能没有足够的经验来处理这类问题,中国的技术维护人员依然扮演着较为重要的技术指导的角色。其三,会议设备,如同声传译设备都是较为高端的先进设备,技术掌握难度较大,工作中较易出现使用质量问题,为确保这类设备发挥最佳效果,中国技术维护人员需要参与维护。其四,高端设备由专业精深的技术维护人员参与维护有助于提高设备使用寿命。

三、公共项目援助中的若干思考

援助项目的建成本身就是一个中国标志在非洲大陆的确立,是展示中国与毛塔的友谊及中国自身软实力的重要途径和方式,因此,围绕着援助项目所展开的中国形象的设计至关重要。在毛塔各地,中国建设的公共工程都是当地最为体面的建筑,无论是对提升相关行政部门的办公效率,还是提升当地的文化品位,都有值得称许之处,这也是当地人认可中国人的一个重要原因。在实地走访中国对毛塔援助的公共工程项目的过程中,笔者能够感受到这些公共工程项目在当地的经济社会发展中所发挥的作用。但是,根据在毛塔的调研中所了解的情况,公共项目援助中的中国形象设计概念仍未得到充分的凸显。主要的问题包括以下几个方面。

第一,中国在毛塔援建的公共工程项目都具有较为明显的阿拉伯风格,与当地的文化品位和文化氛围较为融合,但是这类建筑在建设的过程中忽略了中国标志的展示。

文化中心和青年中心历经30多年的狂风大沙,现在仍是努瓦克肖特市中心的一道亮丽风景线。其为适应当地气候的外围长廊式设计,具有较强的沙漠气候风格。然而,走进文化中心的任何一个角落,扑面而来的是浓厚的中国风,体现的是中国典型的对称型公共建筑的风格。楼梯和两边的建筑是完全对称的,地板和大理石墙面也是中国20世纪60—70年代公共建筑所使用的样式。走进国家博物馆,博物馆的一楼两侧是对称的会议室,会议室的门是四扇朱红色油漆的木门，对称而开。地板是中国20世纪80年代时采用的水磨大理石地板。中间是通向二楼的楼梯，沿着对称的楼梯走进二楼，二楼的大门体现传统的中国公共建筑风格，二楼的窗户则是20世纪80年代初期的铁框玻璃窗，但从这些设施中都没有看到援助的中国标志，唯有门的把手上写着"推TUI"，这是唯一凭借中文字眼所能看出的中国标志。

虽然文化中心和青年中心的建筑风格上有浓浓的中国风，但是，走遍了整幢建筑的角角落落，都没有找到"中国援助"的标志。走进毛塔国家博物馆，一群来自法国的游客正在博物馆解说员的引领下参观。博物馆内部摆设宽敞大气、清凉透气、采光良好，因为不让拍照，因此无法留下影像记录。另一个值得关注的现象是，博物馆的建筑是中国建设的，而博物馆的展柜是日本援助的，但从建筑中几乎找不到中国援助的字样，而每个展柜上都标有明显的日本国旗和"Official Development Aid"的标志。这样很容易给人错觉：整个博物馆都是日本捐助的，而不是中国援建的。在努瓦克肖特街头访问中笔者发现，绝大部分的当地人知道这是中国早年援助的建筑，但绝大多数到访过文化中心的中国人均认为文化中心是日本捐建的。这是因为当地人通过口耳相传知道文化中心是中国援建的，而在实地参观文化中心看到日本国旗后却留下了文化中心为日本援建的错误印象。

无独有偶，在另一处中国早期援建的建筑国际会议中心里，笔者又发现了同样的情况。走进这幢阿拉伯风格的建筑内部，很难发现中国元素。首先，在国际会议中心的外面和内部，见不到中国援助的标志；其次，国际会议中心的绝大部分的装饰材料和电器都是采用的国际品牌器具，包括厕所的洁具、会议室的音响设备、灯光和空调设备等。因此，在会议中心不仅看不到中国援助的标志，而且连中文字都很难看到。会议大厅的左侧过道，设有一个消火栓，设计的风格与国内的消火栓极为相似，但是玻璃上的中文字已经去掉，似乎是刻意回避使用中文字体。

第二，在文化品位和消费的习惯上，没有完全与非洲当地相统一。

中国的办公楼内经常设有开水间，设有大型电开水壶，可以为整层楼的办公人员和客人供给茶水。因此，中国援建的毛塔政府办公大楼每层均设有电开水壶。但是，政府办公大楼投入使用一段时间以来，电开水壶基本上没有用过,几乎成为那里的一个摆设。虽然毛塔人酷爱茶,但毛塔茶不是泡的,而是需要一遍一遍地煮开,需要很长时间才能做好。因此,根据当地人的传统,办公楼内部应设立专门的茶室,供煮茶人煮茶和清洗茶具。显然,当前这样的设计没有将当地的消费传统和消费习惯充分考虑进来,带来了使用中的不方便甚至物资的闲置。

第三,中国援助的文化机构没有与中国文化活动相联系。

在努瓦克肖特,无论是文化中心还是青年中心,两者都是市内标志性的景点和地标式建筑,为毛塔青年一代和知识精英所熟知。然而,遗憾的是,此类文化机构并没有与中国相关机构定期开展文化活动,推动中国文化在毛塔的传播和推广,让更多的人了解中国文化和中国。实际上,根据对努瓦克肖特街头年轻人的随访,笔者发现几乎 100％的年轻人知道中国,80％以上的年轻人对中国和中国文化充满着兴趣,表示愿意接触中国人和中国文化,但是,实际上,真正的中国文化推广活动没能开展起来。文化类的援助建筑建成后可增加其文化内涵的建设,在中国援建的文化建筑内部开展更为丰富活泼的文化活动,通过文化互动营造双方文化交流的氛围,带动双方深层次的文化沟通,有助于增强中国文化在当地的影响力。

第六章　奔腾的青春：中国援毛人在毛塔

　　沙漠中的毛塔是一片炙热的土地，援非人是一群年轻人，很多人在这里一干多年，将最美好的青春献给了中国的援非事业。青春对于每一个人来说都是宝贵的，选择援助事业来度过自己的青春岁月充分表明了援助在援非人人生中的分量，也展现出援助这份礼物之沉重。因为参与了同一份中国对毛塔的援助事业，他们拥有了一个共同的名字：援毛人。然而，他们中的每一个人都有各自的援毛故事和援毛人生。本着探索不同人在毛塔的不同故事和不同人生的目的，笔者走进了援毛人的生活，深入他们的工作，探究他们在毛塔工作生活的酸甜苦辣，感受他们错综复杂的心路历程，并根据这些线索展开一个有关援助与青春的主题调研。

第一节　因援助而结缘毛塔

一、为什么来毛塔

　　对于普通的中国人来说，毛塔是一个遥远而陌生的国度。对于中国政府来说，毛塔是一个非常亲密的政治朋友、友好的合作伙伴，而对于绝大多数的中国援毛人来说，毛塔就是他们事业的起点和青春飞扬之所，是他们在远方的"第二故乡"。

　　他们把青春和汗水献给了这片土地，用自己最美妙的年华在非洲大地上演绎了中毛间的激情与友好。在这片火红的撒哈拉大沙漠上，大地的炽热抵挡不住这群年轻人火热的激情，自然环境的艰苦阻挡不了中毛并肩前行的坚定步伐，因此，这群怀揣梦想的年轻人在援助事业上一路前行，创造了中国在毛塔援助事业的辉煌和毛塔发展的奇迹。

中国援毛人来到毛塔的原因各不相同，有的是单位或公司的派遣，有的是经济上的巨大吸引力，有的则是因国内工作上的巨大压力或者自身升职的需要。通过对部分援毛人士的访谈，笔者将主要原因分列如下（见图6-1）。

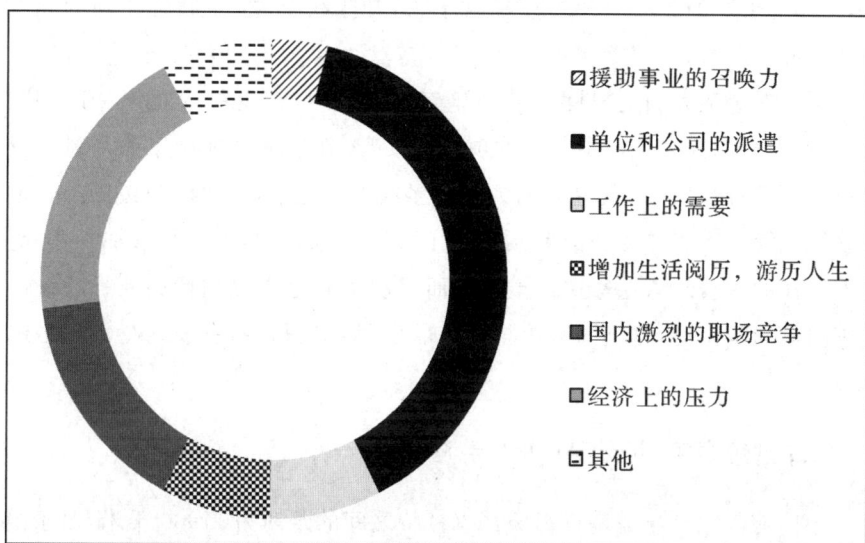

图 6-1　选择援毛的原因

由此可见，单位和公司的派遣及工作上的需要是中国援毛人来到毛塔最主要的原因。此外，国内快节奏的工作和工作中的激烈竞争，以及国内生活中的巨大经济压力，也构成了他们来到毛塔的主要主观原因。当然，也有一小部分的援毛人是因为对撒哈拉大沙漠的憧憬和向往，主动选择来到毛塔，增加人生的阅历。然而，无论什么原因，他们都坚持认为，援毛岁月成为他们人生中的宝贵财富。

从援毛人的年龄结构来看，年轻人是中国援毛塔群体的主流。根据对中国医疗队的调查，医生和其他队员的平均年龄是38岁，且一半以上具有副高以上的高级技术职称。医疗队是一个对技术要求极高的队伍，因此，38岁的平均年龄在毛塔援助队伍中已经是较为成熟的年龄了。从参与努瓦克肖特城市低洼地带排水项目的人员结构来看，这支队伍的平均年龄不到 30 岁，38 岁的项目总经理林军已经是"老人"了。该项目汇聚了一大批刚刚从学校毕业的大学生，他们人生中的第一份工作就在毛塔，他们从事项目管理、技术服务、翻译和会计等工作。此外，在中国援建项目的技术服务队伍中，技术人员也多是平均年龄在 30 岁以下的年轻人。正是因为援毛队伍的年轻化，中国对毛塔的援助事业虽然异常艰苦，却生机勃发，充满着蓬勃的朝气和旺盛的生命力。

通过对援毛人的随机问卷调查笔者发现，60％以上的人是第一次到非洲；15％左右的人来毛塔参与援助项目前，曾经在非洲其他国家参与过援助项目的建设；而另有 25％左右的人已经多次来过毛塔，多次参与援助项目的建设。在第一次到非洲的援毛人中，大约有 20％的人是第一次参加工作，想借着这样的机会结缘毛塔这片土地。而多次来到毛塔参加援助项目建设的人则更倾向于认为，自己的事业与毛塔的发展息息相关，有长期扎根毛塔的打算。

二、当想象变为现实：初识毛塔

中国首都北京与毛塔首都努瓦克肖特之间的距离为 11900 千米，对于绝大多数中国人来说，这几乎是一个无法跨越的物理上的距离，因此当得知要来到这样一个遥远的陌生国度时，担心和焦虑是无法避免的。通过对中国援毛人的问卷调查和访谈，笔者发现几乎每个人在来毛塔前或初来毛塔时都有担心和恐惧的事物，从总体上归纳主要包括以下几个方面：烈性传染病；遥远，无法照顾家人；社会动荡不安；气候炎热；封闭，与外界隔绝；语言障碍；风俗习惯；水土不服；远离亲人朋友，孤独；等等。具体的情况如图 6-2 所示。

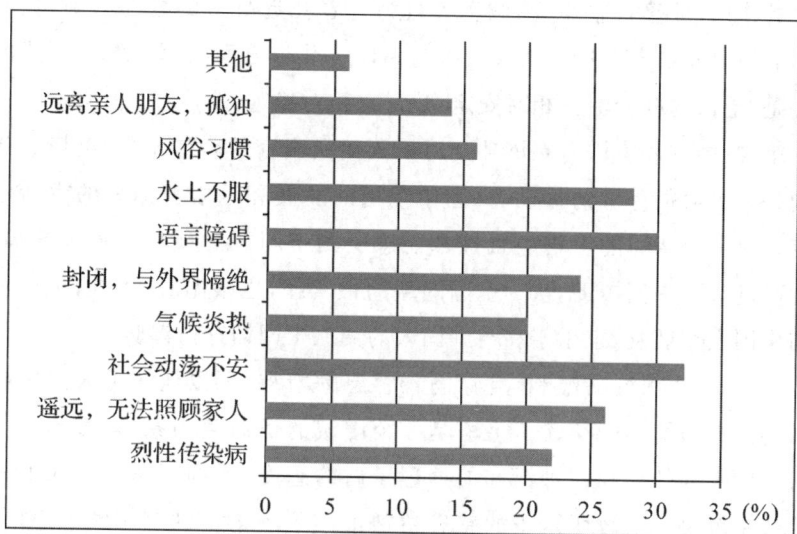

图 6-2　中国援毛人担心的问题

几乎所有人都是怀着对毛塔的巨大恐惧来到这里的，但是，当在毛塔的日常工作徐徐铺开，他们几乎无一例外地都忘记了此前的担忧与恐惧，很快就适应了新的工作和生活环境，全身心地投到全新的工作和生活之中。通过调研发现，如此快速的转变和调整主要得益于以下几个方面。

第一，毛塔是一个安定的国家，政治上不稳定的局势极为罕见。2005 年 8 月，时任毛塔总统卫队队长的阿齐兹发动政变时，中铁四局的林军刚刚来到毛塔，正在采购生活和工作物资的林军和同事被困在首都的一个市场内一个上午。据林军介绍，现场并没有出现大规模的混乱，毛塔方面下午很快就解除了封锁，恢复了昔日的秩序，且此后的 10 多年时间里再也没有发生过类似的事件。因此，政治局势的基本稳定给援毛人以充分的政治安全。

受伊斯兰教的约束，毛塔全面禁酒，因此它虽然贫穷，但社会治安较好。毛塔年轻人的失业率较高，街头上的无业游民较多，讨钱要饭的乞丐随处可见。但是，毛塔全国 98％ 的人口信仰伊斯兰教，对偷盗、抢劫等不良行为有着较为严格的清规戒律，宗教让毛塔人从小就接受偷盗、抢劫悖逆神灵的观念，不愿因一己之利而冒犯神灵。部落传统在毛塔社会中依然发挥着极为重要的作用，部落对偷盗、不诚实等行为有着几近野蛮的处罚措施，让毛塔人不敢做出偷盗或者抢劫杀人的行为。以上几个方面的因素综合形成的结果便是，毛塔的社会治安相对安定，政局也相对稳定。

第二，中国和毛塔自毛塔独立后不久便是亲密的合作伙伴，毛塔人认定中国是一个值得尊重的援助者，会给毛塔的发展和毛塔普通人的生活带来改变。每一个普通的毛塔老百姓都能感受到中国援助项目所带来的福利，他们高度认可中国援助，认为中国的帮助很实在，也很温暖，因此，他们很愿意与中国人交朋友，也乐于在与中国人的交往中回馈这份温暖。

第三，毛塔人性格温和，且充满着感恩的精神，可以让援毛人感觉到付出后的回馈与情感的交流。毛塔是一个虔诚的伊斯兰国家，宗教给予了毛塔人一颗平静的心和一种温和的处理矛盾的态度，遇到问题不会采取极端的手段来解决。宗教所赋予的感恩精神也让毛塔老百姓有一颗感恩的心，中国援助给当地人民带来了实实在在的恩惠，给生活带来了方便，毛塔人感恩地接受中国的援助，并以响亮的问候和温暖的笑容将这种好感表达出来，让援毛人感受到与毛塔的援助受益者之间的情感交流。

第四，虽然毛塔生活水平较低，但生活中具有威胁性的危险较少。首先，烈性传染病较少。毛塔的首都努瓦克肖特是一座海滨城市，虽然城市排水和卫生状况不佳，但因为城市积水基本为咸水，细菌病毒不易存活。国土80%以上为沙漠，气候炎热干燥，细菌不易繁殖滋生。此外，首都的绿色植物较少，蚊虫没有滋生栖息之所。加之中国人的卫生保健理念和卫生习惯较好，因此，除了普通的感冒发烧外，中国人较少感染传染病。

其次，援助项目工地提供了生活上的便利。在援助项目工地上，水、电、通信、网络等的供给尚可，调剂了单调的生活。中国援助的首都供水工程和毛塔政府的南水北调工程大大缓解了毛塔首都的供水紧张局面，加上海水的淡化，现在的努瓦克肖特供水较为正常，较少遇到停水的情况。努瓦克肖特火力电厂建成发电后，市内的用电情况得到明显的改善，频繁的长时间的停电情况较少。通信和网络虽然不如国内速度快，资费也较国内高，但可以用来与国内的家人、朋友沟通，在一定程度上缓解了生活枯燥带来的思乡情绪。

最后,援助项目驻地集合了项目中的人员,集体生活和相互照应创造了温暖的氛围。毛塔的休闲方式较少,最常见的休闲方式是喝茶和喝咖啡,毛塔人喜欢边喝茶边聊天,打发时光。因为生活习惯和文化传统的差异,中国人较少到毛塔各地与毛塔当地人交流,也较少在下班后出入咖啡吧等消费场所,和住在一起的中国人一起散步聊天成为其最主要的消遣方式。医疗队和中国驻毛塔建设援助项目的公司都设有驻地,援毛人住在一起。驻地设有食堂,援毛人可以做中国菜。驻地成为一个其乐融融的大家庭,他们一起吃饭、聊天,一同工作,一同休闲。事实上,这样的方式的确让中国人更快地适应了毛塔常年炎热的气候和有风沙的空气。医疗队的分队长赵医生说:"吃着中国的饭菜,忘记去想家了。"中铁四局刚来的小伙子陈其超说:"遇到困难和麻烦大家集思广益,共同面对,遇到疾病相互照顾,相互关怀,工作上的困难和生活中的烦恼有更多的人一起分担,什么苦什么难都不觉得了。"就是这样的相互关照和相互支持,让援毛人变成了一个温暖、团结的大集体,有困难共同想办法,有问题集思广益。

第五,丰富多彩的业余生活缓解了援毛人的思乡之苦。在中国援毛塔医疗队的驻地,设有专门的健身室、乒乓球室和活动室,可供队员们进行行业余活动。努瓦克肖特的奥林匹克体育场位于市中心,很多中国的援毛人晚饭后都会到体育场散步纳凉,既能锻炼身体,又能会友聊天。中铁四局的雨水项目部也设有乒乓球室、台球室、篮球场、操场和书报活动室,能够为援毛人打发下班后的无聊时光。为了构筑和谐、健康、稳定的企业氛围,中铁四局雨水项目部推动建设"幸福项目部"的工会,逢年过节,工会都会给员工们带来一些意外的惊喜。2016 年元旦,毛塔雨水项目部及经商参处项目部共同举行了"庆元旦,迎新年"的文体活动,内容包括拔河、套圈、掼蛋、斗地主、烤全羊等。节目精彩纷呈,高潮此起彼伏。在拔河比赛中,两队人马随着裁判的一声口令同时发力,顿时,呐喊声、鼓掌声、欢呼声此起彼伏,现场沉浸在一片欢乐的海洋之中,热烈的气氛感染了周围的路人驻足观看。[1]

① 《海外分公司毛塔雨水项目、经商处项目喜迎元旦佳节》,中国中铁四局工会,2016年 1 月 30 日,http://gh.crec4.com/content-718-4804-1.html,2019 年 12 月 20 日访问。

投入地工作和平静地生活让援毛人忘记了所有的烦恼。虽然身在异乡，工作、生活上有诸多不便，但是，每一个援毛人都是带着一份沉重的使命来到毛塔的，工作是他们来到毛塔的最为重要的原因，每一个援毛人在毛塔的生活都以工作为轴心。中毛眼科中心的张春巍一年里接诊了5000多名患者，共手术600多人次，带教200多名医学生。首都雨水排水项目年轻的项目管理员陈其超说，来非洲前总是听说非洲工作节奏很慢，但来到毛塔后，第一年全年只休息了3天。快节奏的紧张工作让他们没有时间烦恼和忧伤，苦中作乐的生活也帮他度过了无数孤独和寂寞的时光。

在对援毛人的随机问卷调查中，笔者发现，几乎90%以上的援毛人表示，本期结束后，还希望有机会到毛塔再次参加援外工作，而实际上，只有不到30%的人在本期援助工作结束后再次来毛塔继续援助工作。在阻碍其再次来毛塔工作的原因中，笔者通过问卷调查发现，家里的老人、小孩需要人照顾成为制约援毛人再次来毛塔的最主要的客观原因。孔子学院的汉语教师黄老师，女儿尚年幼，因此她虽然业务能力非常强，各方面的工作做得相当出色，但是，作为一个母亲，她表示，"离开女儿太久，还是希望能够有更多的时间陪伴女儿"①。而单位的工作安排，包括单位希望员工早日回国，单位将其调往其他地区工作，单位人手紧张，很难派出人手援毛等也成为制约他们再次前往毛塔的原因。在对黑龙江省卫健委的调研中，卫健委国际合作处的宋处长表示，医疗队的张春巍做得相当出色，得到了毛塔各界的高度评价，但是，张春巍所在的哈尔滨医科大学附属第一医院无法让一名优秀的医生连续在外工作2年时间，因此，张春巍在派出时与中毛眼科中心签订的协议时间为1年。虽然此后毛塔方面几度挽留，但还是无法让张医生继续留任。② 此外，因为工作条件有限，援毛人很难开展其所希望开展的工作，再加上年龄和身体等方面的原因，他们无法继续留在毛塔开展援助工作（见图6-3）。

---

① 对努瓦克肖特大学汉语教师黄老师的访问，2017年4月20日，努瓦克肖特。
② 对黑龙江省卫健委国际合作处宋静处长的访问，2018年4月16日，哈尔滨。

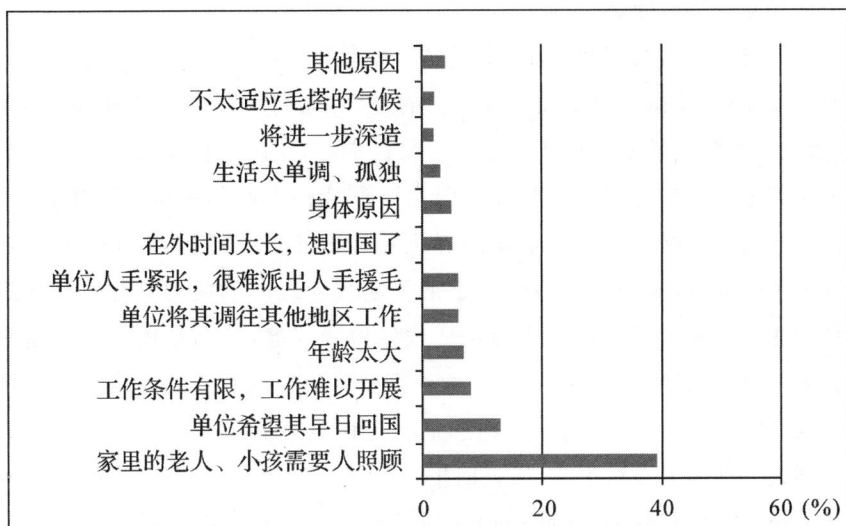

图 6-3　援毛人无法再次参加援毛工作的原因

第二节　援毛岁月与援毛人的成长

一、给毛塔带来了什么

在众多非洲国家中，毛塔不具有引人注目的鲜明特征。援毛人怀揣着建设毛塔、发展毛塔、援助毛塔的情怀来到这里，凭借着满腔的激情和热血开始了一份撒哈拉沙漠里的火热事业。然而，对于绝大部分的援毛人来说，他们来到毛塔之前几乎对毛塔一无所知。所幸的是，他们很快就发现了毛塔的可爱之处，甚至深深地陶醉于毛塔的大漠风情中。来到毛塔后，绝大部分援毛人都坚信自己的选择没错，他们坚信，自己的青春值得奉献给这个满怀感恩、简单淳朴的民族。毛塔锻炼了中国援毛人，见证了他们在青春时代的成长；援毛人也改变了毛塔，见证了毛塔的变化与发展。

首先，中国援毛人不仅是援助项目的建设者，还是中国在毛塔的使者，是中国外交的民间使者。

他们与毛塔人共同生活在这片荒凉、贫瘠的土地上，以一颗真诚的心与当地民众交往，获得了当地民众对中国的赞许，他们用满腔的热情和青春激情，换来了毛塔人满眼的信任。在中毛眼科中心，年轻的留美女博士张春巍几乎贴着患者的脸为患者做检查。国家医院烧伤中心的中医赵医生，在没有任何药物的情况下为严重烧伤患者进行穴位按摩，帮助其缓解疼痛。在公共卫生研究院，年轻的张梅医生手把手地教当地医生使用具有世界先进水平的艾滋病和乙肝等传染病的病毒载量检测仪器，让当地医生掌握这种世界先进仪器的使用和维护方法。这种真诚的付出为领受这份真诚的毛塔患者及其家属所接受，他们心怀感恩地将这份真诚和敬意回馈给他们见到的中国人。在中毛眼科中心，为了回报这份沉甸甸的感情，患者和家属看到我们来访便围着我们，向我们表达他们的感激之情。在这里实习的医学院学生也围住我们，希望我们带他们到中国去，学习更多先进的医学技术，以回馈毛塔社会和人民。

中国向毛塔提供了五征三轮车的物资援助，很多人因此而找到了工作，开始了新的事业和人生，并因此改变了全家人的生活和境遇。基于此，他们对于中国充满着感激之情。走在毛塔的大街上，热情的毛塔民众会向我们招手，并露出开心的笑容，亲切地说"你好""你好吗"。在一次调研中，我们去复印护照和证件，这个店是由一台中国援助的三轮车改造而成的，当我们问多少钱时，老板满面笑容地对我们说："中国朋友的服务不要收钱的，因为如果没有中国政府的帮助，我就不可能有这个店，就不会有今天的美好生活。你们中国人是毛塔人的好朋友。"[①]中国形象就是在这种密切而良好的互动中建构起来的。在与毛塔普通民众的接触中笔者发现，他们关于中国的美好想象大都来自中国庞大的援助项目和这群可爱的中国援毛人。

其次，援毛人用自己的青春在毛塔大地上书写了"中国奇迹"。

在毛塔的大地上，中国的援助项目达40多项。走在努瓦克肖特的街头，放眼一望就可以见到中国的援助项目。在西方人认为不可能建港口的地方

---

① 在努瓦克肖特的访问，2017年4月5日。

建设了友谊港，在高温少雨的罗索建立了灌溉工程并建成水稻农场，在一片荒漠的瓦德纳嘎建立了畜牧业示范中心，在没有医院的塞利巴比建设了医院，在荒无人烟的三角洲地带建设了三角洲公路……中国援毛人用自己的坚毅和坚持，创造了撒哈拉沙漠中无数不可能的奇迹，随时把温暖传递给需要帮助的人和地区。正是因为这样的付出，撒哈拉沙漠上不仅有了水、农业和起伏的牛羊群，而且还有了公路和港口，它们将毛塔和世界紧密地联系在一起。

　　毛塔发展中的每一步都有中国的影子，都有中国援毛人的足迹。毛塔的进步是以中国援毛人的付出为前提的。毛塔地处沙漠，气候干热，在这样的高温环境中工作身体消耗很大，但援毛人不得不常年顶着沙漠烈日工作，身体的透支非常明显，在毛塔工作几年回去，家里的亲人不敢相信他们衰老的速度如此之快。有人这样描绘来毛塔以后的变化："来到毛塔1个多月，对一个词有了新的理解——'面目全非'，意思就是看看他的脸已经完完全全是个非洲人了。"[1]在援毛人的朋友圈中，最常见到的就是表现毛塔的50摄氏度以上的高温场景，援毛人就是顶着这样的高温工作的。中国医疗队队长陈宏伟在微信朋友圈中这样描绘努瓦克肖特的高温："热浪炙烤，汗流浃背，难以言表。"[2]中铁四局技术维护中心的总经理赵海波第一次到毛塔便待了2年多，回国后家里的父母看到他都不敢认他，因为2年多的沙漠烈日和风沙吹拂让皱纹早早地爬上了他的脸庞，华发早生。但是，这些都没有使中国援毛人减弱工作的激情与拼搏的意志，放弃前仆后继的奉献姿态。在畜牧业示范中心，曾在江南水乡工作的年轻翻译杨勇来毛塔3个月就晒出了黝黑的脸庞，但是，他说："看到这片荒漠中绿油油的示范田就觉得什么都值了！"在这样的奋斗中，中国援毛人用自己的青春换来了毛塔发展的春天。

　　是什么样的精神在鼓励他们不断地付出？远离家人和朋友，援毛人总是自己给自己加油鼓劲，这种自我激励让他们在援助的工作中充满着奋斗

---

① 尤国光：《记毛塔那些事》，四局青年，2017年9月13日，http://tw.crec4.com/show-1533-6801-1.html，2019年12月20日访问。

② 中国医疗队队长陈宏伟的微信朋友圈，2016年9月6日。

的激情。一名援外项目的技术管理干部在微信朋友圈中这样写道："人生如行船，无论何时何地，都要张满信心的风帆；人生如战场，无论是安是危，都要鼓舞奋发的斗志。"①雨水项目部总经理林军进军援外事业已11年，他在2017年2月17日的微信朋友圈中这样写道："不记得多少次出发，自2006年3月16日去尼泊尔始，近十一载，海外征程，如今再次启航，不知是曲折，还是转折，均在一念之间。唯有怀揣新的使命，坚持奋斗，拓宽思路，才能看得更高，走得更远。为梦想而坚持……"他还在留言中这样写："怎能忘记曾经的沧桑和喜悦。人生一世，路途漫漫，不畏艰辛，继续前行。"②援毛10年的林军从一个年轻小伙逐渐步入中年，人生中精力最旺盛的青春时期他都奉献给了毛塔。他全程参与了中国援毛塔的政府办公楼项目和努瓦克肖特市低洼地带雨水排水项目的建设，也正是这样的经历，让林军从一个普通的技术人员成为中铁四局优秀的海外项目管理高级专员，使他拥有了丰富的海外项目管理经验，练就了与非洲人沟通交流的本领。凭借着这样的人才优势，中铁四局成为少有的几家长年驻扎毛塔的中国公司之一，成为承包毛塔大型项目最重要的承包商。

再次，援毛人用责任和激情演绎了沙漠上的辉煌传奇，将援毛事业带到一个更高的发展起点上。

援毛人从事的是一份援助事业，他们把自己对援助的理解和诠释带进对当地发展的理解中。畜牧业示范中心的张洪恩早年从事科学研究，他带着深厚的文化底蕴和人文关怀走进毛塔。他对毛塔怀有一份深厚的感情，这份感情让中国对毛塔的畜牧业援助事业建立在更高的起点上。张洪恩告诉我他一直都在思考的问题——"中国农业为什么要'走出去'？非洲为什么会欢迎中国企业'走进来'？中国企业如何避免所谓的'新殖民主义'？如何才能做到'互利共赢'？怎样才能真正惠及受援国的老百姓？这一系列问

---

① 中铁四局国际会议中心、总统府、总理府技术合作小组总经理赵海波的朋友圈，2016年12月5日。

② 雨水项目部总经理总指挥林军的微信朋友圈，2017年2月17日。

题，都需要通过我自己的行动去回答。"①张洪恩怀着这样的思考来践行他的援助任务，因此畜牧业示范中心从建立开始就考虑毛塔的获益点和毛塔老百姓的获益点，这也让畜牧业示范中心拥有了更高的立足点、更开阔的发展思路和更深广的发展前景。

援助事业是国家的事业，但援毛人将它视为自己的事业，并为此付出全部的热情。他们不是把毛塔作为一个过渡，而是把它作为自己一生的事业来干，因此，他们把每一项工作都做到极致，每一个细节都精益求精。畜牧业示范中心的张洪恩把示范中心的饲草料种得郁郁葱葱，把试验田里的菜种得整整齐齐，在每一块试验田都认真地做土壤微量元素的测量，并根据微量元素含量认真地配给水肥。认真的态度展示了他内在深重的责任感。张洪恩愿意大展宏图般地畅想未来，却不愿意多讲自己的困难和压力："原因是，我没有必胜的把握。我个人的失败并不要紧，重要的是无法为毛塔找到未来发展之路。"②之所以有这样的压力，是因为他把毛塔实现发展的责任扛在了自己的肩上。

最后，中国的援毛事业不仅仅是援毛人个人的事业，而且是所有援毛家庭的共同事业。

在中国，一人参与援助毛塔的事业，全家都会参与到援毛的事业之中来。一次援毛，一生都与毛塔相连接。付出不仅仅是一个人的，而是整个家庭的。援毛人将自己的援助事业介绍给自己的丈夫或妻子、男女朋友甚至孩子。1970—1972年，来自黑龙江的麻醉医生杨凤财来到毛塔医疗队工作，为毛塔民众送去了来自中国的医疗技术和医疗服务，30多年后的2006年，杨凤财的儿子杨森以第31批医疗队队长的身份参与援毛医疗队的工作，这对为毛塔送去温暖与问候的父子在毛塔成为美谈，而杨凤财父子也因医疗队与毛塔建立了深厚的情谊，成为中国对毛援助历史上的"父子兵"。③中海外的法语翻译韩文斌将自己的新婚妻子带到毛塔，这名来自中国大城市的

①　对畜牧业示范中心总经理张洪恩的网络访问，2017年6月3日。
②　对畜牧业示范中心总经理张洪恩的网络访问，2017年6月3日。
③　刘水明、韩晓明：《救死扶伤铸友谊丰碑》，《人民日报》，2016年8月25日。

年轻姑娘不仅适应了毛塔高温干燥的气候，而且义无反顾地爱上了毛塔，并准备在毛塔生育儿女，养育"二代援毛人"。参与三角洲公路建设的十七冶总经理柳玉坤将自己的妻子和孩子带到了毛塔，孩子在毛塔的国际学校就读，他们成为一个典型的"援毛家庭"。

除此之外，更多的援毛人则过着新时代牛郎织女的生活。中铁四局技术维护中心的总经理赵海波告诉我们，他第一次驻守毛塔花了 2 年多时间，他对家的记忆仍停留在 2 年前离开时的样子，那时候他孩子刚刚出生，所以当他回家时，他不敢相信那个满地跑的孩子是他的孩子。① 在众多援毛人的微信朋友圈中，都能看到他们对于国内亲人、朋友的眷顾和思念，但这种思念也是他们继续前行的后盾和支撑。对于祖国和家人的牵挂几乎弥漫在每一个人的心中，朋友圈的一张照片、一句问候、一段文字都是他们倾诉和表达的最佳方式。"落日余晖，思念家人，此时此刻有你相伴最好！"②中国医疗队队长陈宏伟虽然工作繁忙，但对国内亲人的思念常常"袭击"这个东北汉子。"如花儿般的笑容在亲人的脸上绽放，在我心里徜徉——给我力量，燃烧梦想，初心不忘！"③思念连接着相隔万里的亲人的心，梦想和心中的爱则支持着双方忍受相思之苦和远隔万里的不便。援助事业中的每一个小小的成功，背后都有着国内无数亲人的持续付出和默默支持。

在工作中，援毛人全心投入，顾不上家人，顾不上朋友，顾不上自己的身体和想家的心情。他们是这样诠释"机会"的："机会是给那些勇于开始而执着坚持的人准备着的。"一名援非项目的项目经理在微信朋友圈中这样透露："举目望苍穹，人生多无奈。滂沱大雨，众人湿身，工程脚步，未能停歇，迎难而上，积极作为。"面对项目建设中遇到的困难，他们也时常为自己和身边的同事们鼓劲："排除艰难，保质完成分区二收尾工作。抢抓进度，建好排海泵站主体工程。"④正是这样的拼搏和付出，中国援毛人才在毛塔的大地上

---

① 对中铁四局技术维护中心的总经理赵海波的访问，2017 年 3 月 31 日，努瓦克肖特。
② 毛塔畜牧业示范中心翻译杨勇的微信朋友圈，2017 年 5 月 20 日。
③ 医疗队队长陈宏伟的微信朋友圈，2017 年 10 月 7 日。
④ 雨水项目部总经理、总指挥林军的微信朋友圈，2017 年 7 月 24 日。

一次次演绎"中国速度""中国效率"和"中国高度"。

二、在毛塔的收获

当今的中国，发展的步伐加快，科学技术日新月异，中国的技术人员离开自己的工作岗位 2～5 年的时间，对个人的发展来说，不能不说是一个巨大的牺牲。因为三五年后本行业在中国的发展与之前相比可谓天壤之别，因此，援助对广大的援毛人员来说是一个事业上的奉献。但是，在我们的访问中，我们发现援毛人没有因此而放弃援助，更没有因此而抱怨，他们乐观，积极向上，乐于付出，这也感染了毛塔当地政府和每一个普通的受援对象。援毛人在参与援毛项目中的收获主要有以下几个方面。

第一，收获了荣誉。中国路桥在友谊港的驻地办公楼前写着这样的标语："干一流的，做最好的。"务必将每一件事情做到精益求精，这就是中国公司对参与援助项目的每一个人的要求。在这种一丝不苟的精神指导下，中国路桥建设的项目获得了毛塔政府和人民的高度评价，友谊港的 4 号、5 号泊位建设工程获得了 2016—2017 年度国家优质工程金质奖。[①] 这个奖不仅仅是对这项工程质量的肯定，也是对建设港口的公司和参与施工的每一个人的最佳奖励。

中国援毛人所收获的荣誉不是某一个人或某个单位给予的，而是最广大的最有需要的基层民众授予的。中毛眼科中心的眼科专家张春巍博士，为无数患者和家庭送去光明和希望，被当地人誉为"当代中国白求恩"，被奉为"女神"。为了解决当地民众无力负担巨额医药开支的问题，张春巍引进了羊膜移植术，将原本需要到欧洲国家进行的高达 5000～6000 欧元的手术费降至 50 美元以下，让几乎所有的毛塔家庭都能负担得起白内障手术，给予了无数眼病患者重返光明的希望。因此，2017 年 7 月 10 日，毛塔卫生部秘书长代表阿齐兹总统向张春巍授予国家荣誉勋章，她也成为中国医疗队首

---

① 《中交集团 15 个项目荣获 2016—2017 年度国家优质工程奖》，中国集团公司促进会，2016 年 12 月 21 日，http://www.cgcpa.org.cn/bhyw/hydt/2016-12-21/6826.html，2019 年 12 月 20 日访问。

次获此殊荣的个人。①

第二，收获了无悔的人生。在 30 多年前，中国人来到毛塔建设友谊港，建设这个凝结着中国智慧和沾满中国汗水的港口。无数中国的高级技术人员和施工人员"无私地把自己的美好年华奉献给了这片异国沙漠"，面对一个个被攻破的技术难题，面对岿然屹立的丰碑友谊港，他们的青春无悔。②在畜牧业示范中心，阿拉伯语翻译杨勇在国内从事多年的非洲工作，却从未踏上非洲的土地。来毛塔之前，媒体上关于非洲的种种"险恶"报道和非洲同事将非洲作为魂牵梦绕之处让他始终在思考这样的问题——真正的非洲是什么样子的？因为特殊的机缘，他来到了毛塔，加入援毛人的行列之中。熟练的语言和相同的宗教背景让他很快就与毛塔人成为朋友，他不仅很快适应了陌生的工作，而且在工作当中如鱼得水，在毛塔的沙漠中收获了不一样的人生。他说，如果不来毛塔，那生活可能是完全不一样的。

第三，收获了更丰富的职业阅历，获得了独当一面的能力。很多人都认为在技术和条件比国内差很多的毛塔工作，会影响自身能力的提高，折损自己的职业生涯。但是，援毛人用自己的经历告诉我们，援毛的工作虽然会让人损失一些提升技术的机会，却能让人在日常工作中得到更加全面的锻炼，这种锻炼让援毛人具备了更强的解决问题的能力。中国医疗队陈队长说，中国国内医学获得了快速的发展，国内医院的专业分工非常细致，医疗队队员在国内从事着专业性极强的工作，如外科医生主要关注自己领域内的难题。但是来到毛塔后，一个外科医生需要什么手术都会做，什么病都会看，这样的经历反而拓展了他们的业务范围，提升了他们的专业能力。对于这些医疗队员来说，这是一个非常好的考验和锻炼自己的机会，这种机会在分工细致的国内医院不是能够轻易得到的。因此，医疗队队员回国后都认为虽然自己离开国内工作舞台 1～2 年的时间，在某些方面暂时落下了，但自己

---

① 《中国援毛医疗队眼科医生张春巍接受毛方授勋》，中华人民共和国驻毛里塔尼亚伊斯兰共和国大使馆，http://www. fmprc. gov. cn/ce/cemr/chn/sbgx/t1477958. htm，2019 年 12 月 20 日访问。

② 刘晔：《友谊港建设历程 20 年》，《港工技术》2007 年第 6 期。

的视野拓宽了，动手能力增强了，知识面开拓了，解决问题的思路宽阔了，回到单位反而能够成为独当一面的全能医生。[①]

在紧张的援助项目建设中，中国年轻的援毛人坚持学习，在工作中快速成长。援助项目部给了他们成长的环境和机会，毛塔特殊的自然环境和工作环境锻造了他们，让他们成为工作中的一流能手和名副其实的专家。中铁四局雨水项目部的一名翻译在一篇文章中记录下了他从一名学生到专家的转变过程："如果问我来毛塔之前最担心什么，那一定是担心专有名词不会翻译。到这里后，最开始我被分到了安质部，每天带着纸笔，跟着安全总监跑现场——熟悉专有名词。一年过去了，我已经不是当时那个抱着词典，看到一台设备就问师傅这是什么，然后查查词典的外行；也已经不是接到电话就慌得手忙脚乱，紧张得连舌头都捋不直的翻译了。现在的我，可以用流利的法语和当地人沟通，独立完成对外工作。"[②]

毛塔艰苦复杂的工作环境锤炼了援毛人在困难中坚强奋斗的精神。有人这样描述一名在毛塔雨水项目部工作的"95后"技术员："11月份的毛塔，打破了非洲没有冬天的谣言。傍晚的工地，寒风仿佛要吹进骨头里，但是为了保证质量，他泡在冰冷的水里，一待就是几小时，冷得受不了了，就上来披件衣服取取暖，然后又下到水里忙活。他从没有因此而抱怨，而是把这称为分内之事。"[③]这种精神是会相互感染的。对此，雨水项目的翻译人员常在他本人的翻译工作异常辛苦，身体非常疲惫之时这样感慨："当我想起他的侧脸，想起他黝黑的脸庞，仿佛凝结了风霜的鬓角，心中的郁郁之气就此散去，之后就会以更饱满的热情投入工作。"就是在这样的相互认可下，援毛人拥有了坚持与努力的勇气，他们相信工作成果不会辜负自己的热情和投入。

他们是带着一份使命感和责任感从事这份工作的，这种崇高的爱国主

---

① 对中国医疗队队长陈宏伟的访问，2017年3月28日，努瓦克肖特中国医疗队驻地。

② 《筑梦之旅从市政起航——一位青年员工成长的心路历程》，企业文化网，2017年7月4日，http://www.ctcecc.com/content-515-22714-1.html，2019年12月20日访问。

③ 《筑梦之旅从市政起航——一位青年员工成长的心路历程》，企业文化网，2017年7月4日，http://www.ctcecc.com/content-515-22714-1.html，2019年12月20日访问。

义精神鼓舞着每一个援毛人。在努瓦克肖特的雨水排水项目上，"为了做好项目，从项目领导班子到施工员，每一个人都带着使命，带着责任，认认真真、踏踏实实地在工作"①。

第四，收获了归属感。援毛事业是一项年轻的事业，二三十岁的年轻人不仅是援毛事业的主力军，更是家里的主心骨。每一名援毛人能够在远隔万里之遥的毛塔工作，离不开国内家人的无私支持。很多援毛人随着项目部在毛塔连续工作好几年不能回家，家里的老小没有人照顾，家里的大事小事都没有办法顾及。虽然家属没有直接参与援助项目的建设，但是，他们的付出和支持是援助项目成功的重要因素。国内公司对于援毛人的家属也非常关心。2015年元月，中铁四局董事长、党委书记张河川，工会主席、副总经理李朋谦，团委书记潘磊，海外工程分公司党委书记朱春峰等一行，前往中铁四局建筑公司住宅小区，慰问了海外工程分公司毛塔经商参赞处项目总经理林军同志的家属，为其送去了慰问金和慰问品，详细了解了家属的工作、生活基本情况、住房情况、身体状况、子女就学等实际问题。② 正是通过这样的慰问和关怀，援毛员工家属与援助单位间的情感距离变得很近，这也增强了海外青年的归属感和忠诚度，为援毛人提供了坚持的精神支持与保障。

为了扎根毛塔，援毛人以毛塔为家，像建设自己的家一样建设毛塔。对于援毛人来说，不管他们参与哪种类型的援助，不管参与过多少援助项目的建设，不管参与援毛事业多少年，毛塔只是他们人生中的一个小站。然而，援毛人并没有以过客的心态来对待毛塔和自己从事的事业，而是全身心地投入。2016年春节，中铁四局海外分公司毛塔努瓦克肖特城市排水工程雨水系统项目团支部组织团员青年开展了新春植树活动。在近邻沙漠、多风沙等自然条件恶劣的项目部里，毛塔雨水项目团支部号召项目部全体团员

---

① 《筑梦之旅从市政起航——一位青年员工成长的心路历程》，企业文化网，2017年7月4日，http://www.ctcecc.com/content-515-22714-1.html，2019年12月20日访问。

② 《中铁四局董事长、党委书记张河川一行慰问海外优秀青年员工家属》，四局青年，2015年1月19日，http://tw.crec4.com/show-1546-1195-1.html，2019年12月20日访问。

青年积极开展绿化植树活动,在项目营地种植各类树木,共同改造项目部的工作生活环境。植树完成后,团员青年们把标有自己名字的牌子挂在自己栽植的树苗上,期盼自己能与树苗一同成长,共同见证项目部的发展。[①] 在工作中以援助项目部为家的援毛人也不在少数。中铁四局雨水排水项目部的翻译张梦媛有这样的领悟:"公司像港湾,包容四方游人;像灯塔,为游人指引道路。成功时,它是站在你身后以你为荣的家长;不如意时,它是陪伴在你身旁鼓励你的挚友。在这里,我得到了成长,感恩公司给我机会,做我坚强的后盾,支撑着我,让我实现梦想,成就人生价值。"[②]就是凭借这样一份真诚,沙漠上的每一个项目部都生机盎然,参与援助项目的每一个人都获得了归属感和荣誉感。

第三节　毛塔——永远的青春回忆

援助是一代代中国援毛人共同的事业,在这场世纪接力中,中国援毛人将青春和热血凝聚成"毛塔精神",并在援助中一代代传承。在30多年前,中国人开始来到毛塔建设友谊港,在今天的友谊港里,中国路桥年轻的工程师和技术人员们仍顶着骄阳默默坚守,为港口的正常运转提供技术方面的维护和机械操作方面的指导。毛塔的沙漠性气候恶劣,只有青壮年才能经受得住烈日骄阳和沙漠狂风的洗礼,因此,援毛事业永远都是一项年轻的事业,青春无敌的面庞成为援毛人的集体画像。

毛塔已经成为一个青春的标记。参与毛塔援助项目的人年龄最大的52岁,年龄最小的22岁,受访人员的平均年龄为37岁,其中援助项目管理者的平均年龄为45.1岁,医疗队队员的平均年龄为38.3岁,工程技术人员的平

---

① 《中铁四局海外分公司毛里塔尼亚努瓦克肖特城市排水工程雨水系统项目团支部组织开展新春植树活动》,人民网,2016 年 2 月 17 日,http://ah.people.com.cn/n2/2016/0217/c227767-27754572.html,2019 年 12 月 20 日访问。

② 《筑梦之旅从市政起航——一位青年员工成长的心路历程》,企业文化网,2017 年7 月 4 日,http://www.ctcecc.com/content-515-22714-1.html,2019 年 12 月 20 日访问。

均年龄为 36.7 岁,参与工程项目的其他援助人员的平均年龄为 33.2 岁。2～3年的毛塔时光过后,依然年轻的他们带着这份人生特有的财富投入新的生活。他们在最美好的年华选择来到撒哈拉大沙漠,创造一番与撒哈拉沙漠相映生辉的精彩事业。他们的青春与激情装点了中国的援非事业,参与中国援非事业也成为他们青春时代最耀眼的标记。原卫生部国际合作司司长刘培龙是 1968 年中国医疗队驻基法的医疗队员,他至今依然对自己年轻时代的援毛岁月记忆深刻,回忆起当年在毛塔的援非往事,他始终认为,"那是一段青春的岁月"①。畜牧业示范中心的张洪恩表示:"只要继续坚守在毛塔,就表明我还年轻,还有梦想,还有希望。"正是因为援毛岁月的青春特征,援毛事业充满着蓬勃的生命力和年轻的青春朝气。

毛塔是年轻的援毛人追求梦想的地方,也是年轻人梦想和事业起飞的地方。张春巍虽然在自己事业最重要最关键的时刻援毛塔 1 年,但回国后时常回忆在毛塔的日子。她常说:"毛塔仿佛是一个五彩斑斓的梦,让人非常怀念。"很多工作方面的经验和开拓进取的精神就是在那种艰苦的环境中自然获得的,这对她回国后的工作态度和工作状态助益颇多。② 赵海波在毛塔前后工作了 6 年时间,他始终认为,"毛塔是年轻时追求梦想的地方"。在毛塔的援助项目建设和技术维护中,赵海波从一个普通的技术人员变成了项目部经理,负责总统府、国际会议中心和奥林匹克体育场的技术维护。回国后,他依然表示,毛塔艰苦的自然环境给了年轻的他坚定的意志,毛塔项目中不可思议的困难与挑战锻炼了他,提高了他自身的能力。③

毛塔的援助项目建设经历让援毛人与毛塔在援助项目中共同成长。来毛塔 10 年的林军已是援外队伍里的一名"老兵",在来毛塔之前,他就已经涉足援外领域多年。在毛塔的 10 年,林军成为援助项目的建设者,他用自己的双手和智慧给毛塔带来了发展和变化,用自己的人生见证着中国援助项目和中国人给毛塔带来的改变。毛塔给予了中国年轻的援毛人人生成长的舞

---

① 对第 2 批援毛医疗队队员刘培龙的访问,2017 年 12 月。
② 对第 32 批援毛塔医疗队队员张春巍的访问,2018 年 4 月。
③ 对中铁四局毛塔分公司技术维护部项目经理赵海波的访问,2018 年 7 月。

台。2008—2018年，林军经历了总理府的建设、国际会议中心的维修、政府办公楼的建设、努瓦克肖特城市雨水排水项目建设等中国援助毛塔的重要项目，通过建设这类大型的援助项目，林军在毛塔的沙漠酷暑中历练，从一个小小的项目管理人员成长为中铁四局毛塔努瓦克肖特市城市排水工程雨水项目的总指挥。可以说，毛塔是培养中国优秀援助项目建设者的重要场所。援毛人用自己的经历和成长来见证毛塔的发展。用林军的话来说，刚来毛塔的时候，全毛塔除了几幢中国早年援建的建筑之外，几乎没有什么像样的建筑。但是，随着中国人的到来和中国项目的落地，毛塔正在发生天翻地覆的变化，沙漠中的城市乡村迎来了生机盎然的春天。在毛塔的10年，看着毛塔的那些街道、建筑一天天地改变，他深深地为自己的付出所感动。①而伴随着毛塔援助项目的建设，中国的援毛人也实现了自我的成长与跨越，回国后的他们成为各行各业的管理者和创新者，作为人生小站的毛塔为其未来的发展聚焦能量、积蓄力量。

对于毛塔人来说，他们与援毛人结下了特殊的深厚情缘。在毛塔，中国医生和毛塔患者演绎着跨越半世纪的良好医患关系，他们成为彼此生命中极为珍贵的特殊缘分。2018年的一天，中国驻毛塔医疗队迎来了一位特殊的客人，她拿着一张照片声称要寻找照片里的中国医生。原来，半个世纪前的一天，她曾得到中国援毛塔第1批医疗队的救助，在中国医生治好她的病后，为表达自己的感激之情，她把中国医疗队的医生请到家里招待他们，并拍下了一张珍贵的照片。老人把照片中的中国医生视为救命恩人，照片也被当作宝贝珍藏，历经半个世纪的风雨，老人从一位清纯貌美的年轻女子变成了白发苍苍的垂垂老者，照片却依然完好无损。②

对于普通人来说，两三年是人生中微不足道的一个片段，转瞬即逝。然而，对于中国参与援非医疗队的医生来说，两三年的援非时光却成为他们每一个人生命中特别值得珍重的岁月。几乎每一个援非医生都经历过这样独

---

① 对中铁四局毛塔分公司首都低洼地带雨水项目部总经理林军的访问，2017年4月。

② 对中国驻毛塔大使馆大使张建国的访问，2018年4月。

特的心路历程：到非洲前怕非洲，到了非洲爱非洲，离开非洲想非洲。因此，当他们结束任务作别这段特殊岁月和这片激情似火的土地时，非洲便成为他们魂牵梦绕的"第二故土"。中国援毛塔第 2 批医疗队队员刘培龙于 1969 年在基法医院执行援助任务，他完成毛塔医疗队援助使命后，还做过世界卫生组织国际公务员，在卫生领域建功立业，功勋卓著，但非洲岁月是他今生永远都无法忘怀的特殊时光。半个世纪过去了，这位年逾古稀的老者依然清楚地记得，"医疗队的医生支起帐篷看病，打着手电做手术"的场景。最令他念念不忘的还是那里的人民正经历缺医少药的困境，当他听说中国在基法援建了基法医院时，他由衷地为当地民众感到高兴。①

---

① 对第 2 批援毛医疗队队员刘培龙的访问，2017 年 12 月。

第七章 结 论

第一节 中国援助与毛塔减贫

贫困是困扰非洲发展的重要难题,减贫是当今非洲发展领域的重大问题。"贫困问题和如何减贫是当前两个最为重大的发展问题。"[①]围绕着非洲的减贫问题,非洲国家和国际社会展开了丰富多彩的合作与互动,使非洲的减贫工作取得较大的进展。中国是非洲大陆重要的发展伙伴,在非洲各国的减贫事业中发挥着极为特殊的作用。80%的国土面积为沙漠的毛塔是世界上最不发达的国家之一,也是中国的传统援助伙伴,中国自20世纪60年代开始向毛塔提供援助,在毛塔的社会经济发展中发挥着关键性的作用。中国对毛塔开展了50多年的援助实践,中国援助正在发挥重要的外来力量支撑作用,通过基建援助、农业援助、医疗援助和教育援助等传统援助方式,创新援助方法,撬动生产技术的革新,确保人民生活的改善,实现减贫增收。

一、毛塔的减贫及其最新进展

在经历了长达数十年的经济低迷后,最近15年时间里,毛塔GDP增长明显加速,2003—2015年持续保持在5.5%左右的水平,增长表现接近撒哈

---

① Geoff Handley, Kate Higgins and Bhavna Sharma with Kate Bird and Diana Cammack, "Poverty and Poverty Reduction in Sub-Saharan Africa: An Overview of the Issues", *ODI Working Paper* 299, January 2009, p. 1.

拉以南非洲地区的平均水平，较 20 世纪 90 年代的 2.7% 有了显著的增长。毛塔是近年北非地区减贫领域的领头羊，减贫效果明显高于非洲平均水平，是位列马达加斯加、南非和博茨瓦纳之后的第 4 个高减贫弹性系数（Poverty Elasticity to GDP Growth）的国家。2004—2014 年，毛塔年平均减贫率加速至 1.5%，特别是在 2008—2014 年，毛塔的贫困率大幅度降低，从 44.5% 下降到 33%。与此同时，以国际赤贫线 1.9 美元来计算（购买力平价），赤贫人口减少了近一半，从 10.8% 降至 5.6%。贫穷和未来可能贫穷的核心穷人的份额下降了近一半，从 32.8% 下降到 15.6%。[①] 2015 年，随着大宗商品周期的结束，矿产和石油的价格走低，毛塔的 GDP 增长受到了较为严重的负面冲击，经济增速有所减缓。

　　撒哈拉沙漠虽然在某种程度上限制了毛塔的发展步履，但沙漠是资源的宝库，会源源不断地为毛塔提供创造财富的机会。铁矿石的开采和出口是毛塔最为重要的支柱产业。虽然矿业热对毛塔的经济发展具有重要意义，但畜牧业的经济增长潜力并未得到充分的发掘。2005—2015 年，毛塔畜牧业的经济份额平均约为 16%，然而，这一数据很有可能由于牲畜经营的非正式程度高而被低估。畜牧业在农牧部门占比 3 成左右，为大约 100 万人提供收入，在粮食安全方面发挥了关键作用。2012 年 4 月 29 日至 5 月 14 日，国际货币基金工作组访问毛塔，对其经济发展状况展开评估。尽管国内外经济形势严峻，国际货币基金组织还是对毛塔经济的表现给予了肯定。工作组组长 Amine Mati 先生在努瓦克肖特的新闻发布会上表示：毛塔的财政预算比预期的要好，基础预算赤字相当于国内生产总值的 0.2%，表现出良好的收支状况，其矿产收入足以用于支付"2011 团结互助计划"所需的紧急支出。2011 年，毛塔矿产收入增加了一倍，使其外汇储备达到史无前例的 5 亿美元，即 3.5 个月的进口外汇额度。[②] 2011 年，毛塔实际经济增长低于预

　　① "Mauritania Overview", World Bank, http://www.worldbank.org/en/country/mauritania/overview[2019-12-20].

　　② 赵忆宁：《毛里塔尼亚伊斯兰共和国总统阿齐兹："我见证中国走上国际舞台的中心"》，《21 世纪经济报道》，2017 年 8 月 30 日，http://www.21jingji.com/2017/8-30/3MMDEzNzlfMTQxNjE3Mg.html，2019 年 12 月 20 日访问。

期,是因为当年毛塔农业生产量大幅下降。然而,尽管全球性食品和石油价格持续上涨,毛塔通货膨胀率仍然控制在 5.7%。对于 2012 年毛塔的经济,Mati 认为,随着毛塔农业生产、建筑和公共工程的复苏,毛塔的经济增长率将超过 5.5%,通货膨胀率可维持在 6% 左右。得益于外汇储备的持续增加(2012 年底可满足约 3.8 个月的进口所需),毛塔抗击外部冲击的能力将进一步增强。[①]

在过去 15 年中,毛塔在解决营养不良、儿童发育迟缓问题和降低儿童死亡率等方面取得了缓慢进展。环境退化和气候变化的不利因素也在影响着农村的生产力和粮食安全。根据 2015 年 6 月收集到的最后一份数据,毛塔 26.8% 的人口在枯水季节遇到粮食不安全的状况,在雨水无法保障的地区,这一比例可能持续 5~6 个月。[②] 在毛塔的一些地区,特别是沙漠或半沙漠地区,每天生活不到 1.25 美元的人口维持在 30% 左右。妇女、老年人、青少年和残疾人等弱势群体是受贫困影响最深的群体。马里难民的涌入又进一步加重了毛塔粮食供应方面的负担。为了解决难民带来的粮食问题,联合国粮食计划署通过紧急粮食援助以满足毛塔的紧急粮食需求,帮助弱势人群维持其生计和加强谋生手段,并应对气候变化和影响粮食安全的其他问题。[③]

毛塔在商品繁荣期间加速了减贫工作的开展,这使其成为非洲区域减贫工作的主要执行者。直到 21 世纪初,毛塔一直处于缓慢的减贫轨道上,平均每年的减贫率略低于 1%。2004—2008 年,在大宗商品超级周期中,平均减贫率每年加速到大约 1.5%。毛塔贫困数据的改善在非洲国家中相当优异,根据跨国家减贫基准,毛塔在减贫方面的表现高于非洲平均水平。位居南非、马达加斯加和博茨瓦纳之后,毛塔在不平等和脆弱性方面的积极动态加强了减贫的力度。毛塔经济发展中的不平等状况已经引起了高层的关

① 《国际货币基金积极评价毛塔经济》,驻毛里塔尼亚使馆经商处,2012 年 5 月 18 日,http://mr.mofcom.gov.cn/article/ztdy/201205/20120508133819.shtml,2019 年 12 月 20 日访问。

② "Mauritania", WFP,http://www1.wfp.org/countries/mauritania[2019-12-20].

③ "Mauritania", WFP,http://www1.wfp.org/countries/mauritania[2019-12-20].

注,阿齐兹曾这样表示,从 2008 年到 2014 年,贫困率及与之相伴的不平等现象明显减少。① 在家庭支出增长强劲、积极扶贫的情况下,不平等情况有所缓解。此外,各种估计数显示,毛塔的发展质量正在提升,2008—2014 年的发展脆弱性有所降低,这表明与消费有关的禀赋数据正在改善。据估计,毛塔的穷人和可能仍然贫穷的核心穷人份额有望从 32.8％ 下降到 15.6％,减贫有望实现可持续发展。贫困数据的快速改善主要是由农村地区的发展带来的。之前,毛塔的大多数穷人都居住在农村,随着毛塔的快速城市化,大城市迅速吸纳了农村的贫困人口,努瓦克肖特等主要城市的贫穷数据略有上浮。②

作为一个自然环境极端恶劣的国家,毛塔的经济发展具有天然的劣势,撒哈拉大沙漠给予了毛塔特定的发展环境,极端干旱的气候让农业发展受限明显,使毛塔拥有着不同于其他国家的发展步履和发展节奏。毛塔拥有 450 万人口(2018 年),其中约 42％ 的人口生活在贫困线以下。这些贫困人口面临着青年人口的高失业率和低水平的正规教育等方面的严峻挑战。20 世纪 80 年代末,毛塔的经济严重依赖铁矿石和渔业部门。由于经济结构性失衡,经济发展严重受阻。农业发展的严重滞后导致即便在雨水充沛的丰年,毛塔依然需要大量粮食援助和食品进口来补充粮食生产的巨大缺口。毛塔发展面临着多重挑战。第一,对单一经济部门的高度依赖,阻碍了其经济发展的多样化道路,削弱了包容性增长的可能。毛塔铁矿资源丰富,采掘业在经济中的占比过大,导致主导经济部门脆弱。第二,由于未能充分利用毛塔最大的非采掘行业的潜力,即利用毛塔最具自然禀赋的畜牧业和渔业部门,限制了该国经济多样化的发展和创造就业的前景。畜牧业的发展受到严重的荒漠化和气候变化的影响。渔业也面临着较为严重的因过度捕捞而带来的资源枯竭的挑战。第三,快速城市化和超负荷管理阻碍了城市生

① 赵忆宁:《毛里塔尼亚伊斯兰共和国总统阿齐兹:"我见证中国走上国际舞台的中心"》,2017 年 8 月 30 日,http://www.21jingji.com/2017/8-30/3MMDEzNzlfMTQxNjE3Mg.html,2019 年 12 月 20 日访问。

② "Mauritania Overview", World Bank, http://www.worldbank.org/en/country/mauritania/overview[2019-12-20].

产性和包容性的发展。毛塔在非洲大陆的城市化率高居第二。这主要是因为受到严重旱灾的影响,农村和游牧人口大量涌入城市,导致中心城市快速发展。这也促使大城市基础设施差、服务覆盖不足和人力资本薄弱等弱点充分暴露,不能有效诞生高生产率的服务业和第三产业。①

二、中国援助与毛塔在各领域的减贫措施

国际发展伙伴在毛塔的减贫中扮演着极为重要的角色。中国对毛塔50多年的援助实践表明,中国援助正在发挥重要的外来力量支撑作用,正在改善毛塔的基础设施现状,构筑毛塔与外部世界沟通的舞台和国内发展的总体框架,为毛塔创建血脉工程,创造畅通的发展环境。农业和畜牧业的全新启动致力于提高毛塔粮食自给率,提升民众生活水平。医疗聚焦普通民众疾苦,将医疗服务送到每一个需要帮助的毛塔民众身边,减少因病致贫和因病返贫的发生。教育援助则专注毛塔青年人才的培养,提高年轻一代的知识文化素养,用高科技的技艺武装毛塔的技术人才,为毛塔未来发展储备人才库。中国采用传统的援助方式,通过创新援助方法,撬动生产技术的革新,确保人民生活的改善,实现民众的减贫增收。

(一)基建援助:建创新平台,引创业机会

对于任何一个发展中国家来说,基础设施的建设是社会经济发展的基础。在过去的数十年里,中国高度关注非洲国家的基础设施建设,经过数十年的合作互动,非洲国家的基础设施状况有了极大的改善,为非洲国家的经济发展提供了必不可少的基础性条件。中国的基础设施援助在毛塔的发展中扮演着极为重要的角色,为毛塔架设了创新创业的全新平台,孕育和培植了毛塔的工业发展体系,构建起撒哈拉沙漠上的交通枢纽,启动了毛塔经济的内生发展引擎,带动了经济发展面貌的改善。

友谊港的建设,帮助毛塔实现了经济独立的梦想,奠定经济发展的基础。1960年毛塔虽然获得了政治上的独立,但是经济严重依赖法国和邻国

---

① "Mauritania Overview", World Bank, http://www.worldbank.org/en/country/mauritania/overview[2019-12-20].

塞内加尔。在友谊港开港之前，毛塔主要有两个途径运送货物：一是通过法国人建设的努瓦迪布港，该港距离首都 500 多千米，一直由法国人经营管理；二是经由塞内加尔的达喀尔港进口货物，该港距离努瓦克肖特 200 多千米。作为一个沿海国家，却没有自己的出海口只能依靠他国，这对毛塔来说是一个莫大的耻辱。因此，友谊港的建设不仅是一个经济问题，更是一个关乎独立的梦想。走进毛塔，很多当地人充满激情地告诉我们，"友谊港建成后，毛塔才算真正完成了独立"[1]。友谊港被当地人形象地誉为"毛塔之肺"，它像肺的呼吸运动一样完成毛塔物资的进口和出口，带动着这个国家经济的发展和国家面貌的改善。更为重要的是，友谊港建成后，毛塔不再受制于人，而是获得了经济上的完全独立和自由支配。

中国对毛塔的基础设施建设改变了毛塔的经济发展模式，创新了经济发展平台，创造了就业机会。友谊港不仅活跃了进出口贸易，而且成为毛塔最主要的物资集散地和产业集中之所，启动了毛塔的工业化，带动了周边水泥厂、面粉加工厂、成品油罐区和液化气罐区等工业的发展。对于毛塔的工业体系来说，友谊港还发挥着孵化器的重要作用。因为"近水楼台"，进出口物资极为便利，且转运的负担较低，友谊港获得了工业发展的先机，为毛塔这个工业基础几乎为零的国家孵化了新工业体系，使其开始步入工业化发展道路。以友谊港为中心，方圆数十千米的广阔区域发展起物流、加工、贸易、物资分包等港口经济，努瓦克肖特靠近友谊港的一大片区域成为毛塔全国的物流、工业、贸易和经济发展的中心，带动着首都努瓦克肖特和毛塔周边国家发展能力的全面提升。[2] 一些当地的企业家利用这些便利的条件开始发展一些小工业，如面粉业、水泥工业、包装工业、汽水加工业、制冰工业等。以友谊港为核心的经济走廊成为毛塔最核心的工业中心、技术研发中心和技术推广与扩散中心，一个工业和技术的胚胎在这里孕育、发展。以饮料制造业为例，毛塔通过友谊港从国外进口制造饮料的生产技术、原料和成套设备。1995 年毛塔第一家饮料厂在友谊港区建立，并逐渐培养出一批懂

---

[1]　对努瓦克肖特的街头访问，2017 年 4 月。

[2]　刘晔：《友谊港建设历程 20 年》，《港工技术》2007 年第 6 期。

得生产技术和市场营销的本土人才。在此后的 20 年里，这批人才在全国 10 多个城市和地区开设了多家饮料厂，饮料生产和制作技术迅速实现了从友谊港区到毛塔全国范围的扩散。如今的毛塔不仅完全掌握了饮料制造的核心技术，而且在技术应用和推广中不断创新，生产出了更多符合当地人口味和消费习惯的创新型的产品。

陆上交通线路的改善如同肢体血脉的畅通一样，将发展的信息和发展的理念带进撒哈拉沙漠腹地，开启了这些地区实现以市场增长为目标的发展新征程。中国在毛塔最贫穷的"三角洲"地区援建三角洲公路，陆上交通状况的改善改变了沿线民生状况，当地牧民将三角洲地区的牛羊骆驼卖到城市，实现了畜牧业从家族财富向市场财富的转换，帮助这里完成从"贫困三角洲"到"希望三角洲"，再到"美丽三角洲"的蜕变。① 对于交通不便、偏僻贫穷的三角洲地区人民来说，三角洲公路的通车正在开启一个新的发展时代，即信息、物资和经济与外部世界基本同步的时代。对于普通贫民来说，他们在经济增长方式上迎来了一个时代性的变迁，迎来了发展方式上的根本转变。公路沿途的老百姓将其饲养的牛羊和骆驼便捷地运送到周边城市进行交易，实现了传统牧养经济逐渐向市场经济的转化。公路的开通，让外界新的信息和观念更快地进入这一地区，牧民交易了牲畜后手中拥有了一定的资金，可以改善住房和生活的条件，也拥有了饲养更大规模动物的能力，沿途牧民的生活水平得到有效的提升。

毛塔基础设施建设的全面升级，不仅带给了毛塔发展机会，而且奠定了西非地区发展的交通基础。毛塔因港口和陆上交通状况的便利而成为西非地区交通、信息和经济上的重要桥头堡，引领西非国家的技术革新和外向型经济的腾飞。因为友谊港，毛塔也逐渐成为西非地区的一个重要的交通枢纽，马里等国进口的物资经由友谊港进入非洲大陆，再经由毛塔国内的公路系统运往西非各国，建构起便捷、高效的现代交通运输体系，友谊港成为西非各国发展的生命线。因此，友谊港强大的物资中转功能，提升了物流效

---

① 《毛塔希望三角洲公路工程竣工验收》，2016 年 8 月 2 日，http://www.mcc17.cn/News/ShowArticle.asp? ArticleID＝11726，2019 年 12 月 20 日访问。

率,改善了运输结构,活跃着毛塔与西非其他国家之间的物资联系,带动了西非地区与外部世界的物资和经济联系。交通的便捷让毛塔获得了西非地区独特枢纽的地位。时任毛塔航空公司主任纳纳·乌尔德·阿卜杜拉内说:"毛里塔尼亚有望成为一个天然的转运站和交通十字路口……基础设施的发展,无论是航空、港口还是道路,都能在经济和工业的分散上看到新的全球逻辑。"①

(二)农业援助:传实用技术,改农牧民生

农业是民生之根本。毛塔是一个农业国家,但其农业发展极为落后,根据《2017 年毛塔经济》的数据,2017 年,"毛塔的经济是由矿业和农业部门主导",农业 GDP 占 GDP 总量的 24.1%,从事农业人口占据了全国就业人口的 50%。② 粮食安全问题是困扰毛塔发展的一个极为关键的非传统安全问题。21% 的 5 岁以下婴幼儿正遭受着营养不良的威胁,26.8% 的人口在旱季面临着粮食紧张的局面。毛塔国家粮食储备能力较差,粮食较大程度地受到国际市场粮食价格的影响,因此毛塔可能随时遭遇粮食的重大安全问题。③ 粮食短缺的问题成为毛塔长期以来一直致力解决而至今难以解决的重大经济难题。中国对毛塔的农业援助始于 20 世纪 60 年代,中国根据毛塔国家农业发展的基础和现状,把脉问诊毛塔农业的发展问题,针对毛塔农业发展的短板提出农业发展方略。

中国农业专家在毛塔建水稻农场、农业技术示范中心,在大漠戈壁上发展灌溉农业,建立了机械化水稻农场,帮助毛塔改写稻米全部靠进口的历史。20 世纪 60 年代,毛塔的粮食自给率较低,为了帮助毛塔开发农业,提高粮食自给率,中国农业援助专家沿着塞内加尔河水源充足的绿色地带开荒拓土,建设了占地 1000 公顷的姆颇利农场。姆颇利农场建成后,这里每年产

---

① "Infrastructure: Going in New Directions", Infrastructure, http://www.worldreport-ind.com/mauritania/infrastructure.htm[2019-12-20].

② "Mauritania Economy 2017", ITA, http://www.theodora.com/wfbcurrent/mauritania/mauritania_economy.html[2019-12-20].

③ "Mauritania", WFP, http://www1.wfp.org/countries/mauritania[2019-12-20].

出水稻 2500 吨左右,为解决毛塔人民的吃饭问题做出了巨大的贡献。"毛塔人民表示,中国人给我们带来了粮食。毛国政府盛赞姆颇利农场是两国友谊的象征,是非洲人民解决粮食问题的典范。"①

在热带沙漠性气候的毛塔,水的高效利用成为开发农业的关键。为了充分利用罗索相对丰沛的降水,中国农业专家在塞内加尔河边修建了大型的防洪堤和排水灌溉工程,改写了毛塔农业靠天灌溉的历史,不仅为援建的姆颇利农场提供了丰沛的水源,而且为农场周围的其他农场提供了充分的灌溉水源,带动了一整片区域农业的发展,让罗索成为毛塔的"生态绿洲"。直到如今,塞内加尔河边的防洪堤和排水灌溉工程依然是姆颇利平原上的重要灌溉系统,为姆颇利平原上农业的开垦、建设和发展奠定了重要的水利基础。姆颇利平原上的水稻种植面积在中国援建的 1000 公顷的基础上一再扩大,水稻种植面积曾一度达 12000 公顷,姆颇利平原上的水稻田成为毛塔最为重要的主粮产区。毛塔的粮食供给总量和自给比例在迅速提升,毛塔的粮食总产量和总体能量供给状况得到了改善。这一发展成果普惠贫困人群,粮食供给情况已经出现了较大水平的改善,根据世界粮食组织的统计数字,毛塔人均粮食供应量从 1970 年的 106.3 千克上升至 2013 年的 172.1 千克,粮食供应量增加了 60％以上,人民日常生活的粮食供给量得到了明显的提升,营养状况有了明显的改善。②

毛塔虽然畜牧业传统悠久,畜牧业资源丰富,但是,牛羊养殖仍以放牧为主,每逢旱季,牛羊常因严重缺乏饲草料而大量掉膘减产甚至死亡。此外,毛塔牛羊肉的价格明显高于周边国家,这与当地人民的生活水平严重不符。毛塔的畜牧业发展状况与毛塔畜牧业在国家经济社会中所具有的地位是极不相称的。中国专家来到撒哈拉荒漠,建立了畜牧业示范中心,有针对性地提出了解决困扰毛塔畜牧业发展的多个技术问题的方案,助力毛塔畜

---

① 耿庆英、朱天:《改革的春风吹绿了沙洲——援毛里塔尼亚姆颇利农场的改革效应》,《国际经济合作》1989 年第 2 期。

② 参见《世界数据图册》,Knoema, http://cn. knoema. com/atlas,2019 年 12 月 20 日访问。

牧业的发展。畜牧业示范中心，以技术创新引领畜牧业发展，带领当地畜牧业走出一条特色发展之路。由于降雨量有限，牧场产草量低，饲草料缺乏，动物一到旱季就大量减产甚至大批死亡，而牧场只能自几百千米之外的塞内加尔等地进口饲草料，带来饲养成本的大幅上升。为此，畜牧业示范中心通过试种饲料玉米、青储玉米和紫花苜蓿等品种饲料，培育出蛋白质含量在20％以上的高效饲草料紫花苜蓿，改变了毛塔畜牧业一到旱季牛羊就严重掉膘减产的发展瓶颈，降低了农业成本，使畜牧业效能有效提升。为了改良当地牛羊的品种，提高牛羊肉的产量和质量，示范中心引进高产荷斯坦或蒙贝利亚基础母牛，与本地母牛（瘤牛）杂交，最终确定最佳杂交组合，找到适合当地气候和水土的肉质优良、口感适合出口的新杂交牛品种，并向欧美国家市场出口有机牛羊肉。通过这样的技术试验，畜牧业示范中心通过牛羊牧养增加了牛羊供给，饲养技术的创新为周边畜牧业的发展提供了技术供给，扩大了畜牧业的发展规模，提高了毛塔市场的牛羊肉供给总量，缓解了毛塔畜牧业发达但牛羊肉价格比邻国还要高的状况。畜牧加工业的发展正在逐渐改变毛塔出口牛羊肉、进口牛羊肉和生产牛羊奶制品的现状，实现了牛羊饲养—牛羊制品加工一条龙发展体系，通过延伸产业链，助力牧区牧民脱离贫困。畜牧业示范中心的成功示范，在某种程度上丰富了过去农业过度依赖种植业的单一化减贫路径，使农业领域的减贫手段更加多元化。

（三）医疗援助：祛多年痼疾，助家庭新生

健康是影响贫困的重要变量。突然或长期的健康状况不佳通常会导致人们被迫放弃生产活动，从而带来资产的损失和贫困的恶化。健康状况不良与贫困之间有着极为复杂的关系，且相互影响：健康状况不佳可能引起贫困，贫困也可能加剧健康状况的恶化。[①] 健康问题也是困扰毛塔人民的一个重大问题，疾病不仅带来了个人生活质量的下降，而且增加了家庭的负担和

---

① U. Grant, "Workshop Paper 1: Health and Poverty Linkages, Paper Presented at the DFID Workshop: Perspectives of the Chronically Poor-Meeting the Health-Related Needs of the Very Poor", February 2005.

社会的包袱。"中国是毛塔卫生领域的第一合作伙伴"[①],在毛塔的卫生事业发展中扮演着极为重要的角色,为守卫毛塔民众的健康做出了重要的贡献。

中国医疗援助定位困难弱势群体的民生健康,针对毛塔医疗资源最紧缺的领域给予精准援助。毛塔在独立初期,没有自己的医生和医院,所有人的医疗都无法得到充足的保障。中国自 1968 年开始向毛塔派遣医疗队,将中国医生派往毛塔从事 2～3 年不间断的医疗服务,补充当地的医疗力量。20 世纪 70 年代初,在中国经济极为困难的时候,中国在毛塔援建了国家公共卫生研究院,提供了所有设备,并为研究院提供人力资源方面的支持。国家公共卫生研究院成为毛塔第一家公共卫生中心,也是迄今为止唯一的一家公共卫生机构。进入 21 世纪以来,中国帮助毛塔在首都建设了中毛友谊医院,在基法援建了基法医院,并为两所医院提供所有的医疗设备,毛塔也因此成为中国唯一援助建设两所医院的国家。

中国的援助确保了毛塔病患所能接收到的医疗服务大幅提升。中国援建的两所医院改变了毛塔民众多年来无处就医、无处看病的现状,缓解了毛塔医疗落后的情况,帮助毛塔人民实现"病有所医"。2010 年建成的中毛友谊医院是毛塔设备最先进、规模最大的医院,共有 126 张床位、420 名医生,所有设备都由中国援助。医院每天的接诊患者数量占全国总接诊量的 52%。中毛友谊医院也是毛塔全国科室最齐全、技术最领先的国家级医院,在毛塔有着极为广泛而深远的影响力。2016 年建成移交的基法医院拥有 150 张床位、200 名工作人员,是首都以外最大的地区级医院,主要为首都以外,特别是中东部交通不便地区的民众提供医疗服务。医院建成后,民众不必再到国家医院通宵排队挂号候诊,宽敞的候诊室和方便的就诊条件也让患者和家属不用在烈日下候诊。到 2011 年,毛塔 5 千米范围内享受医疗服务的水平提高到 80.08%。[②]

---

① 对毛塔卫生部合作处处长的访问,2017 年 4 月 12 日,努瓦克肖特卫生部合作处处长室。

② IMF,"Islamic Republic of Mauritania: Poverty Reduction Strategy Paper", IMF,2013,p. 12.

　　中国所提供的医疗设备也大大改善了毛塔病患的就诊环境,提高了就诊质量,为毛塔患者争取了宝贵的救治时间。中毛友谊医院的院长在访问中告诉我们:"医院充足的病床避免了住院病人躺在走廊上,产科诊室的充足产床让产妇不再把孩子生在地上,中国所提供的 CT 机确保了病人不用辗转到邻国做 CT 检查来确诊疑难杂症,中国所提供的先进的检验设备和检验试剂正在大力帮助医生提高诊断水平,最大限度地减少误诊,提高患者生命质量。"①基法医院是毛塔中部地区设备最齐全的一家医院,基法及其附近的患者不再需要颠簸几百千米赶到首都来看病,或者到邻近的摩洛哥、塞内加尔看病,这样不仅节省了开支,省去了患者舟车劳顿的痛苦,而且在当地就诊也帮助患者争取了宝贵的抢救生命的时间。

　　中国所提供的医疗援助正在有效确保毛塔人民的生命质量。妇女生产期间的卫生保健情况正在得到越来越明显的改善,妇女生产安全出现了跨越性的进步。近年来,毛塔的新生人口逐年增加,新生儿人数从 1990 年的 8.3 万增加到 2015 年的 13.4 万,而婴儿和产妇死亡的人数并没有逐年增加。统计的数据也表明,每出生 10 万个婴儿所死亡的产妇人数从 1990 年的 859 减少至 2015 年的 602。在同龄妇女的死亡原因中,生产所占的比例也呈逐渐下降的趋势,1990 年,40.4% 的妇女死于生产,到 2015 年,这一数字是 27.4%。如果从某些时间段来看产妇死亡率的下降,1990—2015 年产妇总体的死亡率降低了 1.4%。而随着时间的推移,下降的比例越大。1990—2000 年,产妇死亡率降低 0.6%;2000—2005 年,产妇死亡率降低 2%;2005—2015 年,产妇死亡率降低了 2.2%。② 由此可见,中国的援助正在有效提高毛塔民众的生命质量,维护生命尊严。

　　医疗是最为重要的民生问题,关系到生命质量的提升和家庭的幸福。中国医疗队的医疗服务帮助毛塔患者和患者家庭从疾病中走出来,帮助病

---

①　对中毛友谊医院院长的访问,2017 年 4 月,努瓦克肖特。

②　"Maternal Mortality in 1990—2015, Mauritania", WHO, UNICEF, UNFPA, World Bank Group. http://www. who. int/gho/maternal_health/countries/mrt. pdf? ua=1[2019-12-20].

人和病人家属从疾病的痛苦中走出来，让病人恢复劳动能力，重新回到工作岗位，开启美好人生。毛塔地处撒哈拉沙漠地带，阳光强烈致民众眼疾多发，青光眼、白内障和严重沙眼导致的视力障碍甚至失明威胁等严重困扰毛塔人民的日常生活。为了缓解当地民众的眼疾之苦，中国"光明行"义诊活动4次走进毛塔，中国医生妙手回春，免费为数千个毛塔眼疾患者做手术，给他们光明和生活的希望。然而，每年一次的"光明行"活动并不足以满足当地患者的需求，因此，中国方面在"光明行"活动的基础上建立了常设机构中毛眼科中心，将"光明行"活动的物资留在中心，并常年派驻医生为患者提供医疗服务。然而即便如此，高昂的手术费用还是让大部分的患者望而却步，为此，中国医生改进医疗技术，让更多的毛塔患者能够消费得起昂贵的眼科手术。中毛眼科中心的首席眼科专家张春巍博士引入羊膜移植技术，让原本要在欧洲国家花费4000～5000欧元的手术，在毛塔只要花费50美元就可以完成，为更多的眼疾患者带来了福利。

（四）教育援助：育毛塔精英，启知识引擎

教育是减贫发展的原动力，是以增强贫困人口的自主发展能力为核心而实现的内源式发展。中国有尊师重教的优良传统，"十年树木，百年树人"，教育是中国实现发展的起点与基础。"贫困是穷人一种无助、无力的，也是机遇、信心和自尊严重匮乏的状态。"[1]对于毛塔这样一个一穷二白的国家来说，中国所提供的教育援助正在改变这种无助和无力，以及机遇、信心和尊严匮乏的状况。在中国的援助下，毛塔人正通过提高个人素质增强自主发展意识，提高自主发展能力。中国关注毛塔所有阶段的教育，从小学到中学再到大学，为毛塔建设阿尔法特区小学、利斯卓越学校二校和努瓦克肖特大学医学院，旨在为各个阶段的毛塔学子创造学习的机会和良好的环境，提高青年的自身素质与生计能力，提升其内在发展动力。在教育援助系统内，中国通过发放奖学金为毛塔学生提供获得知识的机会，通过提供就业指

① Geoff Handley, Kate Higgins and Bhavna Sharma with Kate Bird and Diana Cammack, "Poverty and Poverty Reduction in Sub-Saharan Africa: An Overview of the Issues", *ODI Working Paper* 299, January 2009, p. 1.

导让毛塔学生获得工作和发展的机会，培育新型内源发展机制，增强和激发减贫的内生新动力。

中国奉行"扶贫扶志、扶贫扶智"的原则，为毛塔学子提供奖学金及留学中国的机会，让他们学习中国先进技术和中国发展经验，帮助毛塔培养国内经济建设和社会发展所急需的各类人才，为更多有志学子提供学业助力，选拔和培养新时代的精英，创造发展新动能。

留学中国的毛塔学生找到自己发展的新机会。留学中国不仅仅是学习汉语和精进专业的机会，而且也是认识和接触当前世界最新潮流，发现自己国家中那些隐而未现的商业的机会。如很多非洲学生了解到中国的义乌是世界小商品城，纷纷来到义乌做生意，将自己国家的特色商品介绍到义乌，也将义乌的小商品进口回本国，成为富甲一方同时又造福本国的大商人。很多人通过这样的努力，实现了个人发展与农业减贫和谐包容的双赢共生。

此外，留学中国的经历形成了内在刺激和诱发动力，为留学生注入人生"软实力"，成就了他们人生的精彩，提升了其自身发展的综合素质，进而帮助毛塔确立脱贫机制。借助教育援助这一独特的杠杆，中国的减贫经验正在潜移默化地影响毛塔国内政策的制定和减贫方略的出台等。

中国还设法为毕业学子拓宽就业渠道，关注贫困人群"自我造血"功能的增加，实现减贫从输血机制向造血机制的转化。根据世界银行的数据，毛塔 2013 年的失业率为 31%，其中 25 岁以下的年轻人口失业率高于 25 岁以上人口。[1] 年轻人口的高失业率带来了社会的潜在隐患，中国通过援助设法丰富营生路径，提升毛塔的就业率。为了帮助毕业生就业，中国为毛塔无偿提供了 5000 辆五征三轮车，分发给未就业的毕业生。中国援助的五征三轮车形成了独特的促进经济增长、实现脱贫致富的新杠杆，为缺乏一技之长，缺乏创业"第一桶金"但有抱负的青年提供创业的机会和平台，激发贫困人群通过自身的努力摆脱和战胜贫困的积极性、主动性和创造性。在努瓦克肖特等城市的闹市区，这些车主的创业激情被激发，开创了创意非凡的全新

---

[1] "Mauritania Economy 2017", ITA, http://www.theodora.com/wfbcurrent/mauritania/mauritania_economy.html[2019-12-20].

事业,有的利用改装的五征三轮车做起了杂货店的生意,有的用五征三轮车为建材店拉货,有的则用五征三轮车卖起了水果……毛塔待业青年不仅借此拥有了人生的第一份工作,而且带领全家开启了一段新的生活。如每个由五征三轮车改造的杂货店会雇用 2~3 名雇员,这些雇员的收入足以解决全家的吃饭问题,这样不仅活跃了当地市场,方便了民众生活,而且创造了更多的就业机会,为更多家庭点亮了脱贫的希望,提高了贫困人群自主脱贫、自我发展的能力。

三、中国援助在毛塔减贫中的若干特征

中国援助在毛塔减贫中成为一个特殊的重要外来杠杆,充分撬动了毛塔内部的发展禀赋和发展优势,让毛塔通过一份来自中国的启动力量,开始了精彩的发展之路。中国的援助方案包含着独特的中国理念,是中国作为世界上最大的发展中国家和曾经拥有最庞大的贫困人口的国家对减贫的理解与贡献。

第一,中国援助聚焦毛塔的发展瓶颈,提升毛塔自我发展能力。

中国国内开展减贫的经验是毛塔减贫的重要参考借鉴。首先,作为有着庞大贫困人口的国家,中国在 40 年里实现了 7 亿人摆脱贫困的目标,这鼓舞了非洲国家的斗志,为他们做出了减贫领域的榜样。"农业不能养活老百姓是非洲大陆的顽疾。"[①]毛塔也不是一个农业条件优越的国家,饥饿和粮食安全问题长期困扰毛塔。为了解决毛塔的粮食问题,中国迎难而上,在毛塔建设了姆颇利农场、农业技术示范中心和畜牧业技术示范中心,在毛塔的土地上现场演绎着中国土地上曾经上演的农业奇迹。

中国通过援助并不是要发展毛塔最有优势的领域,而是聚焦毛塔方面的发展需求,创造发展条件,减小贫困群体规模,降低贫困程度。经过中国方面的多年援助和毛塔方面的多方努力,毛塔的农业生产和水稻供给发生了巨大的变化,有效减少了饥饿人数,降低了粮食的不安全程度。在过去的

---

① [中非]蒂埃里·班吉著,肖晗、周平、徐佳等译:《中国,非洲新的发展伙伴——欧洲特权在黑色大陆上趋于终结?》,世界知识出版社 2011 年版,第 225 页。

40 年间,毛塔的水稻种植面积迅速扩大,水稻产量实现了快速的增长。从水稻种植面积来看,毛塔的水稻种植面积从 1985 年的 3615 公顷扩展至 2015 年的 57104 公顷。从水稻的产量来看,产量从 1985 年的 16264 吨上升至 2015 年的 293219 吨。中国早期在毛塔的农业援助,帮助毛塔开发了国家最为重要的种植农业,开启了毛塔粮食的自给之路。

中国的援助正在将中国国内摆脱贫困、实现发展的若干经验带入非洲,在合作实践中找到与毛塔社会发展相称的发展经验。在中国的发展中,一条重要的经验是基础设施的建设和完善。在交通闭塞的条件下通过修筑公路,帮助这一地区摆脱贫困,留下了"要致富先修路"的减贫经验。为了带动毛塔偏远牧区的发展,在被称为"贫困三角洲"的牧区修筑了第一条公路,实现了偏远牧区第一次与外部世界的便捷沟通,交通从畜车时代跃入汽车时代,帮助这里的牧民将牛羊骆驼等牲畜销售到外界,实现小农经济到商品经济的转化,促使这一带经济的活跃与发展,踏出了毛塔城乡协调发展的步伐。

在减贫领域,中国既是一员老将,也是一名新兵。在过去的 40 年里,中国实现了世界上迄今为止脱贫最庞大的人口指标,成为率先实现千年发展目标的发展中国家。与此同时,当今的中国依然在与贫困搏斗,截至 2018 年,中国仍有 6000 多万贫困人口,未来仍有着艰巨的减贫使命。正是因为中国有着减贫方面曲折奋斗的历史,所以积累了丰富的减贫经验、教训。目前,中国正与贫困做最后斗争,这确保了中国在减贫领域的经验、教训都是鲜活的,是属于现在这个时代的最新经验和教训,其他国家借鉴起来更具有针对性。中国的援助选取与毛塔有类似发展特征的地区开展对口服务,增强中国援助减贫的针对性和具体性。如中国宁夏畜牧业专家在毛塔建设畜牧业技术示范中心,宁夏是中国西部省份,也是中国畜牧业的特色省份,在畜牧业减贫增收方面有着丰富的经验,因此,宁夏畜牧业专家通过畜牧业技术示范中心传递中国西部省份实现减贫的鲜活经验,这样的经验更适应当地的发展环境,也能更快带动当地经济的转变。

第二,创造毛塔良好的发展环境,而不是改变毛塔的投资资金情况,将发展的机会带给毛塔。

　　良好的发展环境是吸引外来投资,实现经济发展的法宝,经济发展带动就业和经济数据的增长,实现减贫和增收。沙漠上的毛塔经济发展受制于自然环境和气候条件,严重依赖沙漠中的矿业和大西洋的渔业,经济结构脆弱、单一。因此,对毛塔来说,降低对采矿业的依赖和使经济多样化以创造更多就业机会,减少贫穷人口和维持长期包容性增长至关重要。[①]为此,中国的援助旨在改善毛塔的发展环境,创造多样化的发展机会,带动经济的多样化发展,降低对单一经济门类的依赖,获致可持续发展的能力。中国援助旨在为毛塔国内的发展禀赋提供配套发展基础条件,实现资源与发展基础条件的匹配,为发展创造筑巢引凤的物质基础。为了带动毛塔经济多元化发展,带动经济的深层次立体发展,中国在毛塔建设海洋产业园,引入推动海洋经济发展的相关工业,带动毛塔海洋经济的全方位发展。海洋产业园将大力引进与海洋发展相关的产业,实现海洋捕捞、海洋产品开发、海洋产品加工销售、海洋高科技研发等相结合的海洋经济的全方位发展和深度开发,将毛塔的资源优势转化为发展优势,实现经济向技术和创新发展。深层次开发毛塔的发展资源,为未来储蓄能量,提升毛塔发展的内生动力,创造就业岗位,实现从输血型发展向造血型发展的转变。

　　中国援助的重点并不在于向毛塔投入多少资金,而在于从根本上改善毛塔的发展环境,通过投资环境的改善吸引更多的投资来促进发展,实现减贫与经济发展的相伴而行。中国在毛塔建设援助项目并非为了毛塔的资源本身,而是通过共同开发实现增长的可能。"非洲大国都在非洲经营着自己的'后院'……中国在非洲没有'后院',它同所有的非洲国家开展合作,包括那些资源贫瘠但在基础设施建设领域可能成为潜在市场的国家。"[②]中国在毛塔的大西洋岸边不惜代价建设了友谊港,帮助毛塔实现与外部世界的沟通,实现经济自立和政治独立。毛塔拥有了友谊港,不仅成为西非地区的交

　　[①]"Macro Poverty Outlook: Mauritania", World Bank, http://pubdocs. worldbank.org/en/881221477 329263477/mpo-am16-mrt.pdf[2019-12-20].

　　[②][中非]蒂埃里·班吉著,肖晗、周平、徐佳等译:《中国,非洲新的发展伙伴——欧洲特权在黑色大陆上趋于终结?》,世界知识出版社 2011 年版,第 28 页。

通枢纽,具备了成就高质量发展所必备的基础,而且繁荣了中国和毛塔之间的经贸往来,为中国和毛塔双方创造了便捷的经济高效的互动平台。2007年,时任法国总统尼古拉·萨科齐第一次访问非洲时,萨科齐表示他没有想过要邀请企业家代表团随行,因为他"想赋予这次访问更多的政治意义"①。与法国等西方国家把非洲国家视为其政治交往的对象不同,中国视非洲国家为发展伙伴,努力通过各种方式设法为非洲伙伴创造发展机会。

中国看中的不仅仅是援助项目本身,更是援助项目所能给非洲发展环境带来的改变,以及这种改变所能激活的发展能量。非洲学者认识到,"中国并不排斥非洲经济腾飞的可能,并极力通过不断融入非洲商务网络的实践来预测这种可能……与西方国家相反,中国对非洲的投资,不是为了眼前的利益,而是基于满足自身能源需求做出的长远考量"②。中国在毛塔建设友谊港后,并不靠港口本身赚钱,而是充分给予毛塔各种发展机会,大力发展与毛塔的进出口业务。毛塔获得了发展的机会,而中国也获得了依托毛塔而发展的机会。因此,助人就是助己。从2013年开始,中国成为毛塔第一大贸易伙伴,整个毛塔国内生产总值在50亿美元左右,其中有23亿是在和中国的交易中产生的。

第三,中国通过各种形式的教育援助为毛塔人才赋能,培养和提高毛塔本地人的教育文化素质,提升自我发展的能力。

中国在援助中关注给毛塔人赋能,在"授人以鱼"的同时"授人以渔",提高毛塔当地人的发展能力,帮助毛塔获得更持久、更精准的发展动力。通过精神扶贫,让毛塔人民凭借自己的双手实现摆脱贫困、发展的梦想。非洲国家的学者和政治家们早已充分意识到,"发展源于内在动力"③。成套设备项目配套持续的技术力量支持,确保援助项目可持续减贫。姆颇利农场是一

---

① ［中非］蒂埃里·班吉著,肖晗、周平、徐佳等译:《中国,非洲新的发展伙伴——欧洲特权在黑色大陆上趋于终结?》,世界知识出版社2011年版,第135—136页。

② ［中非］蒂埃里·班吉著,肖晗、周平、徐佳等译:《中国,非洲新的发展伙伴——欧洲特权在黑色大陆上趋于终结?》,世界知识出版社2011年版,第27—28页。

③ ［中非］蒂埃里·班吉著,肖晗、周平、徐佳等译:《中国,非洲新的发展伙伴——欧洲特权在黑色大陆上趋于终结?》,世界知识出版社2011年版,第226页。

个机械化农场,中国援建姆颇利农场之时,毛塔并没有足够的机械化操作能力,但是中国方面在援建农场时配备了全套机械化的设备,并教授当地民众如何使用这些机械化设备。在农场移交后,农场出现了技术和管理方面的障碍。实际上,这种情况在非洲极为普遍,"在整个非洲,现代拖拉机、空调及其他政府用外援资金采购来的物品总是堆满了灰尘,因为要么人们不懂操作,要么就根本得不到维修的零配件"[①]。在这种情况下,中国政府再次派遣专家共同管理,再次注入资金和技术,帮助维护机械设备,不仅让农场恢复生机,而且使农场的面积不断扩展,让毛塔的粮食自给率从不到30%上升至60%左右。粮食自给率提高后的毛塔不仅掌握了先进的农业技术,而且提高了粮食可持续发展的能力,增强了可持续减贫的活力。

"十年树木,百年树人",人才培养让发展在毛塔生根发芽。在殖民时代,毛塔的文盲率几乎是100%,中国通过教育援助介入毛塔教育,通过提高文化水平打破毛塔贫困的代际循环。中国1975年就开始招收毛塔留学生,至今已有200多名毛塔学生留学中国。中国坚持多种形式的技术注入,确保毛塔本土人才的成长,提高其自我发展能力。在中国援建的毛塔公共卫生研究中心,从开始运营时中国就注重培养人才,经过多年的不懈努力,公共卫生中心实现了从以中国援助人员为主到以毛塔工作人员为绝对主力的完美蜕变,中国援助人员从开始时的30多名减少至目前的4名,毛塔公共卫生方面的人才则从零上升到能够主导完成全国公共卫生工作的多名。公共卫生中心从一个援助项目转变成一个培养、锻炼和储备本土公共卫生人才的重要舞台,从一个完全接受援助的部门转变为一个基本自主经营的独立部门,更为重要的是,毛塔在这一过程中积累了培养这方面人才的经验,为未来发展集聚了能量。

第四,中国经验鼓舞毛塔人民,为他们提供了无形的精神财富,激励毛塔人民战胜贫困,激发他们战胜贫困的智慧和内在力量。

中国对毛塔的援助不仅仅是物质上的,还有精神上的。精神上的援助

---

① 〔美〕霍华德·威亚尔达著,董正华、昝涛、郑振清译:《非西方发展理论——地区模式与全球趋势》,北京大学出版社2006年版,第86—87页。

成为一笔巨大的无形财富，鼓励毛塔民众战胜贫困。在援助项目的建设中，中国的执行力有目共睹。在项目建设的过程中，中国的建设者们排除别的国家对毛塔的固有成见，让毛塔人民对自己的国家和自己的发展有了全新的认识，重拾发展的信心和勇气。在 2007 年 12 月召开的欧非峰会上，塞内加尔总统瓦德加曾这样说："当我想修建 5 千米的公路时，如果与世界银行或其他国际金融机构合作，需要 5 年时间。但与中国合作，只需要几天。而且我有主导权。他们来了，就能签合同，就能立即实施。"①通过援助项目的建设，中国帮助毛塔实现了很多在当地人和外人看来不可能的事情。友谊港的建设就是一个最好的例子。当达达赫总统将这一建设计划提交给法国和荷兰等时，毛塔的这些欧洲发展伙伴均认为在努瓦克肖特不可能建设优质的深水港，但是，在中国政府和人民的努力下，友谊港巍然耸立于努瓦克肖特的大西洋沿岸。"友谊港已经使毛里塔尼亚一代人受益无穷，接下来还会使几代毛里塔尼亚人从中获益。"②

中国凭借雷厉风行的执行力让毛塔的每一个援助需求都能够得到快速的回应，并克服在外界看来不可能克服的困难建成援助项目。在首都供水工程建设过程中，毛塔缺乏打井所需的砾石。西方专家断言，毛塔是没有砾石的。也就是说，如果不进口砾石，毛塔是无法打井成功的。"为了抢时间，中国专家组抛弃了坐等进口的念头，决定在首都以北地区进行普查，寻找砾石。终于在离首都 130 千米的公路两旁找到了可用的砾石，用了一个多月时间筛选出 145 立方，满足了工程的需要。"③砾石问题解决后，中国专家很快就完成了打井任务，在供水管道接通后，毛塔民众便享受到了洁净卫生的自来水，从此生活水平得到全面提高，卫生状况得到全面改善。砾石的问题让毛塔人认识到，遇到困难时，增强行动的主观能动性，将有助于项目的建成和任务的完成。这种生动案例的活泼演绎，留给毛塔人战胜贫困的思想启迪。

---

① ［中非］蒂埃里·班吉著，肖晗、周平、徐佳等译：《中国，非洲新的发展伙伴——欧洲特权在黑色大陆上趋于终结？》，世界知识出版社 2011 年版，第 5 页。

② 赵忆宁：《本世纪的中国与非洲　走进毛里塔尼亚（上）》，《21 世纪经济报道》，2017 年 8 月 31 日。

③ 石林：《当代中国的对外经济合作》，中国社会科学出版社 1989 年版，第 574 页。

第二节 中国对毛塔的援助及对未来发展的若干建议

毛塔虽然位于撒哈拉沙漠的边缘,但在非洲有着独特的地位。它位于阿拉伯非洲和撒哈拉以南非洲的交界地带,被称为"阿拉伯—非洲之桥",特殊的地理位置赋予了毛塔特殊的地缘政治地位和丰富多彩的多元文化,作为中国的传统援助伙伴,中国和毛塔有着超过半个世纪的友好交往和援助合作历史,毛塔是"一带一路"延长线上的重要国家。"一带一路"倡议将为中毛新时期的合作提供更重要的发展机遇。毛塔有着长远的商业历史传统,几十万头骆驼组成的非洲商旅队伍从这里走出远赴阿拉伯。今天的毛塔坐拥独特的区位优势、资源优势和安全优势。毛塔是中国潜在的价值发展伙伴,中毛两国有着巨大的合作空间与发展潜力。援助是合作介入前的有效方式,因此,新时期的中毛合作需要有新的援助项目作为先行或试点,新的具有更广阔发展空间的援助项目能够撬动更深入、更有效的合作杠杆,因而,当前中国对毛塔的援助有望为中毛合作开启更加精彩的篇章。

一、调研基本情况

2017 年 3—4 月,受毛塔卫生部的邀请,浙江师范大学非洲研究院"中国对毛里塔尼亚的发展援助"研究团队对毛塔展开了为期一个月的调研访问。在调研期间,调研工作得到了毛塔外交部、卫生部和教育部的大力支持和配合,取得了丰硕的成果。围绕中国对毛塔的援助及中国的援助如何更好地促进两国人民交流和毛塔的发展的问题,调研团队访问了毛塔政府机关和业务单位,了解了中国对毛塔援助的执行情况,此外还访问了毛塔教育部书记,卫生部书记,毛塔水利部部长助理,教育部调研司、努瓦克肖特大学、卫生部国际合作司、卫生部医院管理司、卫生部培训司等国际发展与合作部的相关人员。调研团队走访中国驻毛塔的政府部门和公司、中国援毛塔的援助项目现场,了解中国援毛塔项目的运转及维护情况,访问了中国大使馆、中国大使馆经参处、中国援毛塔医疗队、首都医疗中心、中毛友谊医院、中毛

眼科中心、毛塔国家公共卫生研究院、努瓦克肖特大学医学院、友谊港、畜牧
业示范中心、农业示范中心、努瓦克肖特雨水排水项目中心、伊迪尼水源地
项目中心、三角洲公路项目中心、毛塔政府办公大楼、青年中心、文化中心、
国际会议中心、努瓦克肖特大学汉语系、中国在努瓦克肖特郊区援建的两所
小学校、国家电厂等。与此同时，调研团队还走访了毛塔相关的专科医疗卫
生机构及其他国家在毛塔建立的医疗卫生援助机构，了解了毛塔国内医疗
发展的新进展与新需求，包括国家心脏病医院、谢赫·扎伊德医院、妇幼中
心医院、毛塔创伤外科中心等卫生机构。此外，访问团队还深入走访了其他
国家在毛塔建设的援助项目所在地，包括努瓦克肖特市、扎伊德医院、妇幼
卫生中心、心脏病中心、各国援建的各类学校等，了解了这些援助机构当前
的运作情况，以及在毛塔发展中扮演的角色。

通过对上述政府机关、援助项目所在地的实地走访，对项目施工方、维
护方、监管方、使用方及受益方等展开深入访谈，调研团队掌握了较为充足
的资料，了解了当前中国对毛塔援助项目的使用、维护、运转和反馈情况。
从调研掌握的情况来看，中国对毛塔的援助深入毛塔经济社会的各个领域，
对毛塔的经济、教育、文化和医疗卫生事业产生了正面且深远而持久的影
响，对中毛关系的持续友好和长远发展产生了积极的影响。

二、对未来中国、毛塔合作的相关建议

无论是从整个非洲的发展，还是从毛塔自身的发展来看，中国对毛塔的
援助均可谓成果丰硕，给当地社会带来的影响是正面而积极的。在中毛围
绕着援助项目进行互动的过程中，双方可以更加便捷地利用这些项目合作
的基础，充分地利用每一届中非合作论坛所推出的合作举措，针对毛塔发展
现状提出更切合毛塔发展需要的合作方案，为毛塔的经济社会发展带来更
具针对性的指导。时代发展到今天，中国和毛塔在半个多世纪前结下的缘
分、谱写的友情，依然没有过时，为了继续维持这份特殊的情缘，更好地建设
"命运共同体"，建设"一带一路"延长线上的传统友好国家毛塔，笔者特提出
以下几个方面的建议，供中国和毛塔相关政府部门借鉴参考。

第一，认真研究 2018 年 9 月中非合作论坛北京峰会和北京峰会上通过

的《中非合作论坛—北京行动计划》(以下简称《行动计划》),制订让中国和毛塔双方形成行之有效的中毛合作的具体行动计划。根据《行动计划》上每一项具体的行动方针,针对涉及中国和毛塔合作的任何一个层面尽快提出未来 3 年的发展计划,充分利用北京峰会上提出的各项优惠条件和行动计划,尽快形成援助项目和援助方案,并将这些计划与中国相关政府部门探讨协商,形成具体的合作方案并逐步推进。

　　第二,在中国对毛塔的医疗卫生合作领域,中毛积极推进个性化合作方案,大力推进毛塔卫生劣势领域的合作与发展。以中非合作论坛北京峰会提出的"健康卫生行动"为蓝本,制订和规划中国毛塔医疗卫生合作国别方案,策划未来 3 年、10 年和 20 年的中国和毛塔卫生合作的蓝图,从战略上规划中国和毛塔的卫生合作,创新中国和毛塔卫生合作手段、多元化合作途径,实现中国和毛塔医药卫生领域的共赢与共进。在医疗队的派遣方面,中国方面积极推进中国援毛塔医疗队队伍的专业化和专家化,增强中国医疗队的专业性和在医院服务的针对性。在中国援毛塔的医疗设备维护方面,毛塔方面应与援助方探讨公司化运营设备维护和后续服务的相关可能性。在医院的管理和服务中,积极与中国方面探讨更灵活的参与多边互动的可能性。在中非公共卫生合作计划下,积极推进与中国方面加强对毛塔常见传染病的防治工作,以及妇幼健康、生殖健康等重点短板领域的援助新方案,争取在毛塔建立中非合作示范医院,在中国培训医务人员方面争取更多的培训机会。在短期医疗服务方面,中毛应探讨"光明行"专家的义诊和培训一体化的可能性。毛塔方面应与中国方面探讨在毛塔建立药厂的可能性,提高毛塔卫生和临床诊断服务及产品的普及性。中毛应积极参与中非卫生部部长及卫生合作发展会议,加强卫生领域的高层对话与交流。

　　第三,在经济合作领域,中毛根据毛塔近年来的经济社会发展纲要,根据《行动计划》针对毛塔发展需要推进合作的方案。配合中非产能合作计划,利用"中非产能合作基金"等金融工具推进中国优势产能在毛塔的落地,并给予政策支持和优惠。毛塔方面应积极与周边国家探讨促进非洲经济一体化的跨国、跨地区基础设施互联互通的代表性旗舰方案,推进毛塔国内及毛塔与周边国家之间的基础设施网络建设。支持和参与非洲信息社会建设，与中国信息通信和广播电视企业开展互利合作，改善毛塔的信息网络。中国方面应鼓励和支持中国企业参与毛塔电力项目的投资、建设和运营，扩大双方在水电、火电、太阳能、风电、生物能发电、输变电、电网建设和维护等领域的合作。毛塔方面应申请成为中国公民出境旅游目的地国家，邀请专家策划适合中国文化品位的旅游线路，鼓励和支持中国在毛塔设旅游办事处，鼓励和支持中国企业到毛塔投资宾馆和景点，并为中国公民到毛塔旅游确定各类便利方案。

第四，教育和人力资源合作领域，中毛应大力推进毛塔人才储备计划，加强中毛的高校、学者、学生、青年和高科技人才间的交流。毛塔方面应利用中国推出的学历学位教育名额和政府奖学金名额，派遣更多的青年人才到中国学习毛塔所需要的技术专业。中国和毛塔互设毛塔研究中心和中国研究中心，推进双方的交流与互动。毛塔方面应利用中国在非洲设立的区域职业教育中心和能力建设学院的合作平台，争取为毛塔当地培养更多急需的职业和技术人才，争取更多到中国培训的名额。中国方面应利用"中非科技伙伴计划"，在毛塔持续重点关注的发展领域及与中国合建的联合实验室或联合研究中心，开展核电、钢铁、太阳能、海洋等方面的合作项目，派遣毛塔国内杰出科技青年和技术人员到中国交流培训。

第五，在文化和媒体合作方面，中非应多元参与双方的文化互动活动，增加相互了解，繁荣文化交流。在北京峰会"文化共兴"的口号下，积极参与中非文化遗产保护论坛、中非文化产业圆桌会议等高层论坛，共同推动毛塔文化遗产保护和文化产业开发。毛塔与中国互办毛塔年和中国年，互设中国文化中心和毛塔文化中心，打造中国毛塔文化交流的品牌活动，利用"中非文化人士互访计划"和"中非文化合作伙伴计划"，推动中国毛塔文化艺术人士和文化机构间的交流与合作。拓展中毛在新闻、出版、广播、电视和网络媒体等方面的交流互动，促进双方影视节目在对方国家的展播，促进双方的文化读物在对方国家的出版和推介。加强双方学者、智库、妇女、青年和文化人士的互动、交流与交往，繁荣双方的学术文化相互推介活动。

后记（一）

中非关系快速变化，文字资料的更新已无法跟上中非关系发展变化的步履，依靠现有文献做研究的难度快速增大。为了掌握当前中国毛塔关系的最新动态，2016年初，我和我的硕士研究生希德商量围绕着"中国对毛塔的援助及对毛塔经济社会发展之影响"与"毛塔医疗卫生事业发展与中国的角色"展开中毛关系方面的调研，从不同的角度来考察中国在毛塔发展中扮演的角色。当时不曾想，我的学术思考将迎来长达数年的"毛塔时代"。2017年3月，我来到了这个自己翘首盼望了1年多的遥远他乡，抵达了快速发展中的沙漠之国——毛塔。3月的金华莺歌燕舞、飞花满天，毛塔却没有想象中的郁郁葱葱、春机盎然，只有漫天黄沙和无垠荒漠，好在学生早已在机场等候，他的温暖笑容是化解荒凉的最好解药。就这样，我开启了一段与毛塔的特殊缘分。

一、开放包容的姿态与低调从容的节奏

虽然此次行程的筹备时间漫长，但当我抵达毛塔后，毛塔一直试图用自己的方式向我证实，这场迟来的访问，绝对值得期待。毛塔是世界少有的中国人可以说去就去的国家，因为毛塔对中国实行落地签，免却了出行前复杂的签证手续。落地签就是以全然接纳的姿态随时准备迎接每一个中国客人的到来。

在毛塔的全然开放包容中，这座传说中的沙漠繁华之都，展露出其特有的热情与低调。整洁亮丽的努瓦克肖特机场没有想象中繁忙，稀稀拉拉的一排人排队准备办理落地签。如果赶上中国速度，那10分钟便可完成入境手续，但我们站在那里看着海关的工作人员不紧不慢地摸索了将近2个小时

才得以顺利入境,然而,这名工作人员虽然干活速度不快却始终饱含善意,使我明明有些焦灼的内心依然感到春风拂面的柔和。

沙漠中的努瓦克肖特难有江南之春,但作为中国人常常感觉如沐春风。走在努瓦克肖特的大街小巷,我时常能感受到毛塔人的真挚热情,他们说"你好"说得既响亮又标准。在这个荒漠上耸立起来的大都市里,毛塔人绽放在脸上的笑容和流露在眼神里的欣喜表达着他们对中国的态度,以此推开了无数来毛中国人的心灵之窗。干旱的努瓦克肖特很少有树,却从不缺少鲜花。五颜六色的三角梅顽强地在龟裂的土地上尽情怒放,我常想,一定是这美艳多姿的鲜花浇灌了毛塔人燃烧着的激情和奔腾着的生命焰火。

毛塔以开放的姿态迎接、包容中国,中国则帮助毛塔奠定了从容生活、低调发展所需的物质基础。在努瓦克肖特,到处可见中国援助的身影。有人说,努瓦克肖特所有数得着的重要建筑、堪称纪念碑的建筑,几乎都是中国援建的。友谊港、文化中心、青年中心、总统府、国际会议中心、政府办公大楼,处处闪耀着中国元素,中国风格已经充分地融入这个城市的文化血脉中,成为努瓦克肖特的格调之一。今天的努瓦克肖特是一个建设中的大工地,这是经济即将起飞的明显预兆,然而,内在从容宁静的毛塔人似乎并不急于看到这种变化,很多工地建建停停,多年后才建成。常常有毛塔人和我感慨中国速度,他们说这些建筑如果由中国人来建将在短时间内拔地而起。

茶是毛塔人日常生活中不可或缺的重要元素,也是中国和毛塔联系彼此的特殊纽带。每个办公室都设有茶室,有专人煮茶,煮好后的毛塔茶从一个办公室被端到另一个办公室,整幢办公楼共品同一杯甘甜与苦涩。在茶香弥漫中,工作如同品茶般缓缓推进,在酷热的沙漠中难得享有这份悠然雅致。好的毛塔茶色香味俱全,看上去茶色透亮,闻上去清香悠长,尝起来则苦涩甜蜜、回味绵久。但毛塔并不产茶叶,现在消费的茶叶绝大部分是从中国进口,在毛塔再度加工而成的。因有着共同的茶文化和茶嗜好,中国福建大批的商人因茶叶走进了毛塔,如今中国的茶叶出口商也已经成为毛塔知名的大商人。中国和毛塔就是以这样的日常逻辑日益紧密地联系在一起,毛塔的发展和日常生活日益离不开中国,中国也日益广泛、多元地参与到毛塔的经济发展和普通人的日常生活当中。

二、宗教的自律与包容

毛塔是一个伊斯兰国家,所有的生活都围绕着宗教而展开,来到这里能感受到毛塔人的伊斯兰信仰和穆斯林虔诚。在飞机上,我旁边的一名年迈女士从巴黎看病归来,5个多小时的飞行中,她一直在虔诚祷告。希德在调研最繁忙、最疲惫的时候,都不忘忙里偷闲地祷告。在毛塔,孩子3岁就被送到学校学习,到6岁时所有孩子都能背诵整本《古兰经》,从此《古兰经》将伴随他整个人生。

在宗教问题上,毛塔人的自律令人赞叹。毛塔是世界少见的禁酒令执行得相当彻底的国家,在这里,酿酒与喝酒都被明文禁止,且人们也严格遵守。无论是在休闲娱乐场所还是在家庭生活中,酒都是一个禁忌话题。历代当政者坚决恪守这一底线,即便他们知道酒能带来商业上的繁荣和经济数据的飙升。

住在我楼下的一个叫拉美子的女孩,每天穿着漂亮衣服,化着时尚的妆容来上班。我们熟悉起来后,她总拉我问长问短,希望通过我了解到一个更真实的中国。拉美子是极其虔诚的穆斯林,且对于中国文化充满好奇,当我把一件中式服装送给她时,她爱不释手。离别前,她拿来一块布料,随即做成一件毛塔传统服饰,披搭在我身上。

在这个平和的国家,时时可以感受到人们对宗教的敬虔和宗教所赐下的安宁。在努瓦克肖特,最气派的标志性建筑是市中心的清真寺。在繁华的街头,随处可见正在敬虔礼拜的人们。在安静的夜晚,人们伴着清真寺悠扬的邦克入眠。平日里人头攒动、车水马龙的繁华街头,周五中午却见不到一个人、一台车,那是因为人们放下手中的工作和生意,身着盛装从四面八方涌向附近的清真寺赶去做礼拜。在这个伊斯兰国家,一切都显得如此自然而真实。

毛塔几乎全民信仰伊斯兰教,伊斯兰文化精髓融入这里的每一寸土地、每一个当地人的灵魂血脉。然而,就是在这样一个虔诚的伊斯兰都城的市中心,却矗立着一座基督教堂,主要供来自其他国家的基督徒礼拜。这种礼拜活动从不会因为在伊斯兰国家而受到搅扰。平日里，毛塔的男人们身披各式传统长袍，女士则戴头巾，身着裙装。但在毛塔的大城小市行走一个多月的时间里，我交往的对象上至政府机关政要下至平民百姓，都没有因我没有遵行穆斯林女人服饰规范而对我有所歧视。

三、传统的传承与现代的融通

在这个伊斯兰传统文化保存得特别完整的国家里，随时可以感受到传统与现代的充分交融，这是一曲传统与现代的多重协奏乐。有时候，现代的先进理念取代传统习俗是毫不留情的。根据伊斯兰的文化传统和当前毛塔的法律，一个男人可以同时娶四房妻子。但是，随着经济的发展和社会的开放进步，虽然这一传统仍被法律认可，但绝大部分的家庭已奉行一夫一妻制。相反，一夫多妻的家庭会为社会所非议。伊斯兰文明中也有不离开父母生活的传统，但是新时代的年轻人结婚后都希望离开父母，另立家庭。在我们租住的当地公寓里，就住着很多这样的年轻夫妻。催发他们离开父母的因素除了年轻一代不愿受到约束之外，还有他们对于现代全新生活方式的向往与憧憬。

当现代的发展更新传统的文明时，传统与现代因相互包容、相互借鉴而和谐共存，传统和现代在同一时空下由此焕发出全新的生机，展示出传统与现代兼容的全新面貌。在毛塔，部落这一古老的文明形式依然发挥着极端重要的作用，然而，现在的部落早已从部落生活时代的亲族聚居中走出来，成为一种虚拟的现代社会联系纽带。今天的部落脱去了传统的外衣，转而被赋予了现代的形式与功能，这一前文明社会的传统组织方式在后现代社会中焕发出全新的光辉。

近年来，随着城市就业机会的增加和城市生活的便利化，毛塔的城市化率逐年提高，越来越多的牧民脱离牧区来到城市。从牧民到市民的身份转换没有让人们放弃原来的生活方式。如今，虽然人们离开了牧区，但游牧的生活方式依然是他们的最爱。在努瓦克肖特市周边的沙漠里，骑骆驼，喝骆驼奶，欣赏沙漠落日，吃烤牛羊肉，依然是人们喜爱的娱乐休闲方式。在静谧的沙漠之夜，沙漠里的凉风、悠扬的歌声和帐篷依然是人们消遣打发时光的最佳选择。在天气炎热的时候,夜晚的沙漠风大,沙土地降温较快。因此,每当夜幕降临,人们呼朋唤友,驾车载着家人朋友来到沙漠,顶着月亮和满天星辰吃饭、唱歌、跳舞。周末的夜晚,人们更是叫来专门的说唱乐队助兴,他们围坐一圈唱歌、跳舞、聊天到凌晨。在这个流光溢彩的沙漠之都,人们没有流连于都市的繁华,而是如同祖先一般以原始豪放的生活方式消遣娱乐。置身其中,真的很难判断它是毛塔的传统身姿,还是现代幻象。

四、干涸沙漠中的温润灵魂

沙漠中的毛塔,水是生命之源。来自江南水乡的我,突然置身于满目黄沙和干旱少雨的环境,时刻渴望洗去衣服和皮肤上的沙尘和白色盐粒,买下正在叫卖的整个水果摊,以缓解身体在干旱环境中的脱水症状。在与这种极度干燥的气候共处多年后,沙漠中的毛塔人早已习惯了少水和少新鲜食物的生活。因为水资源的极度匮乏,人们不得不用沙子代替水,用沙子洗手、洗澡甚至洗水果,我常看到街边的男士以沙沐足,做祷告前的洁净准备。

水,对毛塔有着非同寻常的意义。在努瓦克肖特建都之初,毛塔家庭的生计以水为中心,人们在雨季来临时收集雨水,平时家里安排最精干的劳力驾着驴车去取水。随着城市人口的集中,取水点离城市越来越远,有时要整整一天方可往返。经历过千里迢迢取水的艰辛和用水严重匮乏的毛塔人,比长期生活在烟雨江南的人们更能体会水的珍贵。

水对于沙漠里的人意义非凡,水的问题解决了,工作便成功了大半。中国人来到毛塔后,围绕水而建设了大批的援助项目,解决了饮水问题,开发了水资源,对沙漠来说,无异于"久旱逢甘霖"。早年中国援毛专家在伊迪尼发现淡水水源,打井并建立引水管道将淡水资源引入努瓦克肖特,这一引水工程至今仍在输送首都绝大部分生活用水。今天的努瓦克肖特,即便是尚未实现自来水到户的城郊,人们也不再需要千里迢迢取水,而是驾着驴车到取水点取水。水源的供给,不仅仅省却了一个家庭一两个劳力的工作量,还给沙漠人民带来生活的便利,以及开展工作的信心与底气。中国专家克服万难在大西洋岸建设友谊港,帮助世代生活在海边的毛塔人征服了万顷碧波,借由自己的港口走向世界。中国农业专家利用了毛塔仅有的塞内加尔水源，援建了姆颇利农场和农业技术示范中心，让塞内加尔河北岸从一片荒芜成为盛产水稻的粮食产区。中国畜牧业专家利用罗索一带丰富的地下水源援建了畜牧业示范中心，让茫茫大漠牧草如茵，牛羊成群。在经济发展到一定程度后，中国人再次扛起了解决毛塔"水患"的重担，在努瓦克肖特建设了城市雨水排水项目，帮助城市低洼地带排除雨季积水，减少疾病和美化生活环境，提高城市品位。

在沙漠里，中国人围绕着水而展开工作，每一滴水都渗入毛塔人的心灵。因为毛塔人明白，在大漠中坚持一份事业是需要一点情怀的，如果没有一个温润的灵魂是不可能在沙漠上创造出润泽的事业来的。凭借着这样的温润情怀和火热坚持，中国的援毛人在常年50多摄氏度的高温炙烤中完成了数十个援助项目，给渺无生机的沙漠带来了蓬勃的希望。就这样，中国人和毛塔人的手越握越紧，心越靠越拢。

后记（二）

中国对外援助是一项众人拾柴火焰高的事业，同样，中国对外援助的研究也是这一协作热情在学术领域的呈现。在调研和研究过程中，调研团队得到了中国驻毛塔各单位和在毛塔的中国人的友情支持。没有这些支持，中国对毛塔援助的研究将寸步难行。本次调研得到了中国驻毛塔大使馆、经商处、中国援毛塔第 32 批医疗队、中国援毛塔农业技术示范中心、中国援毛塔畜牧业技术示范中心、努瓦克肖特大学汉语系、中国援毛塔各项目技术合作团队、中国驻毛塔商会、中国路桥毛塔分公司、中海外毛塔分公司、中地海外毛塔分公司、十七冶毛塔分公司的大力支持和协助，在此对给予调研团队支持和帮助的领导致以诚挚的感谢！感谢各个援助项目的负责人和各位多年驻扎毛塔的"毛塔通"，在过去的 2 年时间里，无论昼夜，为我答疑解惑，翻译史料，联系知情人士和提供各类信息。

对非洲的援助事业是一项奉献的事业，对此，选择走进非洲的每一个援非人都做好了充足的牺牲和奉献的准备，然而，在茫茫沙漠中开创一番蓬勃的事业需要勇气和付出，也需要认可与接纳。实际上，沙漠中的每一个参与援助的灵魂都爱意弥漫并激情满怀，这种精神需要与援外人有着长期而深入的接触，对这份事业心怀激情并内心柔软且具有同样的精神维度和思想高度的人方有解读之可能，否则，面对被风沙侵蚀的援助项目和灰茫茫的项目现场，一般人连自己内心的荒凉都无法解开，遑论正确解读这份事业与事业背后的精神风骨。因此，无论援助事业如何精彩，项目如何圆满，总有各种长短论说。更有甚者，也是当前中国援助研究领域出现的一种较为普遍的情况，即一些刚进入援助领域的研究者，调研走马观花、道听途说，不认真深入一线访谈进行考察。一听说是在非洲的中国项目便一口认定为援助项目，不分青红皂白地予以商业性的评头品足，附和西方媒体哗众取宠，制造轰动效应，引来关注目光。个别这样的研究，虽一时间内可在学术界制造新闻效果，却让无数一线援外人扼腕叹息。当然，命运多舛的中国对非援助和中国援非人就是在各种分歧与论争中成长起来的，他们一步步地将中国精神编织进中国对非援助的项目和非洲大地上去，我相信中国对非援助的研究也同样可以从布满荆棘的土地上开辟出一条日益宽阔的道路。

特别感谢中国驻毛塔大使馆的张建国大使、王健参赞及经商处的陈骏麒参赞在调研中不顾工作繁忙，不厌其烦地多次接待，耐心解答，为调研团队提供了非常有价值的线索和帮助。在此再致以诚挚的谢意！同时，感谢中国驻毛塔商会林文才会长和邵永诗大哥等众多在毛工作的华人的大力协助！在此还需特别感谢未曾谋面的陶姐的无私支持！感谢无数援助现场的援毛人的无私配合！感谢曾经参与援毛事业回国的人员以各种方式提供的宝贵帮助！

2018 年 4 月，为了得到更多中国对毛塔医疗援助的相关资料，本人访问了黑龙江省卫健委管理卫生援外工作的刘福生厅长、管理援毛医疗队的国际处宋静处长及黑龙江省的新老医疗队队员，在此一并对给予帮助的领导和医生致以深深的感谢！感谢国家卫健委国际交流与合作中心的郑岩部长和浙江师范大学客座教授王晓明老师的大力支持！感谢你们为中国援毛塔卫生事业所付出的心力，也感谢你们为支持这一研究而提供的长期坚定而无私的帮助！

本次调查和研究得到了毛塔教育部、卫生部、外交部、农业部、经济与社会发展部等各部委的大力协助，在发放邀请函、安排和接触调研部门、安排访问行程、安排领导接见等方面，毛塔方面均给予了极为细致的安排和满怀激情的接待，调研团队几乎走进了任何一个可以会谈的办公室，访问了任何一个想会谈的对象，在此一并致谢！本次调研中，我的研究生希德·亚黑亚·希德全程组织了调研的实际工作和毛方访谈的安排工作，以及毛方重要官员的约见、访谈工作，并义务承担了全程翻译和司机之责，在回国后的一年多时间里，他依然在通过各种渠道帮助完善和核对各类调研信息，为调研的后续工作提供了许多有价值的信息和不可或缺的帮助，可以说，没有他的协助就没有本次调研,更不可能有这部作品,在此对他的付出表示感谢!

本次调研还得到了浙江师范大学非洲研究院赴非调研项目的部分经费支持。但是,在这本书准备出版之前,非洲研究院不再为本书提供出版支持,也不再让本书标注资助项目名称。另外,本书为2017年国家社科基金一般项目"非洲疾病演进与防控史研究"的阶段成果(17BSSO12)。

中国援毛人在毛塔有多少付出,毛塔人心中就有多少感动。同样,调研中遇到多大的困难,我就得到了多少不可思议的支持。对本文中提及和没有能够提及的、本研究访问到的和没有来得及访问到的中国援毛事业的参与者表示感谢!感谢你们对中国援毛事业的无私奉献,也感谢你们对中国对毛塔援助研究的大力支持!